シュリー H・W・L・プンジャジ(1913－97)

'50－'60年代、
カルナータカ州とゴアにある鉱山の
支配人として働き、家族を養う。

1944年、31歳、
南インドにてラマナ・マハルシに出会う。

'60年代、仕事を引退してインド各
地を巡り、多くの探求者に真我の
直接体験を与えた。

ヒマラヤの聖地リシケーシにて。
'60年代後半、ガンジス河上流にある洞窟で暮らした。

ガンジス河上流の人里離れたアーシュラムにて。
'70－'80年代、世界中の帰依者に招かれてサットサンを行なう。

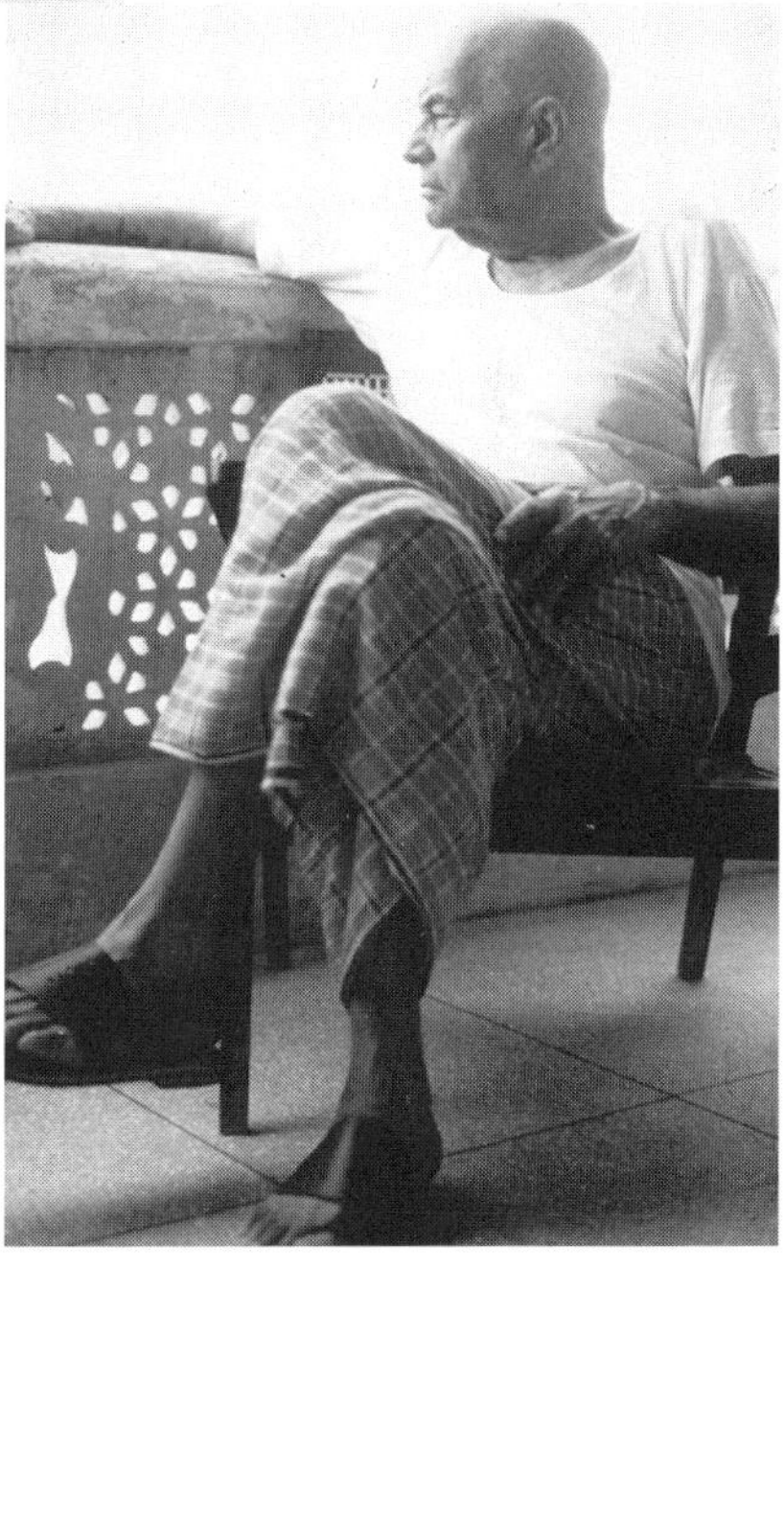

尊敬するお父さんを意味する
「パパジ」の名で、
世界中の帰依者から愛された。

プンジャジの師　ラマナ・マハルシ（1879－1950）

覚醒の炎

プンジャジの教え

The Fire of Freedom
Satsang with Papaji

デーヴィッド・ゴッドマン 編
福間 巖 訳

ナチュラルスピリット

The Fire of Freedom
Satsang with Papaji
Volume 1
Edited by David Godman

覚醒の炎

プンジャジの教え

目次

CONTENTS

The Fire of Freedom

はじめに

ハリヴァンシュ・ラル・プンジャは、一九一三年、パンジャブのライヤルプルという小さな村で生まれた。当時インドの領土だったその地域は、一九四七年にパキスタン領土の一部となった。国営の鉄道で駅長をしていた父親は定期的に転勤があり、家族はいくつもの町を転々とすることを絶えず余儀なくされた。

一九一九年、英国殖民政府は第一次世界大戦での勝利を記念して特別休暇を定めた。そのおりに、プンジャの家族はその地方最大の都市であるラホールに旅行した。そこがハリヴァンシュが最初に霊的覚醒の体験をする場所となるのである。マンゴー・ジュースが手渡されたとき、ハリヴァンシュはそれを手にすることさえできなかった。なぜなら、彼の身体は真我の直接体験によって完全に麻痺していたからだ。飲むことも、話すことも、動くこともできないまま、彼はその状態に三日間没入した。後年、彼はそのときに起こったことを、純粋な美と幸福の体験だったと言い表している。しかし、当時の彼はその体験を正当に評価するだけの価値判断をもちあわせていなかった。ひとたび真我の至福との直接体験が確立されたのち、彼はそれに続く歳月を、ふたたびこの体験を得ることに費やした。ときには、ごく自然にその境地に引き戻されることもあった。

クリシュナ神の敬虔《けいけん》な帰依《きえ》者だった彼の母親は、もしクリシュナ神に帰依すれば、必ずその至福状態を取り戻せると彼を説得した。彼女の助言に従って、ハリヴァンシュはクリシュナ神の絵姿に強烈に精神を集中させた。そのため、クリシュナ神は彼の目の前に物理的な姿を現すようになる。それは彼にとって手に触れられるほどリアルなものだった。家族の者たちにはクリシュナ神を見ることはできなかったが、ハリヴァンシュがこの新しい「目に見えない」友達と遊んでいるところは目撃していた。ハリヴァンシュはあまりにもクリシュナ神の姿を溺愛《できあい》したため、長い長い歳月、クリシュナ神の臨在の内に得られる至福を楽しむことだけが、彼にとって唯一の霊的な願望となったのである。

十三歳のとき、彼は学校の教科書の中の仏陀の姿を見て恋に落ちた。それは現在ラホール美術館に保存されている有名な像の写真で、苦行者として衰弱しきった仏陀の姿だった。ハリヴァンシュは何かの力に駆りたてられ、自分を仏陀に似せようとして数カ月間食事をとらなかった。そのうえ、母親のサリーを着て仏教僧のように装っては托鉢《たくはつ》の真似をし、町の広場で仏陀についての講話さえしたのだった。仏陀の真似をするという冒険は、彼がサリーを僧衣にしたことに母親が気づいたことで終わりを告げた。

一九二〇年代の終わり、ハリヴァンシュの家族が暮らしていたライヤルプルの家は、インドから英国政府を追放しようとする自由闘争組織の一員だったシュカデーヴからの借家だった。シュカデーヴと彼の友人バーガット・シンは、ともに植民地政府高官の殺人あるいは殺人未遂の罪で絞首刑となる運命にあった。マハートマー・ガンジーの非暴力主義では効果がないと見ていたハリヴァンシュは、国を支配していた英国に力で対抗することこそ正当な自己防衛と見なして彼らの活動に参加した。

家族が報復を受けることを懸念し、彼は自分から暴力的活動に参加することはないと誓う。しかし、彼は英国がインドから追放されるべきだと公共の場で激しく主張しつづけた。シュカデーヴとバーガット・シンが絞首刑となった後、ハリヴァンシュは英国政府の総督が乗る列車を爆破する計画に参加した。だがこの計画が失敗すると、ほとんどの活動家は英国政府によって投獄されるか刑に処され、パンジャブ地方での軍事行動は自然消滅したのだった。

ハリヴァンシュは一家の長男だった。父親が彼の大学の学費をまかなえなかったため、十六歳のとき、彼は伝統的な見合い結婚をすると行商人として働きはじめた。はじめのうち、彼はボンベイ（現ムンバイ）でスポーツ用品や外科医療器具を販売し、一九三〇年代のほとんどをそこで過ごした。こうして、ライヤルプルに暮らす妻や子供たちなど家族全員を養うのに十分な収入を送ることができたのだった。

第二次世界大戦が勃発した一九四〇年初頭、ハリヴァンシュは英国軍の将校として仕官した。一九二〇年代および三〇年代の自由闘争家が失敗する運命にあったのは、武器や攻撃手段に対する能力と正しい軍事訓練を欠いていたためだと彼は見ていた。この仕事に就いて正しい軍事訓練を修めれば、後にふたたび英国に対して闘うときに役立つと考えたのだ。しかしながら、訓練がはじまって間もなく、彼はこの目標が非現実的であることを悟ったのだった。

自由闘争家、そして家庭を持つ者としてボンベイで働いている間も、ハリヴァンシュはクリシュナ神への愛と彼のヴィジョンを見ることへの願望を棄て去ったわけではなかった。将校の地位に就いた後でさえ、真夜中、彼は一人でサリーに着替え、宝石を身に着け、化粧をし、クリシュナ神が現れることを願いながら彼の像の前で踊った。それは、女性を愛し女性から愛されたクリシュナ神の心をつかもうとする彼の試みだったのである。

結局、将校としての仕事が自分に合わないことを見定めた彼は、常にクリシュナ神を見ることを可能にしてくれるグルを探すために辞職した。グルの探求は彼をインド中のほとんどすべての高名な師と出会う旅へと導いた。だが、「あなたは神を見たことがありますか？　もしそうなら、私に神を見せてくれますか？」という彼の問いに肯定的な答えを与えたグルは一人もいなかった。

失意のうちに旅から戻った彼のもとに、一人のサードゥ（ヒンドゥー教の修行僧）がライヤルプルの家の門前に現れ、食を乞うた。ハリヴァンシュは彼に尋ねた。「あなたは私に神を見せることができますか？もしもあなたにそれができないなら、そうすることのできる人を誰か知っていますか？」

サードゥは答えた。「ええ、あなたに神を見せることのできる人を知っていますよ。もし彼に会えば、あなたの問題のすべては解決するでしょう。彼の名はラマナ・マハルシです」

ハリヴァンシュはサードゥからラマナ・マハルシが南インドのティルヴァンナーマライにいることを教わった。グルを探究する旅で持ち金すべてを使い果たしてしまったため、彼はマドラス（現チェンナイ）にある会社での仕事を受け入れた。そしてそれは彼が南インドまで行くことを可能にしたのだ。ティルヴァンナーマライはマドラスから汽車で数時間のところにあった。

ラマナ・マハルシのアーシュラムに着いたとき、驚いたことに、そのラマナ・マハルシはライヤルプルの家に現れたサードゥと同じ人物だった。まんまと騙《だま》されたと思って失望した彼は、その場でアーシュラムを立ち去ろうとした。そのとき、一人の帰依者が、ラマナ・マハルシがティルヴァンナーマライの町を離れたことはこの五十年間一度もない、と彼に告げたのだった。

はじめてシュリー・ラマナと対話したとき、彼は「あなたはパンジャブにある私の家に来た人ですか？」と尋ねた。だが、シュリー・ラマナは沈黙するばかりだった。

そこで彼はいつもの質問をした。「あなたは神を見たことがありますか？　もし見たのなら、私に神を見せてくれますか？」

シュリー・ラマナは答えた。「私にはあなたに神を見せることはできない。なぜなら、神は見られる対象ではないからだ。神は主体だ。彼は見る者なのだ。見られるものである対象物にとらわれてはならない。誰が見る者なのかを見いだしなさい」。彼はさらにこう言った。「ただあなただけが神なのだ」

是が非でもクリシュナ神のヴィジョンを見ることを願っていたハリヴァンシュにとって、この助言は受け入れがたいものだった。しかし、彼はこのときシュリー・ラマナの臨在のもとで重要な体験をした。彼の伝記"*Nothing Ever Happened*"にこのときの体験が次のように描写されている。

彼の言葉は私の心に届かなかった。それは、私が今まで国中のスワミから聞いてきた言い訳と同類のものとしか思えなかったのだ。（パンジャブの私の家を尋ねたとき）、彼は神を見せることができると約束したはずだった。だが、今彼は、ただ彼が神を見せられないだけではなく、誰にも神を見せることはできないと言ったのだ。もし、「神を見たがっているこの『私』とはいったい誰なのか、それを見いだしなさい」と彼が言った直後に私がその体験をしなかったなら、彼のことも彼の言葉も忘れ去っていたことだろう。この言葉を言い終わるやいなや、彼は私を見つめた。彼の眼が私の眼を貫いた瞬間、私の全身は震えはじめ、神経が慄《おのの》くほどのエネルギーが身体中を駆け抜けた。神経組織の先端は舞い踊り、髪の毛は逆立った。そのとき、私は内なる霊的ハートの存在に気づいたのだ。これは物理的な心臓のことではない。それは、むしろ存在するすべてを支える基盤ともいえるものだった。そのハートの中に、私は何か閉じた蕾《つぼみ》のようなものを見た。それは淡く青い光を放って輝いていた。マハルシが私を見つめたとき、内なる沈黙の状態の中でその蕾は開き、花を咲かせたのだった。私は「蕾」という言葉を用いたが、それは正確な描写とは言えない。何か蕾のように見えるものが開花したと言ったほうが近いだろ

う。また、私は「ハート」という言葉で、身体の中のある特定の位置で花が開いたことを意味したのではない。このハート、私のハートのハートは、身体の内側にも外側にもないからだ。これ以上の正確な描写は私にはできない。私に言えるのは、マハルシの臨在のもとで、彼の眼差《まなざ》しによってハートが花開いたということだけだ。それはいままで体験したこともない驚くべき体験だった。私は何かの体験を求めていたわけではなかったため、その出来事は私を完全に驚愕《きょうがく》させた。

そのような貴重な体験を得ながらも、ハリヴァンシュには神のヴィジョンを非難するシュリー・ラマナの教えが自分に適したものとは思えなかった。彼はシュリー・ラマナが暮らした聖アルナーチャラ山の反対側（北側）に行き、そこでクリシュナ神への瞑想を続けたのだった。クリシュナ神はそこで幾度となく彼の前に姿を現した。

マドラスに戻る直前、彼はふたたびラマナアシュラマムに立ち寄ってシュリー・ラマナに会った。ハリヴァンシュはシュリー・ラマナにクリシュナ神を見たことを伝えたが、シュリー・ラマナはまたしても神のヴィジョンを重んじなかった。

そのヴィジョンが現れ、そして消え去ったことを明確にした後で、シュリー・ラマナは言った。「姿を現したり消え去ったりするような神が何の役に立つというのか？」

ハリヴァンシュはマドラスに戻ると新しい仕事に就いた。彼はクリシュナの名を唱える修練をいっそう強化するため、自分の呼吸と同調させてクリシュナ神の名を一日五万回唱えるまでに至った。そうしたある日、驚くべきことにラーマ、シータ、ラクシュマン、ハヌマーンの神々が彼の家に現れ、彼とともに一晩を過ごしたのだった。神々が消え去った後、彼はもはや称名《しょうみょう》の修練をすることができなくなっている自分自身を見いだした。突然の展開に困惑した彼は、この苦境をシュリー・ラマナに解決してもらうべく、ラマナアシュラマムに戻った。

ハリヴァンシュは自分に起こった出来事を告げた。シュリー・ラマナはそれについて、列車が彼を目的地に運んだように、彼の修練も彼を目的地に導いたと答えたのだった。"*Nothing Ever Happened*"の中にこのときの対話が収録されている。

「(マドラスからティルヴァンナーマライに向かう)列車はあなたを目的地へと運んだ。そしてあなたは列車を降りた。なぜなら、あなたはもはやそれを必要としないからだ。それはあなたが行きたかったところにあなたを運んだのだ。それがあなたの称名の修練に起こったことだ。あなたのジャパ(神の御《み》名《な》を唱えること)、聖典を読むこと、そして瞑想があなたを霊的目的地に運んだのだ。もはやそれらの必要はない。あなたが自分から修練を放棄したわけではない。修練がひとりでにあなたから離れていったのだ。なぜなら、それはその目的を果たしたからだ。あなたは到達したのだ」

そう言うと、彼は私を強烈に見つめた。すると私の心と身体が浄化の波に洗い流されていくのが感じられた。私の心身は彼の沈黙の眼差しによって清められていった。私は彼の目が私のハートの中を強烈に見つめているのを感じていた。その魔法のような眼差しの中で、私の身体の中のすべての原子が浄化されていった。それはあたかも新しい身体が創りだされていくかのようだった。原子の一つ一つを通して古い身体が死んでいき、その代わりに新しい身体が創りだされていくという変容の過程が続いていっ

た。その瞬間、突然私は私に語りかけていたこの人が、真実、私がすでにそれでであったもの、私が常にそれでであったものであることを理解したのである。私が真我に目覚めた瞬間、そこには突然の認識の衝撃があった。私はここで「認識」という言葉を故意に用いている。なぜなら、その体験が明かされた瞬間、それは疑いの影もなく、私が六歳のとき、ラホールでマンゴー・ジュースを受け取ることのできないまま没入した平和と幸福の状態と同じものであることを悟ったからだ。マハルシの沈黙の眼差しは、私をその原初の状態の中に確立させた。外側に神を求めようとする衝動は、マハルシが私に明かした真我の直接の体験と知識によって消滅した。そして私は私の霊的探求が終焉《しゅうえん》したことを知ったのである。

ハリヴァンシュはマドラスに戻ると、軍の請負業者として働きつづけた。しかし時間が許すときには、いつでもラマナアシュラマムに戻った。彼はシュリー・ラマナの姿を深く愛し、彼から離れて在ることは困難になっていた。

一九四七年、インドとパキスタンの国境が定められた後、ヒンドゥー教徒とイスラム教徒は双方にとっての国境を越えて集団移動をはじめた。パキスタン側にいるヒンドゥー教徒はインドへ、インド側にいるイスラム教徒はパキスタンへと。緊張状態は高まり、膨大な数の人々が虐殺された。このとき、ラマナアシュラマムに滞在し、新聞を読んでいなかったハリヴァンシュは、このニュースを知らなかった。しかしながら、ハリヴァンシュの家族がパキスタン側の国境近くに暮らしていることを知っていたシュリー・ラマナの帰依者の一人が、シュリー・ラマナにこの状況を伝えた。シュリー・ラマナはハリヴァンシュにライヤルプルに帰って家族全員をインド側に安全に連れ戻すよう勧めた。

家族との関わりをすでに失っていたハリヴァンシュは行くことを拒んだ。だが、シュリー・ラマナは家族の面倒を見ることが彼の義務であると説き伏せたのだった。ラマナアシュラマムを去ったハリヴァンシュは、パキスタンからの最終列車で彼の三十五人の親類縁者全員を救いだし、インド側に連れ出した。この列車が国境を越えた後、二つの国を結ぶ鉄道は途絶えたのだった。

国境で所有物を剥奪《はくだつ》され難民となったプンジャの家族は、ウッタール・プラデーシュ州にあるラクナウの町に落ち着いた。一家の生計を立てるため、ハリヴァンシュは彼らとともにとどまらなければならなかった。彼らのほとんどは女性で、当時インドで女性が仕事を得ることは不可能だったからだ。こうして家族を養うという義務を果たすため、ハリヴァンシュがシュリー・ラマナに会う機会は二度とふたたび訪れなかった。

一九五〇年にシュリー・ラマナが身体を離れた後、ハリヴァンシュはサードゥとして生きようとティルヴァンナーマライの町に戻った。だが、運命は彼に別の計画を定めていた。しばらくシュリー・ラマナアシュラマムの近隣で暮らした後、彼は鉱山会社の支配人としての仕事を頼まれ、そのためにバンガロールへと旅立った。一九六六年に引退するまでの十五年間、この仕事は一家の生計を立てるのにじゅうぶんな収入を彼に与えた。こうして彼はカルナータカ州とゴアにあるいくつかの鉱山で働くことになる。

引退後、彼はインド中を旅して歩いた。その中でもヒマラヤの麓にあるガンジス河のほとりのハリドワールの町は、彼が最も愛した町だった。自分自身から教師であると宣言したことは一度もなかったにもかかわらず、いつであれ、どこであれ、彼が行くところ帰依者を惹きつけた。ひとたび彼がガンジス河の岸辺に並ぶリシケーシやハリドワールの町に落ち着きはじめると、彼に惹きつけられた真理の探求者たちの数も次第に増えていった。

一九七〇年から九〇年までの間、彼はインドや海外を広く旅した。それは彼に会うことを求めた帰依者たちからの真剣な要望によるものだった。彼はセンターやアーシュラムの設立を望まれても常に拒みつづけ、むしろみずから帰依者たちのグループや共同体を訪れることを選んだ。八〇年代の終わりになると、身体的な問題から彼一人で旅することは難しくなり、やむなくラクナウの町に落ち着くことになるのである。はじめは彼の家族の家があった都市の中心地に、一九九一年以降は、郊外にあるインディラ・ナガールに家を構えるようになった。この地で、彼は人生最後の歳月を送りながら毎日サットサンを行ない、ときおりガンジス河を訪れた。一九九七年九月六日、八十七歳にて逝去。

この序章で、私は彼の名を「ハリヴァンシュ」と表してきた。それが彼に授けられた名前だったからである。だが子供時代の彼は、両親から「ラーム」と呼ばれていた。七〇年代には、短い間だったが、彼はサソリに刺された人々を治す力を持つことで知られるようになり、「スコーピオン・ババ」とも呼ばれた。九〇年代になると、インドの帰依者たちから「尊敬するお父さん」という意味の「パパジ」という敬称で呼ばれはじめ、事実上、彼の人生の最後の数年間、彼に会いに来たすべての人々がこの名で彼を呼ぶようになるのである。

パパジはいつであれ、彼に「教え」というものはないと語ってきた。彼がもっていたのは、彼のもとを訪れた人々に真我の直接体験を与えるという驚愕すべき能力である。彼は、真我の純粋で無垢な状態は常にここにあり、あなたに認識されるのを待っている、そしてそのためには、ただ自分自身の内側を見なければならないだけだということを指し示してきた。何か偉大な霊的体験を得るために長い時間を瞑想や修練に費やすのではなく、今、この瞬間に、個人のアイデンティティである心や感覚が湧き起こる源を探求することで、自己覚醒は可能となることを人々に説いたのである。

本書は、一九九一年にインディラ・ナガールの彼の家を訪れた真理の探求者とパパジとの対話で構成されている。当時、十人から十五人ほどの人々が毎日彼のもとを訪れていた。録音に使われたテープに日時の記録は残されていない。質問者は一括して単に「質問者」と表記されている。

これは主に西洋人との対話であるため、パパジはヒンドゥー聖典やヒンドゥー哲学の学術語を用いることをなるべく避けている。しかしながら、編集上括弧で意味を表していないいくつかの語に関しては、本書最後に付した用語解説を参照されたい。

パパジは常に、覚醒を得た人の言葉には力が存在し、その力はその言葉を聞いた人に真我の直接体験を与えることができると主張しつづけてきた。私はこの力がパパジに直接出会ったことのない人、ビデオや本を通して彼に出会っただけの人たちにも働きかけることを信じて疑わない。かつて私は「成熟した」探求者と「未熟な」探求者との違いが存在するかとパパジに尋ねたことがある。つまり、真我の体験を得る準備の整った人とそうでない人という違いが存在するかということである。これに対して彼はこう答えている。そこには彼の言葉を正しく聞くことのできる人とできない人という違いがあるだけだと。もしあなたが完全に静かな、受容的な心で、彼が言うべきことを正しく聞くなら、そして彼の「教え」が指し示す方向を見ることができるなら、その言葉を生みだした真我の力が、それ自体をあなたに顕《あらわ》すだろう。

二〇〇六年　ティルヴァンナーマライにて

デーヴィッド・ゴッドマン

1 考えているのは誰か？

質問者　私はここにいる間に、師とともに最善の時を過ごしたいと願っています。それでも、まだどうすればいいのかわかりません。どうすれば一番よいでしょうか？

パパジ　あなたがここに来た目的を果たしなさい。まずあなたの目的を明確にしなさい。関係性は重要ではない。それは後でおのずと明らかになるだろう。目的が最も重要なのだ。

喉が渇いているとき、あなたは川に行く。あなたの目的は喉の渇きを癒すことだ。あなたが川とどのような関係をもつかは問題ではない。必要なのは関係性ではなく、目的なのだ。

あなたは一昨日ここに来た。あなたの目的とは、自分が誰かを知ることだ。それを見いだしなさい。自分が誰なのかをまず知りなさい。自分が誰かを知れば、私が誰なのかもおのずとわかるだろう。それゆえ、あなたの最も重要な質問は、「私は誰か？」だ。ひとたびこれを見いだせば、物事や人々の真の本性もすべて知ることになる。「私は誰か？」という問いからはじめなさい。私たちはすでに一昨日この質問を問いはじめた。まず自己を認識することが必要なのだ。私があなたに尋ねなさいと言った質問は何だったかね？

質問者　「誰か？」ということです。

パパジ そうだ。質問全体はどういうものだっただろうか？

質問者 「考えているのは誰か？」です。

パパジ そのとおりだ。それがあなたに与えた質問だ。私はあなたがこの問いを通して源に戻り、そこで何を見たかを私に告げるよう頼んだはずだ。

質問者 私はそこで何を見たのでしょうか？

パパジ そうだ。あなたはそこで何を見ただろうか？ （パパジは紙に「誰」という文字を書いて質問者に見せた） ここに何を見るかね？

質問者 紙に書かれた文字です。

パパジ この単純な言葉があなたの問いなのだ。

質問者 私はそこに何を見るのでしょうか？

パパジ どこであろうと、いたるところに「誰」は存在している。あなたの質問は、「考えているのは誰か？」だ。

質問者 質問は理解できます。

パパジ その問いがどこから現れるかわかるだろうか？ この問いに集中しなさい。そして、それがどこから起こるのかを見いだしなさい。「誰」に戻りなさい。そこに何を見るだろうか？

質問者 私はそれが現れるのを見ています。何かが次から次へと現れています。

パパジ 現れたものは属性でしかない。その主体は何だろうか？ 誰が考えているのか？ 思考という属性から戻って、主体に意識を集中しなさい。これが最終段階だ。今、あなたは源にいるのだ。そうではないかね？　この「主体」とは誰なのか、それを見いだしなさい。その形はどのようなものか？　この「主体」の形は何だろうか？　それはどのようなものか？

（長い沈黙）

何が起こっているかね？

質問者　質問は無から、空《くう》から現れ、ふたたび空の中に消え去っていきます。

パパジ　そのとおりだ。あなたはこの問いが空の中に消え去ったと言う。質問は、「考えているのは誰か？」だ。考えるには心が必要だ。そうではないかね？　今、思考過程が停止した。それはあなたが、「考えているのは誰か？」と尋ねたときに起こったのだ。今、その過程が停止した。そして、あなたは質問が消え去ったと言った。あなたは「そこには空がある」と言った。何か他に言うことがあるかね？

質問者　それは空、ただの空間です。

パパジ　そうだ、それは空だ。それは空間なのだ。空が、空間がそこに存在する。これが自己本来の本性なのだ。それを存在や空間、あるいは何と呼んでもいい。それは欲望と思考に遮《さえぎ》られている。それは常に欲望に妨げられているのだ。

空とは単に想念と欲望の不在にすぎない。肩に重荷をかついでいれば、安らぐことはできない。例えば百キロの重量をかつぎながら、それから逃れたいと願っているなら、それが重荷だ。それを降ろしたからといって、あなたは何かを得るわけではない。以前にはなかった新たな状態を達成したわけでもない。ただあなたを苦しめていたものを捨て去って、重荷を背負う前の本来の状態に戻っただけなのだ。
　この思考過程、この重荷とは、私たちがいつも抱《いだ》いている欲望のことだ。私はあなたにこの厄介な重荷をどうやって降ろすかを指し示している。「考えているのは誰か？」と尋ねることは思考過程を止め、あなたは本来の自己、自然な状態、空なる純粋な源に戻る。これがあなたの本性だ。あなたはいつも「それ」なのだ。そこに心は入りこまない。時間も、死も、恐れも入りこまない。これが自己本来の永遠の本性だ。そこにとどまりさえすれば、恐れは消え去る。そこから一歩外に出れば、このサンサーラ、世界という現れに足を踏み入れることになる。そして絶え間ない災難に巻きこまれるのだ。

質問者　私は何かもっと偉大なことが起こってほしいと望んでいるのです。

パパジ　どういうことかね？

質問者　思うに、私はそれが何か偉大な体験のようなものだという期待を抱いていたのです。しかし、その体験はとてもふつうのことなのですね。とてもはっきりとした、とてもふつうの、まったくの空なのですね。

パパジ　そうだ。すべては空から立ち現れる。何百万もの惑星や太陽系から成るこの宇宙全体は空から現れた。天空に漂う無数の星々も、この空から立ち現れた一つの想念から生まれくる。しかもそれはその空にまったく影響を与えることなく起こるのだ。

質問者　私は空の中にとどまるべきなのでしょうか？　想念は空の中に現れます。その中のあるものは魅力的で、あるものは私を恐れさせ、あるものは不快な気分にさせます。私はその想念にしがみつき、自己同一化してしまいます。私はそれらの想念となり、ふたたび我に返るまで、空と存在を見失ってしまうのです。

パパジ　もしそのときに我に返るなら、すべては終わり、すべては消え去る。忘れないことが最善策だ。ただあなたの役を演じなさい。だが、すべては舞台上のドラマでしかないことを忘れてはならない。

ある劇団が芝居を演じているところを想像してみなさい。王の召使の役をする人が、上演の間際《まぎわ》に病気になって来ることができず、他に役者がいなかったため劇団の経営者が召使の役を演じることになった。劇の中で、経営者の雇い人の一人である王様役が召使に命令した。「散歩に出るから、靴を用意しなさい」。経営者はおとなしく命令に従った。だが、彼は自分が劇団の経営者であることを一瞬でも忘れただろうか？

彼は召使の役を楽しんで演じた。なぜなら、実際には自分が経営者であることを知っていたからだ。

自分が真我であることを知りながらこのように生きれば、どこにいても役を演じることができる。これさえ知っていれば、すべての行為はとても美しいものになる。そして二度とあなたが苦しむことはなくなるのだ。ひとたびこの空の一瞥《いちべつ》を得れば、あなたはサンサーラ、つまり世界の現れがあなた自身の投影でしかないことを知って、いつも幸せに生きることだろう。

この世界という現れはいったいどこから起こるのだろうか？　あなたが眠っているとき、そこには何もなかった。そうではないかね？

質問者　そこには別の類《たぐい》の夢が存在していました。

パパジ　私は夢について語っているのではない。その状態については後で話そう。私は深い眠りの状態について語っていたのだ。

数年前、私はリシケーシである団体に出会った。世界中から二十五人の心理学者、生理学者、超心理学者たちが集まり、一風変わった企画を試みようとしていた。それは「目覚めと夢見のただ二つの状態だけが存在する」ことを証明するというものだった。彼らによれば、人間は目覚めか夢見のどちらかにあり、眠りというような状態は、実際には存在しないというのだ。

彼らの一人がこう言った。「これこそわれわれが西洋で発見したことなのです。眠っている人の脳にEEGの装置を取りつけて調べてみたところ、深い眠りのように見える状態でさえ、夢は絶えず起こっているのです」

インドでは、私たちには五つの状態があるという。目覚め、夢見、眠り、トゥリーヤ、そしてトゥリーヤーティータだ。

質問者　最後のものは何ですか？

パパジ　トゥリーヤーティータだ。目覚め、夢見、眠りならあなたも知っている。この後には、トゥリーヤ、第四の状態がある。目覚め、夢見、眠りの三つの状態はトゥリーヤの中で現れては消え去るのだ。そしてそれを超えた状態がトゥリーヤーティータだ。それは「第四を超えたもの」を意味する。

これらの科学者たちは、アーシュラムからアーシュラムへとめぐり、彼らの装置で実験するためにスワミを探していた。ある科学者は宇宙飛行士の訓練計画に参加していた。どうやら宇宙飛行士たちは、宇宙で良い眠りについてはいなかったようだ。そこで、彼らの眠りの質を改善するために調査が行なわれていた。ある種の瞑想やヨーガが眠りのパターンを改善するという説があったからだ。

科学者たちは実験のためにスワミを探していた。瞑想中の彼らの脳波に何が起こっているかを調べるためだ。多くの人に実験をした後、彼らはスワミ・ラーマに出会った。彼らが訪れたとき、彼はアーシュラムで庭仕事をしていた。私はその場にいなかったため、これは人から聞いた話なのだが。

彼らは敬意をもって彼に近づき、調査の目的について説明をした。そして彼の脳波を調べる間、座るか横になった状態で瞑想してほしいと頼んだのだった。

彼は答えた。「私が庭に水を撒《ま》いている間に電極をつないでかまいません。瞑想するために座る必要はないからです」

科学者たちは言われたとおり彼の頭に電極をつないだ。そしてふだんの庭仕事をしている間でさえ彼の心が働いていないことを見いだした。あまりにも驚愕《きょうがく》した彼らは、さらなる実験のために彼を国外に連れだしたのだった。

もしあなたが根底にある基盤の中に確立されたなら、いかに活動しようと問題はなく、しかも心を必要としない。すべての物事は真我が面倒を見るようになり、あなたは常に静寂の内にとどまるのだ。

目覚め、夢見、眠りの三つの状態と、それらの基底をなす第四の空の状態の話に戻ろう。眠り、夢見、目覚めという三つの状態は、現れては消え去るものとして、根底にある基盤の上に投影されている。そこには、それらが循環する何らかの基盤、ある土台が存在している。その土台、存在、空間は常にそこに在る。だが、外界の物事に巻きこまれて、あなたはそれを忘れてしまうのだ。

人は三つの段階に分けられる。第一の範疇《はんちゅう》は、けっしてそれを忘れることのない人。いかなる環境にあっても、彼らはすべての物事がこの根底にある基盤で起こっていることを知っている。彼らはジーヴァン・ムクタと呼ばれ、身体の中にとどまりながらも完全に解脱《げだつ》している人を意味する。第二の範疇の人は困難に陥っている。なぜなら、彼らはあるときはそれを覚えているが、あるときはそれを忘れてしまうからだ。空に気づいている状態はあっても、死んだ友人の記憶が起こるやいなや、たちまち深い苦悩に陥ってしまう。彼らは想念にしがみつき、空への気づきを見失ってしまうのだ。この種の空は持続しない。それは気まぐれな精神活動に依存しているからだ。第三の範疇の人は常に苦しんでいる。彼らは自己本来の空を一瞥したことがないため、際限なく苦しむ。彼らにとってサンサーラは、終わることもなければほんの一瞬止むことさえない。

もし第一の範疇に属する人であれば、何であれ現れるものは自分自身の真我の現れであることを知っている。目覚めるとともに世界が立ち現れる。だが、あなたはすべてが自己の投影にすぎないことを知っている。眠りにつけば世界は存在を消す。だが、あなたの真我はとどまるのだ。あなたが眠っている間にも、そこには何かが存在している。その何かとは、あなた自身の真我なのだ。

質問者　眠っている間、私はその存在に気づいていません。

パパジ　そうだ。なぜなら、「あなた」が不在だからだ。あなたは「あなた」を通して生き、物事を決定する。「あなた」にとって存在が感じられるのは、存在への気づきに何らかの障害があるときだけだ。

質問者　障害があるときは存在が感じられ、障害がないときは感じられないというのは、何か矛盾しているように聞こえます。

パパジ　個人として在るという感覚が障害なのだ。あなたのすべての体験あるいは体験の欠如は、個人という概念が媒介している。この障害は存在から現れる。あなたはそれを通して存在を感じるか、それともその不在に気づいているかだ。存在は常にそこに在る。だが、深い眠りの中ではその存在を感じない。なぜなら、この「私」という媒介者がそこにいないからだ。この「私」がなければ何かに気づくこともできない。それゆえ、あなたは言うのだ、「眠っているとき、そこに存在はない」と。

あなたはすべての体験の正当性を実証するために、この障害（個人という概念）を用いている。だが、それ自体は本来正当性をもたない。障害が現れる前、シャーンティ、つまり平和はそこに在った。そして障害が消え去った後も、平和はあまねく存在している。自己の本性とはこの平和なのだ。体験者がそこにいるときもいないときも、それはそこに在るのだ。

質問者　ええ、それは明らかです。魚は一生の間、水の中を泳いでいますが、水のことについては何も知らずにいます。魚に水のことを教えようとするなら、水の外に出すことです。そうすれば、それは一瞬にして水の重要性を悟るでしょう。

あなたが言われていることは、存在を妨げるものが何もなければ、存在に対比するものもないということです。それゆえ、存在を知る方法もないのです。

パパジ　つまり川の中にいる魚が、「喉が渇いた！」と叫んでいるのと同じことだ。苦しみの概念をつくりだしているのは、根底にある基盤に無知なためだ。その空間、その空があなたの自己の本性であり、それはつねに存在しているのだ。

質問者　（抑えきれないように笑いだす）

パパジ　彼は医者だ……（パパジもまた笑いだす）

質問者　なんということでしょう！　信じられません！　（皆が笑う）　こんなに簡単なことだったなんて。フー、ありがとうございます。本当にありがとうございます。どうやら、今私は想い出したようです。

新たな質問者　忘れていたのですか？　私は自分自身を見守り、「頭に来ているのは誰か？」といった問いを自分にするのですが、いつも忘れてしまうのです。

パパジ　「忘れていた」と言うとき、それは忘れていたのではない。あなたは突然想い出したのだ。「忘れていた」という想いが起こるとき、それは想起されたということだ。

質問者　しかし、忘れていたことに気づかないときさえあります。たとえば、頭に来たときは、忘れるとか想い出すという想いさえ起こりません。

パパジ　あなたは忘れたり想い出したりするこの実体と関係性をもっている。そこには、忘れつづける人がいるのだ。だが、そこには忘れようと想い出そうと変わることのない人がいるはずだ。だから、その人は忘れようと想い出そうと変わることなく在る。忘れる「私」を探しだしなさい。そうすれば、けっして忘れることのない「私」を見いだすことだろう。その真の「私」が意識なのだ。それは何も忘れない。それは存在そのものだ。その存在の中では、あなたは何も忘れない。もしいたるところに光があるなら、何も隠されはしない。なぜなら、物事を不明瞭にする暗闇が存在しないからだ。あなたが意識に戻るとき、すべては明白になる。何も忘れられることはなく、何も隠されはしない。

　夢をもたらす眠りの状態があり、そして目覚めの状態がある。それらならあなたも良く知っている。だが、そこにはそれらを超えた何かが存在する。それが意識だ。それがあなたの真の本性なのだ。それを獲得する必要はない。達成することも、切望することもない。それはけっして失われたことがなかった。それゆえ、それを追いかけ、取り戻そうとする必要はないのだ。それは今、ここにある。それはいつもここにあるだろう。それが失われることはないのだ。もしそれが今、ここにないものなら、獲得しようとすることさえ無駄なことだ。何であれあなたが新たに得たことは、ある日失われてしまうからだ。

　それゆえ、けっして失われたことのないもの、永久不変で、自然な、常に存在し、今ここにあるものを見いだしなさい。「今」を見なさい。存在を見なさい。空間を、あなた自身の空を見なさい。すべてはこの一粒の空の粒子の中に在る。宇宙全体がその中に存在し、そこから現れるのだ。そこに戻りなさい。そしてこの現象の源を見るのだ。そして人生を楽しむがいい。

新たな質問者　ときおり、気づきはそこにあります。しかし、それとともに二元性もまだそこにあるのです。ときには、私はシャーンティ（平和、静寂）に陶酔してすべてを忘れ、何の問題もなくなります。しかし別のとき、まだそこに二元性が在ることを知って悲しくなるのです。

パパジ　二元性が存在するには、非二元性という基盤がそこになければならない。二元性が二元性として認識されるには、二元性に気づいている非二元性がそこになければならないのだ。

質問者　それが主体を知覚するのです。

パパジ　そこには二元性を知覚する非二元性という土台があるはずだ。二元性と非二元性の間に違いはない。なぜなら、一方は他方の土台で、根底にある基盤だからだ。では、違いはどこにあるのだろうか？　二元性を見るとき、あなたは何を見ているのだろうか？

質問者　他者です。異なるものです。

パパジ　そうだ。だが、この「異なるもの」という概念はどこから入りこむのだろう？　眠りにつくとき、あなたは一人だ。眠るとき、二人が眠るということはない。ただ「一者」だけが眠るのだ。あなた以外の何かがそこにあれば、眠ることはできない。眠りにつきたければ、すべての「異なるもの」を退けなければならない。眠りにつくために、あなたは身体、心、知性を拒否する。眠りの中では、ただ一者だけが存在するのだ。

今、あなたは眠りの中でただ一人在る。その眠りの中で、あなたは夢見る人をつくりだし、そしてふたたび顕現が立ち現れるのだ。

質問者　すべての源はただ一つです。

パパジ　「一つの源」。すべてにとって唯一の源、そこからさまざまな物事が現れ、とどまり、そして消え去っていくその場所、もしあなたが本当にこの秘密の場所を知っているなら、どうして二元性、顕現、幻想に惑わされることがあろう？　顕現が起こり、とどまり、消え去るにまかせるがいい。これはすべてあなたのドラマなのだ。もしそれを知っていれば、あなたはすべてを楽しむだろう。

（長い沈黙）

瞑想する必要はない。ただすべての疑いを取り除くだけだ。ひとたび疑いが取り除かれれば何をする必要もない。水草で覆《おお》われると、湖は見えなくなる。湖面も水の底も見えなくなってしまう。だが、ひとたび水草を取り除けば、すべてははっきり見えるようになる。

まず、正しく理解することが絶対に重要だ。ひとたびそれが明確になれば、瞑想がそれに従うかもしれない。あるいはそうならないかもしれない。だが、あなたが誰かという重要なことに関しては、完全に明確にしなさい。この理解がなければ、瞑想もただの心のまやかしでしかない。それは先延ばしするための行為でしかないのだ。

騙《だま》されてはならない。はっきりと見なさい。必要なことはそれだけだ。心が静寂に帰せば、何をしようと問題は起こらないだろう。

2 櫂《かい》を捨てなさい

パパジ「私」の源を見いだしなさい。その位置をつかみなさい。ひとたびそれがどこにあるかを知れば、そこにたどり着くための最善の道を見いだせるだろう。空を行くか、海を渡るか、陸地を行くかを決める前に、旅の目的地を知らねばならない。目的地までの距離はどれほどなのか。出発点はどこなのか。この二つの点が明確になれば、旅の道程を決めるのは簡単だ。

さて、この「私」はどこにあるのだろうか？　身体から見てみなさい。身体の中で誰かが「私」と言う。一生の間、あなたはこの「私」という言葉を使っている。この「私」はどこにあるのか？　それはどこに位置するのか？　まずそれが、私は目覚める、私は夢見る、私は眠る、という三つの状態すべての中に存在していることに気づくだろう。だが、実際にはそれはどこにあるのか？　その住処《すみか》はどこなのか？　そしてその住処を見いだそうとしている人、その人はいったい誰なのか？　この人はどれほど遠くにいるのだろうか？　もし目的地、探求の目標が「私」であるなら、その「私」はどれほど遠くにいるのだろうか？　これが明確にされなければならない。

探求者は探求を通して何を探しているのだろうか？　探求をしている人とは誰なのか？　これを確認しな

さい。探求者がいて、探求があり、探求されるものがある。まず探求をしたがっているその探求者とは誰なのかを見いだしなさい。これが最も重要なことなのだ。

質問者　（ニュージーランドから来た、先ほど大笑いをした男性）それはあたかも存在が認識を求めているようなものです。

パパジ　（笑いながら）そのとおりだ。もう少しだ。非常に近い。なぜなら、あなたはそれがただの認識だと理解したからだ。

質問者　それはみな広大な空《くう》なる空間から立ち現れ、それからその中に消え去るようなものです。

パパジ　探求があるのはまだ認識が確立されていないからだ。探求者は探求を通してゆっくりと認識に向かう。それは自分自身を鏡の中に見るようなものだ。あなたは鏡を見、自分自身の反映を見て、自分自身を認識する。ひとたび自分自身を認識すれば、鏡を捨て去ってもかまわない。探求を投げだしてもかまわないのだ。探求すべき何かがあるという概念を棄て去りなさい。

認識の中に、認識をする人は存在しない。だが、誰もそのことを知らない。遥かなる昔から、誰もが瞑想の中で座りつづけてきた。誰もこの認識の過程とその必要性について語った者はいなかった。寺院では祈りが捧げられ、僧院では瞑想が続けられている。だが真理を知る者は誰もいない。それについて語ろうとする者さえいない。誰もが羊の群れのように、踏みならされてきた道を歩こうとする。人の歩いた道に従ってはならない。自分自身の道を歩かなければならない。道なき道を行くのだ。

質問者　それは果てしない広がりです！

パパジ　空の中に道はない。どこへ行こうとも、空があなたの後に従う。空があなたを導く。空はあなたの横に、上に、下にある。空を離れてどこへ行こうというのか？　それ以外のどこに行くというのか？　その空の中では死も近づけない。神さえも近づくことはできない。

質問者　それは在る。ただ在るのです。

パパジ　（笑いながら）　それはただ在るのだ。このキウイ（ニュージーランド人のこと）はとても頼もしい（笑）。ゆっくりしているように見えながら、とても素早い。あなたに会えて嬉しい。あなたは、あなたと私の関係性はどのようなものかという質問をもってやってきた。これがその関係性だ。

質問者　私は質問の答えを得ました。

パパジ　答え！　これが唯一の関係性だ。これ以外に永遠の関係性などない。神との関係でさえ永遠ではないのだ。両親も牧師もあなたに永遠の関係性を与えることはできない。ただこれだけが、永遠に続く価値のある関係性なのだ。これだけは避けて通れない。この関係性だけはあなたを棄て去ることはない。離婚はありえない。これ以外のすべての関係性は、利己主義を土台に成り立ち、利益や欲望に動機づけられている。この関係性は優しく、愛情深く、このうえもなく美しい。この関係性については辞書を見ても見つからないだろう。間違いない。誰もこの関係性を知らない。それ以外の関係性はすべて醜く、汚《けが》れたものなのだ。

質問者　私ははじめ、あなたを利用することを考えていたのに、最後には、あなたに出会ったのです。

パパジ　ここからは、あなたの櫂を投げ捨てなさい。櫂を川の中に投げ捨てれば、安全な船旅となるだろう。

質問者　私は櫂がとても気に入っているのです。

パパジ　風があるではないか。風があなたの面倒を見るだろう。櫂を使うのはくたびれる。風にまかせなさい。

質問者　櫂を捨てることを想像すると恐ろしくなります。

パパジ　今がそのときだ。私が「櫂を捨てなさい」と言うこのときこそ、それをするべきときなのだ。

3 常にそこに在るもの

パパジ （内なる体験に浸っていたため、周囲の状況に気づいていなかった女性に向かって）私たちは庭を歩いていた。ある音楽が奏でられていた。私はあなたのほうを見て話しかけた。だが、あなたには私の言うことが聞こえなかった。私の言葉を聞かなかった人はあなただけだ。あなたは周りで起こっていることを意識していなかった。なぜなら、何か他のこと、何かもっと興味深い、魅力的なことが内面で起こっていたからだ。そうではないかね？　常にこのように生きることはできるのだ。何の足跡も残さずに通り抜けることは可能なのだ。

質問者 足跡ですか？

パパジ あなたの心は外側の物事に関わっていなかった。それを深刻にとらえていなかった。なぜなら、あなたは内面に没入していたからだ。このようにそれは起こるべきだ。ついには、外側の物事に関わろうと関わるまいと、影響を受けなくなる。これが身に着けるべき技なのだ。それはゆっくりと起こる。

質問者 この週末はいつもそのように感じていたのです。

パパジ あなたの話し方は静かすぎる。ここに来て座りなさい。

質問者　（近くに寄って）この週末、私の内側で誰かが「スージーとは誰なのか？」と尋ねているのを感じていました。そして別の誰かがその過程を観察していたのです。それがあなたの言われていることですか？

パパジ　そうだ。それこそ私が説明していることだ。あなたは搭乗待合室にいる。見守ることは続いている。見守りつづけなさい。待合室では誰もがそわそわしている。あなたも知っているはずだ。搭乗のアナウンスを待ちながら、誰もが落ち着かずにいる。誰一人静かに座っている人はいない。何が起こっているか見なさい。それを観察しなさい。はっきりと見守るのだ。今、それをしなさい。これはどの本にも書かれてはいない。誰もこれについて語る人はいない。

あなたは自分自身の内なる混乱を晴らすことを望んでいる。数日のうちにそれは起こるだろう。そうしたら、荷物をたたんでここを去るがいい。何か良いことがあなたに起こっている。あなたにある指示が与えられた。そしてあなたはその指示に従うのだ。あなたは神の道具となったのだ。自我を超えた力によって動かされる道具に。それはとても幸福で美しい人生となる。もはや責任はなくなり、あなたは幸せになるのだ。

質問者　自我が消え去ったようには感じられません。そうではありませんか？　それはまだそこにあるのです。

パパジ　この状態の中で、それは燃え尽きたロープのようになるのだ。ロープのように見えても、ロープとしては使えない。つかもうとしても、縛ろうとしても、あなたの指からこぼれ落ちていくだけだ。

質問者　わかりました。それで何かを縛ってみましょう。

パパジ　何も考えずにいなさい。ただあるがままのあなたでいればいい。瞑想は続いていく。それはその仕事をするだろう。瞑想は絶え間なく続いているのだ。わかるかね？　あなたはそれを見つけただろうか？

質問者　ええ、見つけました。

パパジ　それが瞑想だ。

質問者　興味深いことに、ある種の知覚が、ある特殊な知覚が起こっているようなのです。

パパジ　そうだ。それが私の語っていることだ。それが瞑想なのだ。だが、それは努力を要しない。ある種の集中は起こっている。だが、それは内面でも外面でも、いかなる対象もつかまない。あなたはいかなる対象物にもしがみついていない。それに気づいたかね？

質問者　いいえ、ただ瞑想のように感じられるだけです。何が起こっているのか、自分でもよくわからないのです。

パパジ　（笑いながら）そうだ。それが真の瞑想なのだ。通常、心は何らかの感覚的対象物にしがみついている。だが、この瞑想では何にしがみつくこともない。この中には意思というものが存在しないからだ。意思が存在しないとき、絶え間のない瞑想が続いていく。あなたは何らかの変化を感じているに違いない。心は静かだ。この状態では、瞑想せずとも静かになる。違いに気づいているかね？

質問者　ええ……感じます……私は知識です。

パパジ　それが私の言っていることだ。あなたはその何かを知っていた。それはあなたが以前から知っていた知識なのだ。いかに瞑想し、いかに座るか。知識はそこにあった。それが戻ってきたのだ。

質問者　私は何もしていなかったのです。座ることも、瞑想もしませんでした。

パパジ　これが自然な瞑想なのだ。あなたがそれを「する」のではない。それは何か、常にそこに在るものだ。それは「サハジャ」と呼ばれ、「自然」を意味する。これがサハジャ瞑想なのだ。

質問者　サハジャ？

パパジ　サハジャ瞑想だ。これは自然な状態だ。

質問者　私は混乱しています。パパジ、あなたはこれについて、この変容の重要性について語ってきました。私にとって、それは何も特別なものには感じられません。

パパジ　それでいいのだ。特別には感じられないと言うこと自体が特別ではないかね？（笑）ここに来る前、あなたはこれについて語らなかった。たった今、あなたにとってそれは「特別」なことではない。だが、もしこの「知識」が以前から存在していたことをあなたが知っていたなら、なぜここに来たのかね？

質問者　わかりません。

パパジ　今、あなたは「わからない」と言う。以前、あなたはあらゆる類《たぐい》のことをわかっていた。もはや何も得るものはない。得るものもなければ、達成することもない。これがあなたの自然な状態に戻ることなのだ。たいていの人はこれを知らない。人々はあるがままにとどまることを望んではいないからだ。彼らは他の何かになりたい。彼らではない何かに。そしてそれが心を惑わすのだ。あなたは「何の変化もない」と言った。それでいいのだ。

（とても長い沈黙）

数年前、リシケーシで暮らしていたとき、バローダから一人の女性が私のもとを訪れた。バローダについて聞いたことがあるかね？　彼女の夫は石油化学のエンジニアだった。彼女はシヴァーナンダ・アーシュラムのヨーガ・コースに参加するため、五十人ほどを連れてリシケーシにやってきた。彼らは「バローダ・ハウス」と呼ばれる家に滞在した。かつてバローダは独立した州だった。この建物は王室によって建てられたもので、バローダからリシケーシを訪れた人たちはここに滞在することができたのだ。それはとても大きな建物だった。

彼らのプログラムはたいへん忙しいものだった。全員朝五時に起床して、ヨーガのクラスに参加しなければならなかったのだ。講話や講義、ヨーガのクラスが一日のほとんどを占めていたが、午後一時過ぎにほんの少し自由な時間があった。私はリシケーシから少し丘を登ったところにある寺院のコテージに暮らしていた。その自由時間にこの女性は私を訪ねたのだった。

彼女は寺院の神官に、ここに誰かスワミが住んでいるかと尋ねた。彼は答えた。「オレンジ色の僧衣を纏《まと》った人はいないが、洋服を着た人がここで教えている。彼は家庭をもった人で、何人かの西洋人が彼のコテージで暮らしている。行って話をするがいい」。彼女は神官に紹介してくれるよう求めたが、彼は言った。「いいや、紹介の必要はない。ただそこに行ってグループに加わればいいだけだ。誰も気にはしない」

あなたの顔にはどこか彼女を想い出させるところがある。食べたり何かをしたりしていても、彼女の注意は自分自身の内面に引きこまれていた。実際、彼女は周りで起こっていることに注意を払っていなかった。何かが彼女を内面に引きこみ、外側の世界に心を奪われてはいなかったのだ。

そこには七、八人の外国人が私とともにいて、私たちは英語で話していた。何人かのインド人もそこにいた。先ほどの女性はシヴァーナンダ・アーシュラムのコースに参加していた数人の女性を連れてきた。私が見たところ、彼女はグループのリーダーのようだった。

彼女にとっては馴染み深いヨーガについてしばらく会話を交わしてから、彼女は私に尋ねた。「スワミ、どうやって心を制御すればいいのでしょうか?」

これは何千年もの間、弟子がグルに尋ねてきた普遍的な質問だ。そしてその何千年もの間、満足の得られるような答えは存在してこなかった。

『ギーター』[*1]の中で、アルジュナも同じ問題を抱えていた。「それは空気のようなものです。いったいどうやってコントロールすればいいのでしょうか?」

霊的な道を行く人の誰もが、この特定の質問にとりつかれていた。だが、このとき私は何の答えも与えなかった。その代わりに、私のところに滞在していたフランス人の女性に客人にお茶をもてなすよう頼んだ。その質問は繰り返されたが、私はふたたび答えなかった。お茶を飲み終わった後で、彼女は三度目の質問をした。そして三度目も私は答えを与えなかった。シヴァーナンダ・アーシュラムに帰る時間は差し迫っていた。三日間のコースの最中で、帰国するまでに彼らはそれを修了しなければならなかったのだ。

立ち去る寸前に、彼女はもう一度質問を繰り返した。そして私はもう一度沈黙を守った。

翌朝早く、彼女は果物と花をかかえて一人で私に会いにやってきた。

捧げ物をした後で彼女は言った。「私は答えを見いだしました。私がここにいる間、あなたは答えませんでしたが、それでももう一度ここに来て質問するつもりでいたのです。なぜなら、それはそれほどまで私を悩ませていたのですから。真夜中の一時半頃、誰かが私の部屋の扉を叩きました。私のグループの人だろうと思ったのですが、扉を開けてみると、それはあなただったのです」

その夜、私はどこにも行かなかった。この出来事の間、私はベッドで眠っていたのだ。

「あなたは部屋に入ると私に答えを与えてくれました。今、私は満足しています。私たちは一カ月間のヨーガの修練のためにここに来ました。列車の一車両を予約して、全員が一緒に旅してきたのですが、もう彼らと一緒に帰る気になれません。私はあなたと一緒にここにいたいのです」

私は彼女にあきらめさせようとした。「今いるところにとどまりなさい。コースを修了して、皆と一緒にバローダに帰るのだ」

「いいえ」

彼女は言った。「私はあなたとここにいます」

彼女の決意の固さを知った私は、彼女にアーシュラムの管理人に会って滞在許可を得るように求めた。管理人が許可を与えた後、彼女は私の小屋の近くに移ったのだった。その後、彼女は私の部屋に来ると、そこに座るなり、動くことも食べることも拒否した。彼女はある内的境地に没入していたため、ふだんの生活に関わりたくなかったのだ。私の言葉は聞こえていても、自分自身を揺り起こして何かをする気は起こらなかった。私が何かをしなさいと言っても、話すことさえしなかった。

彼女の名前はスマンといった。

「スマン、あなたは何も食べていない。何か食べなければいけない。私が手伝おう」

私が彼女の手に食べ物を置いても、彼女はその手を口までもっていくことさえしなかった。そのため、私が彼女の手をとって口まで運ばなければならなかったのだ。彼女は何も不満を言わなかった。ただ自分自身ですることができない状態にいたのだ。

彼女の口を開けさせ食べ物を入れてから私は言った。「私ができるのはここまでだ。嚙《か》みくだいて飲みこむのはあなたの仕事だ。あなたのためにそれをすることは、私にはできない」

二日間、彼女の世話をするのはたいへんなことだった。夜となく昼となく、彼女はその場に座りこんだまままただ空中を見つめるばかりで、私の言葉には耳を貸すことさえなかった。彼女の部屋に連れ戻すことも不可能だった。ただ床に座ったまま動こうともしないからだ。他にも七、八人がそこに暮らしていた。四つの部屋があり、私には自分の部屋があって、他の人たちは三つの部屋をシェアしていた。管理人は私を良く知っていて、毎年三カ月間これらの部屋を用意してくれたのだ。そこはリシケーシの町から離れた山の上にある見晴らしの良いところだった。

私は彼女を家に帰したかったのだが、そのための用意をすべて私がしなければならないことは明らかだった。私は彼女をハリドワールまでタクシーで送り、バローダまでの一等車の切符を買い、彼女の子供のためにお菓子とガンジス河の聖水をみやげとして容器に入れて持たせた。駅で彼女に食事をさせようとしたが、まったく関心を示さなかった。

彼女は私に所持金をすべて差し出すと言ってきかなかった。「私は何も必要ありません。旅のために五ルピーあれば充分です。家に着いたとき、私の家族がタクシー代を払ってくれるでしょう。もはや私のものはすべてあなたのものです。すべてを受け取ってください」

私は受け取らなかった。彼女が自分の面倒を見られないことは明らかだったため、同じ一等車に乗りあわせていた男性に状況を説明した。彼女の家の電話番号が見つかったので、それをその男性に手渡した。

「列車がバローダに到着したら、この番号に電話してください。そして誰かが迎えに来ることを確認してください。さもなければ、彼女は道に迷ってしまうでしょう」

彼は家族が迎えに来るまで、彼女の面倒を見ることを約束してくれた。バローダでは列車は二十分間停まる。その間にすべてを取りはからうことは可能だった。

「食べることはできるのですか？」と彼が尋ねた。私は答えた。「彼女の手に食べ物をのせて、口に入れて噛みこなし、飲みこみなさいと言えばおそらく大丈夫でしょう。たとえ食べなくとも心配ありません。家族が来るまで持ちこたえるでしょう。身体的には何の問題もないのです。ただ彼女は放心状態で、注意が別のところに向いているだけなのです」

すべては予定したとおり順調に行き、彼女は無事家にたどり着いた。彼女の夫は私に電報を寄こし、彼女を家に送り届けるというたいへんな世話をかけたことに感謝した。そのうえ、私を彼らの家に滞在するよう招待までしてくれた。どうやら、もし私が彼女を訪ねなければ、家を去って私を探しにいくとスマン自身が言いだしたらしかった。

これは師から教えの精髄を即座に得た非常に稀《まれ》なケースだ。彼女は「いかにして心を制御するか？」という強烈な問いとともにやってきた。そして私が何も言わなかったにもかかわらず、制御する必要さえない心の状態を体験したのだ。それは「無住心《むじゅうしん》」＊2という、心をどこにもとどめない状態だ。このようなケースは二、三度あったが、そうそうあることではない。

私は彼女の夫の招待を受け入れ、彼らと十五日間をともに過ごした。それから私は彼女を連れて他の帰依《きえ》者を訪ねた。

ときおり、このようなことは即座にして起こる。ある人の場合は、まったく起こらない。

誕生と死の果てしない輪廻《りんね》が存在する。誕生とは何か？　死とは何か？　それは欲望だ。この終わることのない輪廻転生は、身体の感覚的快楽への欲望によって燃料を注がれている。欲望が尽きたとき、この輪廻もまた尽きるのだ。一見終わりのないように見える輪廻転生も欲望の終焉《しゅうえん》とともに果てる。ただ誕生と死が果てるだけではない。欲望が尽きれば、宇宙そのものが終焉するのだ。あたかも今までけっして存在していなかったかのように、それはただ消え去る。

新たな質問者　心について質問があります。私には、ただ心から解放されればいいというような問題ではないと思えます。心は私が行くべきところへ連れていってくれるようにも思えるのです。

パパジ　心は敵になることも、友人になることもできる。心が束縛し、心が解放するのだ。つかの間のはかない物事に執着するとき、心は束縛する。敵とはこの心のことだ。だが、心がどこにもとどまらず、何の対象物にもしがみつかないとき、それはあなたの友人となる。解放を与えるのはこの心だ。どの心を仲間にするか、すべてはあなた次第だ。心はあなたを破壊することもでき、大きな助けにもなる。心は途方もない力を秘めている。そしてあなたはその力を利用できるのだ。心が安らいでいるとき、それは私たちに平和を与える。だが、心が落ち着きを失えば、このサンサーラ、不幸、地獄をつくりだす。平和な心は地上に天国をもたらし、いたるところを平和で満たす。その状態にあれば、あなたがどこにいようとその場所は天国になる。これが心というものだ。

質問者　私には選択の余地があるように思えるのです。天国を生みだすか地獄を生みだすかを心は決定することができ、いつの瞬間にもその選択はあるのです。

パパジ　そうだ、それはあなた自身の選択なのだ。自分のためにあなた自身が決定しなければならない。あなたは、「私は束縛されている。私は苦しまなければならない」と決めつけ、サンサーラをつくりだせる。

あるいは、「私は平和になりたい。自由になりたい。幸せになりたい。愛したい」と言うこともできる。もしそうしたなら、あなたは素晴らしい選択をしたのだ。そうしなさい。「私は平和になりたい。自由になりたい。幸せになりたい。愛したい」。たった今それを行ないなさい、今日行ないなさい。せめてこの一生のうちに行ないなさい。善い心をもち、その心を友にするのだ。

新たな質問者　心がどこにもとどまらないときも、まだ心は存在しているのですか？

パパジ　いいや。心に欲望が起こるとき、感覚的対象物を楽しもうという意図が起こる。これが起こると、あなたはその楽しみの中に巻きこまれる。心は感覚を通して機能し、感覚は楽しむために対象物へと向かう。欲望と意図が現れるとともに、これらすべてが現れる。あなたの意図はさまざまな快楽に浸るために心を媒介として使うのだ。その中で楽しまれる対象物を楽しむ者、それが自我だ。もし自我が静まり、心が生じなければ、何の問題も起こらない。心はどこにもとどまらず、とどまるところがないため、それは源に、無心の状態に戻る。そこに心は存在しないのだ。

あなたは心なしに機能することができる。今朝、この女性はそれがどのように働くのかについて話していた。彼女は心が働かない状態について語っていたのだ。あなたが言ったことを、もう一度話してくれるだろうか？

質問者（パパジにスマンのことを想い起こさせた女性）　私は行為者と観察者が存在していることについて話したのです。

パパジ　そうだ。それについてもう少し説明できるかね？

質問者　私は同じ人の中に行為者と観察者が存在していると感じるのです。そして身体はただひとりでに行為するのです。

パパジ　身体は活動し、観察者はそれとは別に存在する。身体は自我を通さず、直接指示を受けるのだ。「私は行為者だ」という観念はそこにはない。行為者が存在しないとき、その人に行為の責任はない。その状態ではいかなるカルマも形成されず、心も存在しない。心がなくとも非常に有能に働くことはできるのだ。

新たな質問者　なぜその後で心はふたたび現れるのでしょうか？

パパジ　もしあなたがこの状態にあって注意深く、油断なくあれば、心がふたたび現れることはない。その代わりに、何か他のものが現れるのだ。その「何か他のもの」とは何だろうか？　今、あなたは心についてだけを知っている。それを超えた彼方なるものについては何も知らない。心が消え去ったとき、もはやあなたに欲望はない。欲望がなければ、ただ源に戻るだけだ。その源で、今まで気づかなかった「何か他のもの」があなたを動かすのだ。それをプラジュニャー、あるいは智慧《ちえ》と呼んでもいい。

それがあなたの面倒を見るだろう。プラジュニャーがあなたの人生を動かしていくとき、あなたはただの道具となる。このことは、『ギーター』の中にも詳しく説明されている。アルジュナは彼の心を師の御足元に明け渡した。そして彼の行為をプラジュニャーが司《つかさど》るにまかせたのだ。戦いの命令は直接クリシュナ[*3]から受けていた。その命令がアルジュナを通して働き、彼をして戦いぬかせたのだ。この聖なるものによって生かされている存在の状態は、ただ自由を知った後にのみ知ることができる。

＊訳注1　『ギーター』Bhagavat Gita　『マハーバーラタ』第六巻の一部を成すヒンドゥー教の最も高名な聖典。逐語的には『神の歌』を意味する。クルクシェートラで今にも戦闘が始まろうとするとき、親族である敵に対して闘う気力を失った王子アルジュナに、クリシュナ神が教えを示す。その教えはヴェーダーンタ、ヨーガ、サーンキャというインドの主要な哲学が統合されたもので、知識、行為、帰依を通して解脱に至る道を示している。

＊訳注2　無住心 Non-Abiding Mind　『金剛般若経』の中の「応無所住而生其心（おうむしょじゅうにしょうごしん）」という言葉に拠る。これは、「まさに住する所無くして、しかもその心を生ず」と読み、「いかなる対象にもとどまることのないまま、心を生じるままに任す」を意味する。禅の六祖慧能はこの言葉を師から聞いた瞬間に大悟した（『六祖壇経』）。プンジャジは『金剛般若経』を弟子に解き明かし、この言葉が真理の精髄を示していることをたびたび主張してきた。大珠慧海は『頓悟要門』の中で、「善悪、有無、内外、中間にとどまらず、空にも不空にも、定にも不定にもとどまらない心を無住心という。無住心とは仏心なり」と説いている。

＊訳注3　クリシュナ Krishna　その名は「魅惑する者」を意味するヴィシュヌ神の第八番目の化身。『シュリーマッド・バーガヴァタム』『マハーバーラタ』を参照されたい。

4 心に印象を残したときだけ、欲望は問題となる

質問者　自分には欲望がないと思いこませるのは、いたって簡単なことです。しかしそれが本当なのかどうかは、どうすればわかるのでしょう？　もしこの瞬間何かが必要な場合、それが必要であるのか、あるいは欲望なのかを、どうすれば知ることができるのでしょう？　例えば、何かを食べているとき、少し食べてもまだちょっと空腹を感じたとします。そしてもう少し食べようと決めたとき、それが必要なものなのか欲望なのかを、どうすれば見分けられるのでしょう？　私は生存のために食べるのだと自分に言い聞かせるかもしれません。それでも、どの時点で真の必要性が好き放題の欲望にとって代わるのでしょうか？

パパジ　空腹であれば食べ、喉が渇けば飲む。それらは欲望ではない。あなたは食べ、飲み、そしてそのことを忘れてしまう。二日前に食べた昼食を覚えているだろうか？　覚えていなければ、欲望ではなかったのだ。ただそうする必要があっただけで、あとは忘れられることなのだ。

質問者　実際、何を食べたか覚えていませんが、私は毎日同じものを食べる傾向があるので、二日前に食べたものを推測することはできます。

パパジ　それは同じことだ。もし毎日同じものを食べているなら、それは欲望ではない。あなたは毎瞬同じ

空気を呼吸している。そのことに何か問題があるかね？　呼吸するという欲望を抱いて、それからそうするのだろうか？　吸いこむことを忘れたら何が起こるだろうか？

質問者　死んでしまうでしょう。

パパジ　それゆえ、呼吸は最も重要な欲求だ。これを満たすまでは他のことを満足させることもできない。だが、欲望とはあなたが実際心の中に抱きつづけるような何か、それを満たすには困難があって、そのことがあなたを困らせるような何かなのだ。欲望とは記憶にとどまるような何か、払いのけることのできないような何かだ。呼吸はそのようなものではない。なぜなら、呼吸は自然に起こることだからだ。「呼吸という欲望を満たしたい」ということはないだろう。食べ物もそれと同じようなものだ。空腹を感じるとき、あなたは食べ物を口に入れ、飲みこみ、ひとたび腹におさめれば、あとは忘れてしまう。

満たされなかった欲望、それがあなたを困らせる。心に印象を残したときだけ、欲望は問題となるのだ。それらは常に「私はこれを得るべきだ」と主張する。この満たされなかった欲望を満たそうとする圧力が世界という現れを生みだす。それがサンサーラだ。こうして私たちは皆ふたたびこの生を得、また次の生を得るのだ。もし欲望がなければ、あなたは存在の中に現れることすらなかったろう。この欲望が何度も何度もあなたを身体の中にもたらす。欲望とは執着であり、執着が果てしない困難を生みだすのだ。欲望を完全に忘れ去りなさい。それを記憶にとどめてはならない。

生活上の必要を満たすことに問題はない。あなたに困難を与えるのはそれ以外のことだ。

質問者　そうです。欲望を満たすことは際限のない苦痛のようなものです。その苦痛は欲望を満たそうとして、いつも私を外側へと駆りたてるのです。

パパジ　欲望は心に印象を残したときだけ問題となる。問題なのは印象であって、欲望自体ではない。飛ぶ鳥は空に跡を残さない。魚は水に跡を残さずに泳ぐ。もし私たちが何の印象も足跡も心に残さずに生きることができるなら、まったく何の問題もないのだ。あなたは心の中に、「私はこれをすべきだった、あれをすべきではなかった」などといった想いをためこむ。それらの印象が、何度も何度もあなたをこの世界という現象に巻きこむのだ。

森の中を師と弟子が旅していた。その地域は大雨が降ったために、小さな浅い川は大きな川の流れに飲みこまれてしまった。二人は僧衣を肩にのせて川を渡ろうとした。ちょうどそのとき川岸に一人の娼婦が立っていた。彼女はある結婚式で踊るため、川向こうまで渡らなければならなかったのだ。踊りの衣装を身に纏《まと》っていたので、首まで浸かるほどの深さの川を渡ることは不可能だった。師は彼女を肩に乗せると、川を渡りきり、向こう岸に彼女を降ろした。そうして彼女は結婚式に向かい、師と弟子は旅を続けた。

その弟子は師の行ないにひどく困惑していた。彼は思った。「師は私にけっして女性には触れてはならないと言っていた。それなのに、彼は娼婦をかついで川を渡ったのだ」。この想いは長い間彼を悩ませた。十キロほどの道のりを歩いた後、彼は振り向くと、ついに師に向かって尋ねた。「師よ、質問をしてもかまいませんか?」。師は答えた。「よろしい」

「あなたは私にけっして女性には触れてはならないとおっしゃいませんでしたか?」

「そのとおりだ」

「それでは、師が川を渡す手助けをした女性はどうなのですか?　彼女は娼婦でした。それなのに、あなたは彼女を肩に乗せて川を越えたのです」

師は答えた。「彼女は助けを必要としていた。仕事のために川を渡らなければならなかったのだ。助けなしに渡ることは無理だったろう。だから私は彼女を肩に乗せて川を渡ったのだ。私はするべきことを終え、彼女を降ろした後、そのことはまったく忘れていた。なぜおまえはまだ彼女をかついでいるのか？　私は何キロも前に彼女を降ろしてきたのだ」

娼婦はここで欲望を意味している。師は必要なことをして、それからすべてを忘れ去った。弟子は頭の中でいつまでもその出来事――足跡――について考えつづけていた。そしてそれは彼らが歩いた十キロもの間、彼を苦しめることになったのだ。何であれ為《な》すべきことが起こったなら、ただそれを行ないなさい。そして忘れてしまいなさい。それについて考えつづけてはならない。そのような頭にこびりついた想念が、あなたをサンサーラ、果てしない輪廻《りんね》転生に連れ戻すのだ。欲望がまったくないとき自由がある。欲望から自由な状態が純粋なニルヴァーナ（涅槃《ねはん》）の境地だ。無欲がニルヴァーナなのだ。

質問者　無欲とは無想の状態なのですか？　無欲の境地に達したとき、想念は起こるのでしょうか、それとも不在でしょうか？

パパジ　想念そのものが欲望なのだ。以前からあった何かに対する欲望が想念を起こす。欲望と想念は同時に起こるものなのだ。

質問者　抽象的な想念に関してはどうでしょう？

パパジ　抽象的な想念とは何か？　「私はニルヴァーナだ。私は無心だ。私は自由だ」、これが抽象的な想念だ。抽象的想念とは無心のことであり、無心の状態が抽象的想念なのだ。ならば、どうしてそこに想念がありえようか？

質問者　あなたは「足跡を残すな」と言われます。私にはあなたの智慧《ちえ》の素晴らしさが理解できます。それは本当に真正な生き方だと思います。しかし、すでにそこにある足跡はどうすればいいのでしょう？　私の記憶はそれらでいっぱいなのです。

ババジ　そうだ。記憶はまだそこにある。それでも、あなたはニルヴァーナを切望している。この切望をロウソクの火、たいまつの火、あなたの手の中の炎とするがいい。「自由になりたい」という炎を手に取りなさい。さまざまな欲望でいっぱいの部屋にあなたが入った瞬間、何が起こるだろうか？

質問者　それらを見ます。

ババジ　あなたの手にあるこの炎は、ただものを見るためだけのものではない。それは燃やすためでもあるのだ。それは燃えてゆく。そうしなさい。それをするのだ。記憶の部屋の中のどの欲望でもいい、それを見なさい。今するのだ！　炎を手にしなさい。それで記憶に火を灯《とも》しなさい。

私があなたに求めていることを理解しなさい。炎を手にしたなら、あなたの目の前の想念に火がつく。そして燃えだすのだ。あなたの目の前にあるものを見てみなさい。何が見えるだろうか？

質問者　欲望そのものです。私は炎でそれを見ています。

ババジ　あなたはそうしていない。もう一度説明しよう。炎を手にしなさい。想念あるいは欲望を目の前にもたらし、それが何なのか見るのだ。私があなたに何を求めているか、もう一度説明しよう。炎を手にし、あなたの心の前面に現れたものをそれで照らしなさい。もしそれがタオルなら、「私はタオルを見ている」とあなたは言うだろう。何であれあなたの目の前に現れた想いがあれば、それを言いなさい。私は推測や、憶測や、哲学的な解答を求めているのではない。あなたが不平を述べていた記憶の中を照らしだし、そこに何を見るか言いなさいと言っているのだ。

あなたはそれを解くべき難問か何かのように考えている。そうではないのだ。ただ何を見るか言いなさいと言っているだけだ。あなたは記憶が古い想念でいっぱいだと言った。ならば、それを探すのは難しくないはずだ。言いなさい！　そこには常に何万もの想いが注目を求めてひしめきあっている。その中の一つを選びだし、目の前に置き、それを見て、それから言うのだ。「これが私の見ている想いです」と。それをするのだ。言いなさい。なぜそんなに時間がかかっているのかね？

質問者　ああ……あなたが求めているのは一つの想いだけなのですか。あなたは……。

パパジ　それが私の言っていることだ。正しく聞きなさい。私が今言ったことを繰り返して言ってみなさい。それから答えなさい。他の者たちの時間を無駄にしてはならない。炎を手に取って、それを照らし、何が照らされているのかを私に言いなさい。あなたの心の前面に現れた想いは何かね？

質問者　何の想いもありません。

パパジ　ああ、そのとおりだ。「何の想いもない」。あなたは難しいと言っていたではないか。もしあなたがこの炎を手に取り、想念や欲望を探そうとすればすべては消え去る。これがニルヴァーナの境地なのだ。他に何があろう？　そこではあなたは無心だ。無心であれば、時間は存在しない。時間がなければ、心は存在しない。無心とは記憶がないという意味だ。記憶がないということは、ガラクタがないということだ。ガラクタがなければ、サンサーラもない。サンサーラがなければ、輪廻転生もない。輪廻転生がないため、苦しみもない。こうしてすべては終わる。たった今、この瞬間にだ。それに時間はかからない。たった今でさえそれを為しうるのだ。

新たな質問者　私が炎をかかげると、健康で苦しみのない身体が欲しいという欲望を見ます。そのような欲望はどうすればいいのでしょう?

パパジ　それはかまわない。その欲望はとっておきなさい。

質問者　とっておいてもいいのですか?

パパジ　この身体は外側に存在するものだ。健康を維持し、健やかにありたいという欲望は問題をつくらない。

　そしてあなたが健康なとき、内面に何があるかを見なさい。注意深くそれを調べなさい。自分自身に尋ねなさい。「この身体とは何か?　この身体は内側にあるのか外側にあるのか?」と。この身体の源を見いだしなさい。あなたは言う、「私は身体をもっている」と。この言葉の源はどこにあるのか?　身体をもっていると言うこの「私」とは何なのか?　あなたとこの身体との関係性は何なのか?

質問者　私は身体です。

パパジ　そして、それからあなたは「私は健康な身体が欲しい」と言うのだ。

質問者　そうです。私は健康な身体が欲しいのです。

パパジ　よろしい。では私の質問に戻ろう。「身体を所有しているこの『私』とはいったい何なのか?」

質問者　身体を所有しているこの「私」は現在健康です。

パパジ　この「私」に向かいなさい。そしてそれをもっとよく見るのだ。あなたに強力な助けをあげよう。この「私」に戻りなさい。そうすれば本当に健康な身体を見るだろう。そこに向かいなさい。自分自身で見てみなさい。この質問の源に戻れば答えを得るだろう。この「私」に帰るのだ。ゆっくりとそこへ行きなさい。あなたは「私は健康な身体が欲しい」と言った。それを望んでいるこの「私」に戻りなさい。そしてそこに何があるかを見なさい。あなたはそこから何を得ているのか？　ゆっくりでいい。だが、まず私の言うことを理解しなさい。「私」は主語で、「健康な身体が欲しい」は述語だ。述語は無視して主語に注目しなさい。この「私」からはじめなさい。その源に戻って、探求を終わらせるのだ。このために瞑想する必要はない。あなたが現れ出た道を戻ればいいのだ。あなたが現れ出たその同じ道を戻りなさい。

質問者　わかりました。身体は健康な「私」を必要としています。

パパジ　よろしい。では、この「私」が健康か、病気か見てみなさい。

質問者　健康です。

パパジ　もし健康なら、すべては健康なはずだ。なぜなら、この「私」がすべてだからだ。あなたが健康だと言うこの「私」を固持しなさい。もしこの「私」から一歩外に出れば、苦しみ、病気、不幸、死は免《まぬが》れない。ためしに一歩外に出てみなさい。そして何が起こるか見てみるがいい。

質問者　私は外に出たいとは思っていません。

パパジ　この手紙を私に書いたのはあなたではないかね？　この中で、あなたは感謝の気持ちを表す言葉も見つかりませんと書いている。あなたは「感謝の気持ちを表す言葉もない」と言っているのだ。だから言葉の必要はない。これが最もふさわしい表現なのだ。沈黙は最高の表現であり、最高の状態なのだ。それは非常に稀な境地だ。あなたは「感謝の気持ちを表す言葉もない」と言う。もしあなたが沈黙の中にいるなら、言葉は必要ない。この沈黙の感謝を表す言葉は、どの辞書にも見いだせない。

「はじめに言葉ありき」。言葉はすべての起源に戻る。そしてこう続く。「言葉は神なりき」。それゆえ、神も言葉なのだ。だが、言葉を超え、言葉でしかない神さえ超えたところに他の何かがある。それについて誰も語ったことのないものが。誰もが言葉を用いる。誰もが神について語ることができる。だが、それは真の体験とは言えない。真の体験の中に言葉はないからだ。もしこの沈黙を見いだしたなら、いかなる言葉も必要ない。それが在るべきところだ。それで充分なのだ。

（長い沈黙）

「私は自由だ」は健康な想いだ。もしこの想いを心にとどめれば、すべてはたちまち健康になる。もしそうしなければ、誰もが苦しむことになる。あなたが絶えず関わっている他の想いは、真に健康になることからあなたを妨げている病《やまい》なのだ。ただ、「私は自由だ。私はニルヴァーナの中にいる」という想いを心にとどめておきなさい。健康な心は健康な身体を保つ。そして健康な心を保つために、「私は自由だ」という想いを抱きなさい。これが最も健康な想いだからだ。

「私は身体だ」と言うとき、それが病んだ想いなのだ。もし「私は身体だ」と考えるなら、あなたは墓場で生きているのと同じだ。すべての身体は遅かれ早かれ墓場に帰る。そうではないかね？　だが、「私は身体ではない」というその反対の想いはとても健康な想いだ。なぜ悪い想いを抱くのか？　良い想いを抱きなさい。「私は自由だ」よりも良い想いはない。

それはほんのわずかな人たちにだけ手に入る、非常に稀な選択だ。六十億の人間と無数の種の生き物が存在している。人間の数はたかがが知れているが、どれほどの数の蚊がいるだろう？　どれほどの海洋生物が存在しているだろう？　どれほどの昆虫が存在するだろう？　どれほどの微生物がいるだろうか？　そしてどれほどの人たちに、あるいは生き物にこの選択が与えられているだろうか？　六十億の人間と無数の種類の生き物の中で、どれほどが自由を切望しているだろうか？　どれほどだというのか？　良く見積もっても二十人ほどだろう。実にわずかだ。それは本当に幸運な人々だ。途方もない幸運に恵まれ、過去に山のような功徳を積んできたに違いない。山のような功徳を積んできた人だけが自由を切望できるのだ。

新たな質問者　「自由になりたい」と言うこともまた、ある種の執着ではないでしょうか？　もしあなたが本当に自由なら、それを考えることも、言う必要もありません。あなたはこの「自由になりたい」という一つの想いが自由に導いてくれると言われます。しかし、常にこの想いにしがみついていることさえ何らかの執着なのではありませんか？

パパジ　この想いは一つの兆候、他の執着がすべて消え去ったというしるしなのだ。あなたが過去、現在、未来のすべてから自分自身を切り離したとき、そのときにだけこの想いが起こる。どうすればこの想いを引き起こすことができるだろう？　それは他のすべての想いが葬り去られたときにだけ起こる。ひとたびその他の想いがすべて消え去れば、誰にも止められない力があなたを目的地に導くのだ。

仏陀の場合を見てみるがいい。真夜中、王子が宮殿に眠っている。彼の横には王国一の美女が横たわっている。ベッドから起き上がると、彼の中に一つの想いが湧きあがった。「自由になりたい」。その想いが起こったのは、他の想念、他の執着がもはや彼を引き止めなかったからだ。彼は富、若さ、健康、快適な暮らし、美しい妻をもっていた。だが、「自由になりたい」以外何一つ問題ではなかったのだ。

この人は苦しみというものを一度も見たことがなかった。なぜなら、宮殿では彼が苦しみを見ることのないように配慮されていたからだ。それにもかかわらず、二千六百年前、「自由になりたい」という誰にも止めることのできない想いがこの王子の中に湧き起こった。彼のすべての執着心は即座に消え去った。宮殿の門の外には一頭の馬が用意されていた。馬は蹄《ひづめ》の音もたてず、門番さえ彼が逃げ去ってゆくのに気づかなかった。何かの力、自由そのものが彼の逃避を助けたのだ。

ふつうの人がこの想いを抱くことはありえない。この想いが湧きあがれば、他のすべての欲望は死に絶える。ふつうの心の中には、「私はこれが欲しい。今はこれだけ持っている。明日はもっと手に入れよう」という快楽を求める想いが起こる。これが欲望だ。これが執着だ。そしてほとんど誰もがこの状態で生きている。前に触れたこれら六十億の人々が皆、「今日はこれを手に入れた。明日はあれを手に入れよう」という計画を立てている。これがあなたがたの人生のすべてなのだ。これがサンサーラだ。「私は今日とても楽しんだ。明日はもっと楽しもう」

あなたはこの身体の中で、カゴの鳥のように生きている。だが、この鳥はいつでも飛びたてるのだ。そう決心するために、この今という瞬間だけがあなたに与えられている。未来に起こることは、あなたの手の内にはない。それは起こらないかもしれないのだ。今、この瞬間に最善を尽くしなさい。未来はあなたの手の内にないのだ。

5 ただ静かにしていなさい

質問者　私はまだ多くの疑問を抱えています。何か偉大なる体験が起こると期待しているのです。しかし、それと同時に自分自身を見てみると、何も変わっていないことを見いだします。あなたは「それはとても簡単だ」と言われました。どうやら私はそのことも疑っています。予想ではそれはきっと……

パパジ　とても難しく、とても困難な……。

質問者　そうです。困難なことです。

パパジ　つまりあなたは、私が何か厳しい苦行でも命じたなら、そのほうが私を信じる気持ちになると言うのだろう。おそらく私はあなたに、ヒマラヤへ行って長時間自分自身を逆さ吊りにしなさいとでも命じたほうがいいのだろう。そうやっている人たちを私は見たことがある。

質問者　どう言っていいのかわかりません。

パパジ　あなたは彼らに加わり、そんな馬鹿げたことをすることもできるし、ただ静かにしていることもできるのだ。もし望むなら、そういったヨーガの修練をするがいい。逆立ちをしている間にマントラを唱えることもできる。心はあなたに活動していてほしいのだ。心はあなたが愚かなことをするよう奨励する。なぜなら、心は忙しくしていたいからだ。だが、もし私が「一つの想念も起こしてはならない」と言うと、あなたにはできない。そうしたいとさえ思わない。なぜなら、あまりにも単純すぎるとあなたは考えるからだ。ただしばらくの間、すべての精神的活動を止めて、何が起こるか見てみなさい。

質問者　私はまだ多くの観念を抱いていて、それらは私の内面で渦巻いています。意識状態の段階についての理論や一定の場所にエネルギーや光が湧き起こる理論などさまざまなことについてです。

パパジ　そうだ。さまざまな本がさまざまな形でそれらのことについて説明している。それらの記述はさまざまな気質の人に合うように書かれている。どのような霊的修練を選び取るかは、あなたの霊的な気質によるのだ。誰もが心を何らかの活動に従事させたいため、多くの異なった方法がさまざまなタイプの人に合わせて示されてきた。だが、ただ静かにしていなさいと教える者は誰もいない。ふつうの教えはみな何かをするため、忙しくするためにある。あなたは詠唱や神の賛歌で喉をいつも働かせたり、ヨーガやプラーナーヤーマで身体をせわしなくすることもできる。あるいは心を瞑想の対象物に集中させて忙しくすることもできる。これらのさまざまな方法で忙しくしている間、あなたはけっして静かではない。宗教や霊的教師は指示できる活動があるかぎり繁栄できる。もしあなたが静かにしていたら、宗教も、霊的教師も、教えも消えてなくなるだろう。ただ静かにしていなさい。これが人々の間に愛と平和を見いだす方法なのだ。

静かにしていなさい。そうすれば宗教の構造全体が崩壊する。宗教はあなたに恐れを教える。「もしあれやこれをしなければ、あなたは地獄に堕ちるだろう」と。すべての宗教は恐れを基盤にしているのだ。宗教的な師たちがこうしなさいと言ったことをしなければ、何か悪い結果が起こるという恐れだ。どの宗教も、静かにしていなさい、あなたの真我の内に静かに安らぎなさいとは言わない。

もしも一生の間に数分でも静かにしていることができれば、平和は訪れるだろう。実在、解脱《げだつ》、ニルヴァーナはこのように達せられるのだ。静かにしているかどうかはあなた次第なのだ。

忙しくしていたい人たちはサットサンには来ない。彼らは数分でさえ静かにできないため、彼らの気性がどこか他のところへと誘いだすのだ。ヒマラヤまで行き、この寺院やあの寺院を訪れるべきだと彼らは騒ぎたてる。しかもバドリナートやケダルナートまで数週間かけて歩いていく。これらの場所は三千六百メートルもの高さにあり、そこまでたどり着くにはたいへんな努力が必要だ。五分間でさえ家の中で静かにできない人たちはこれらの巡礼の地に行き、何週間もの身体的苦痛を喜んで受け入れる。もし彼らに尋ねたならこう言うだろう、「宗教がこのような活動を奨励しているからだ」と。だが本当の理由は、たったの五分間も静かにできないために、何かをせずにはいられないからなのだ。

もし教師が家で静かにしていなさいと言ったなら、彼の商売は繁盛しないだろう。そんなアドバイスをしていたら仕事にならない。だから、彼は何か他のことをするよう言うのだ。そのようなアドバイスをしていれば、どんな宗教も生き残れない。教師も人気がなくなり、本も出版されなくなるだろう。

ただ静かにしていなさい。これが方法だ。これなくして、どこにも平和を見いだすことはできない。行なうことや考えることが平和を生みだすことはないのだ。

質問者　私にはかつて得た体験の記憶があります。身体中にエネルギーが満ち溢れ、強烈な至福を感じたのです。この記憶のために、私がここに座るとき、何か同じようなことが起こるはずだと期待してしまいます。「もしあのときのようでなければ、本物ではありえない」と思ってしまうのです。このことが、ただ静かにしているだけでいいということを受け入れにくくしています。私は何かもっと劇的で偉大なことが起こると期待しているのです。

パパジ　何も期待するべきではない。期待とはあなたの心が投影したものでしかない。期待が起こると心はその投影を追いかけ、それを満たそう、それを体験しようとする。そうなれば、心は静かにはなれない。それゆえ、まず心を静かに保つべきなのだ。それはつまり、心に期待を抱かないということだ。

この期待はどこから起こるのか？　その源に戻りなさい。そして見てみなさい。期待を抱いたところで、何の満足も心の平和も得られはしない。あなたは期待を満たしてはいないのだし、期待することがあなたを幸せにしているわけでもない。だからこの期待がどこから起こるのかを見いだそうとしてみなさい。その源とは何なのか？　期待することや期待を満たそうとすることで満足が得られないのなら、内側を見て、それがどこから湧き起こるのかを見いだしなさい。その場所を明確にしなさい。外側へ出ていくよりも、外へと向かう心を止めて源へと向かわせなさい。

何であれ、あなたの望むようにしなさい。どの道であろうと、あなたにふさわしい道を行くがいい。ここでは何の強制もない。良い結果をもたらすのなら、どの道に従ってもいい。教えそのものよりも結果が大切だからだ。自分自身でこの問題に取り組み、自分自身の結論に達するほうがいい。あなたは心の平和を求めている。そうではないかね？　それがどのように起こるかを調べてみなさい。あなた自身に働きかけ、その結果を見てみなさい。あなたは多くのグルやアーシュラムを見に行こうとしていた。それがあなたの助けになるのなら、そこへ行くがいい。

新たな質問者　ときには何かの修練をしてもいいのですか？　もしそれが助けになると感じるなら、そうするべきでしょうか？　ときには何らかの霊的修練をすることは正しいと感じられ、ときには静かにしていることが正しいと感じられるのです。それは矛盾しているでしょうか？

パパジ　いいや。修練をするのは問題ではない。静かに座りつづけていることができないため、あなたはヨーガの修練をするのだ。それには何の害もない。あなたは身体を維持しなければならない。良い食事をし、ヨーガの修練をするのはいいことだ。

質問者　私は精神的な修練のことを考えていたのです。

パパジ　それもまた助けになる。

質問者　では、もし助けになると感じたなら、静かな心に達するために修練をしてもいいのですね？　例えば、呼吸に集中すると静かに座るのが楽になるのです。

パパジ　呼吸の訓練は助けになる。なぜなら、呼吸を制御すれば思考過程も制御されるからだ。それは健康のためにもいい。ふつう、私たちは一分間に十六回の呼吸をしている。より長く深い呼吸でそれを十二回に減らすことができれば、あなたの健康は改善するだろう。同時に呼吸を見つめるなら、あなたの想念は少なくなる。それゆえ、プラーナーヤーマ（呼吸制御）やヨーガはいいものだ。それらは相互に助けあう。病気になれば何もできない。良い食事やサートヴィック（純粋）な食べ物、そして修練で健康を維持しなさい。多くの修練があるが、毎日数分間のヨーガは身体的な助けとなるだろう。アメリカでは、人々は毎朝仕事に出かける前に、テレビのヨーガ番組を見ながらできる簡単なヨーガ・レッスンを行なっている。

質問者　呼吸を止める修練もあります。私は気に入っているのですが、それは危険なものでしょうか？

パパジ　それもまた行なうがいい。それは四、八、四の割合でなされるべきだ。四秒の吸気、八秒の保持、四秒の呼気だ。

質問者　もっと長い、一分以上の停止状態を保つ修練についても聞いたことがあります。

パパジ　呼吸の停止はクンバカと呼ばれている。クンバカの間、あなたは考えることができない。プラーナーヤーマも多くの病気から身体を守る。空気の新鮮な場所でするがいい。瞑想をはじめる前に、プラーナーヤーマをして心を静めるがいい。呼吸を遅くすることも寿命を延ばす。もしそれがあなたの望むことならば。動物は一般に呼吸が速いため寿命が短い。長くゆっくりした呼吸をする動物はより長生きする。人間の一生は八十歳が平均で、呼吸の割合はふつう一分間に十六回と言われている。もし長い間呼吸を遅くさせる方法を学んだなら、より健康になり、より長生きすることだろう。

（長い沈黙の後、パパジは新しく来た人のほうを向いた）

あなたはどこから来たのかね？

質問者　アリゾナです。

パパジ　これらの修練はクンダリニー・ヨーガという異なった体系、異なった宗派から来ている。それらの修練を正しく行なえば、クンダリニーのエネルギーが湧き起こる。だが、それを正しく行なうには特殊な生活を必要とする。空気が清浄で清潔な場所に暮らし、身体をサートヴィック（純粋）に保たなければならない。現代でこれを行なうのは不可能だろう。ほんのわずかな人たちだけが、それを行なうことができる。その教師自身が教えを実践できずにいるのだ。私は一人だけこれができる人にリシケーシで会ったが、彼だけだ。他の者たちはただそれについて語るだけだ。それについての本もある。ウッドロフがサンスクリット語から翻訳した『ハタ・ヨーガ・プラディーピカー』[*1]だ。読んだことのある人はいるかね？

質問者　私は見たことがあります。著者は本の中で自分の名前を「アヴァロン」と呼んでいませんでしたか？

パパジ　それは素晴らしい本だった。非常に良く書かれていた。ウッドロフによって翻訳されたものだ。私は三十年か四十年ほど前に見たのだが、チャクラの写真や図式もすべて載っていて、非常に描写の素晴らしい卓越した本だった。

質問者　特殊な生活とはどういうものですか？

パパジ　多くの人と接触しない隠遁生活が必要となる。純粋な食べ物で特別なダイエットをし、一日中修練に従事しなければならない。その期間完全に修練に専心して、はじめて成果が表れるのだ。

質問者　これらの修練から得られる体験と自由の違いとは何でしょうか？

パパジ　これらの修練を通して、あらゆる類《たぐい》の能力が得られる。空中浮遊、いくつもの場所に同時に姿を現すこと、物質化などだ。人の心を読み取ったり、透視能力も得られる。これらすべてが手に入る。だが、これらの特殊な能力は「私がこの不思議を行なっている」「私は空中を浮遊している」という自我を通して機能しているのだ。まだ「私」がそこに存在している。ときおり、このような能力はまったく修練しなかった人にも現れることがある。

私はヒマラヤで空中を浮遊できる人に会ったことがある。彼は空中に浮いたままとどまることができた。だが彼の心は落ち着かず、平和を知らなかった。

彼は言った。「私のグルはこれを教えてくれました。しかし彼が死ぬ前に言ったのです、『これが最終的な真理ではない。私自身、究極の真理を師から得ることができなかったのだ。私が死んだ後、真の知識を与えてくれる師を探しなさい』と」。

この男はもっているすべての能力を私に見せた。その中のいくつかは実にみごとなものだった。私はグジャラートで透視能力をもつ人にも出会った。彼はあなたの心を読み、あなたがなぜ彼のところに来たのかを正確に言い当てる。これらは超能力ではあっても自由ではない。超能力はサンサーラに属する。そして超能力に没頭すればするほどサンサーラは倍増していくのだ。

新たな質問者　あなたは超能力が私を自由から遠ざけてしまうと言われるのですか？　それとも、それは自由への道の途上にある一つの段階なのでしょうか？

パパジ　超能力があなたを自由へと導くことはない。なぜなら、それらはあなたを他のこと、真我とはまったく関係のない物事に夢中にさせるからだ。もしあなたが充分純粋で、長い間修練をすれば、空中浮遊を学ぶこともできるだろう。パタンジャリの『ヨーガ・スートラ』[*2]にその教えが述べられている。何年も費やしてついに成功したとしても、結局あなたは蝶にさえできることをしているだけだ。

質問者　クンダリニーの主要な概念は空中浮遊ではありません。それはクンダリニーを頭頂点にまで上昇させることにあるのです。ヨーギやヨーガの本は、それがサハスラーラに到達すれば自由に至ると言っています。

パパジ　自由は上昇も下降もしない。またそれは何かが上昇や下降することで得られる結果でもない。クンダリニー・ヨーガに精通した人は、何カ月もサマーディにとどまることができる。だがそれは自由ではないのだ。

数百年前、六カ月もの間サマーディの中に入ることのできる人がいた。彼は王のもとに行くと、「私は六カ月間、食べることも用を足すこともなくサマーディにとどまることができます」と言った。我が耳を疑った王は言った。「もしそれを為《な》し得たなら、何でも欲しいものを授けよう」

ヨーギは言った。「私はあなたの乗っている馬が欲しいのです。六カ月後に瞑想を終えたら、その馬を褒美《ほうび》にください」。王はその望みを受け入れた。

六カ月が過ぎてもヨーギは瞑想状態から戻ることができなかった。何年経っても、彼はその状態にとどまっていた。やがて王は死に、息子が王位に就いた。それから二十年後、ヨーギは目を開いた。宮殿の誰もがこのヨーギのことを覚えていたため、完全に意識が戻るなり、彼は王のもとに連れて行かれた。彼は新しい王に言った。「お約束の馬をいただきたい」

王は言った。「父がかわした約束については聞いている。だが、残念ながらその馬は数年前に死んでしまったのだ。とはいえ、あなたは自分の能力を証明したのだから、新しい馬を差し上げよう」

ヨーギがサマーディに入ったとき、彼の頭の中には特定の馬への欲望と、サマーディから出たとき馬を手に入れられるという期待があった。これは自由などではない。彼はただ欲望を二十年間延期させただけだ。心が戻ったとき、欲望は依然としてそこにあった。真の自由とは、まったく何の欲望も抱かないことなのだ。

王が「あそこにある建物が欲しい」とか「あの馬が欲しい」などと言うだろうか？ いいや。なぜなら、彼はすべてが彼のものであることを知っているからだ。彼の領地にあるものはすべて彼のものだ。無欲を通して真我に至るとき、あなたはすべてがあなた自身の真我であることを見いだす。その境地では、「これが欲しい」や「あれが欲しい」といった想いはもはや起こらず、しかもそれを求める「私」も存在しない。すべてがあなた自身の真我であるとき、あなたから離れて存在するものは何もない。自分のものにしたいと望むような、あなたから分離したものがどこにあるというのか？　その境地においては、何も請い願うようなものはないのだ。

もう一人、誰であれ助けを求めてきた者には施しを与えるというインドの王がいた。神への祈りを終えると王は宮廷に現れ、誰であれ面会に来た者に施し物を与えた。一人のファキール（遊行僧）が祈りの最中に彼に会いに来た。王は声に出して祈りを捧げていたのでファキールにもそれが聞こえた。彼はいくつかのことで神に助けを求めていたのだ。

祈りを終えた王が出て来てこう言った。「祈りは終わった。何が欲しいか言いなさい。何であれあなたに与えよう」

ファキールは答えた。「私は王様に会いに来たと思っていたのですが、あなたもやはり乞食なのですね。あなたが神に請い願っていたのを聞きました。私はわずかばかりの欲望を満たしてもらおうとしてここに来たのですが、どうやらあなたが請うていたその人に直接頼んだほうがよさそうです」

この世に乞食でない人がいるだろうか？　誰もが誰かから、あるいは神自身から請うている。だが、別の方法もある。もし何も頼まず、何も望まなければ、すべてはあなたに与えられるのだ。神のもとに行き、「これが欲しい」「あれが欲しい」と頼めば、神は喜んでそれを与えるだろう。あなたは望むものを得、そして神から立ち去っていく。だが、あなたが何も望まず、何も頼まなければ、そのとき神はあなたがどこへ行こうとその後ろをついて歩くのだ。あなたが何をしようと、どこへ行こうと、彼は常にそこにいる。何も頼んではならない。何も望んではならない。そうすればすべてはあなたに与えられるだろう。そのとき、あなたはもはや何も請う必要がなくなるのだ。

新たな質問者　かつて私は自分が完全に消え去ったと感じた体験をしました。身体も、他のすべても完全に消え去ったのです。それは最も美しく平和な体験でした。それが私を完全に圧倒したため、この世にいながら何を為すこともできませんでした。ただ横になって、まったく何もせずにいるばかりだったのです。この体験は去ってしまいましたが、その記憶はまだ残っています。近頃では、それを他の人たちの体験と比較しています。あの状態は自由、あるいはそれに非常に近いものだったと思います。なぜなら、あの状態に在ること以上に美しいものは想像もできないからです。私の自我、「私」という感覚はその状態の中で消え去り、何もできなくなったのです。「私」が消え去った後でも機能することがどうして可能でしょうか？　何もできないまま横たわり、ただそれを楽しむばかりが私の体験だったのです。

パパジ　そのとき、あなたは真の師の近くにいなかった。それがあなたの問題、不幸だったのだ。もしそのとき真の師に出会っていれば、通常よりも二百パーセント活動的になる方法を教えてくれただろう。

質問者　では、この状態にありながら世間でふつうに活動することは可能なのですか？

パパジ　そうだ。今私が言ったように、他の人たちの二倍、二百パーセント活動的になるのだ。

＊訳注1　『ハタ・ヨーガ・プラディーピカー』Hata Yoga Pradeepika　十四世紀の偉大なハタ・ヨーガの聖者スヴァトララーマ・スワミの著作。
＊訳注2　『ヨーガ・スートラ』Yoga Sutra　二～四世紀頃、パタンジャリによって書かれたヨーガ学派の根本経典。

6 至高の帰依《きえ》とは一つの想念も起こさないことだ

質問者　パパジ、カヴィータと私は今朝プラクリティ[*1]について議論していました。もし私の理解が正しければ、プラクリティとは五大元素に心を加えたものです。私たちは心が実際に元素をつくりだしているのかどうかについて結論を得られませんでした。あるいは元素はそこにあり、心がそれを知覚することでその存在をもたらしているのでしょうか？

パパジ　それらは同時に起こるのだ。

質問者　もし心が火を見ているなら、それは「そこに火がある」と言います。あなたは、もし心が「そこに火がある」と言わなければ、火は存在しないと言われるのですか？

パパジ　心は同時にすべてをつくりだす。はじめに心が存在する。そして、いっせいにすべてが存在を現すのだ。心とは想念のことだ。そうではないかね？　あなたが目覚めるとともに想念が湧き起こる。心がはじめに立ち現れ、それからすべてが同時に現れるのだ。

あなたは本質、五大元素の組み合わせについて尋ねている。最も粗大なものは、第一の元素、土だ。それからより繊細な元素、水と続いていく。そして最後の元素、最も繊細なものはエーテル、つまり空間だ。だが、これらの元素はどこから現れるのだろうか？　これらはすべて心の中にあるのだ。エーテルと心はある面で似かよっている。すべてはエーテル、空間の中に存在し、すべての元素は心、想念の中に存在している。これらすべての事象は想念であり、想念以外の何ものでもない。さて、プラクリティ、本質、五大元素を理解するために、あなたは何が原初の想念なのかを見いださなければならない。それらすべての事象を含み、すべての事象に存在をもたらす一つの想念とは何だろうか？

五大元素は身体の中にも存在している。身体を理解するためには、五大元素を理解しなければならず、五大元素を理解するためには、心を理解しなければならない。いかなる現象を選びだそうとも、まずそれらの元素へ、そしてそれをつくりだしている心へとたどっていくことで、その根源的な本質に戻ることができるのだ。

今、一つの想念を選びだしてみなさい。もしその一つの想念——それが何で、どのように存在を現したのか——を理解すれば、あなたは心の本性とその過程の全体像を把握するだろう。この一つの想念を調べなさい。その想念を見て、それが何なのか理解してみなさい。この想念の源とは何かを見いだしなさい。そうすれば、あなたはそこからすべてが出現する源へと入っていく。そこには誰も、そして何も存在したことはなかったのだ。

これが根本原理であるプラクリティが存在を現す過程なのだ。それはプルシャ、つまり原初の存在から現れる。すべての生きとし生けるものはこの原初の存在の中に吸収され、その中に消え去る。だが、その原初の存在が消え去ることはけっしてないのだ。

質問者　あなたがプルシャと呼ぶ「原初の存在」とは、クリシュナのような存在を意味しているのですか？

パパジ　クリシュナ自身が、「私はプルシャだ」と言っている。だが、クリシュナの顕現がプルシャなのではなく、それが現れ出た源である非顕現がプルシャなのだ。クリシュナは自分自身が非顕現のプルシャであることを知っていた。プルシャは観念や知覚のすべてを超えている。概念を理解することはできても、プルシャを理解することはできないのだ。

顕現を理解することはできる。また顕現の対極である非顕現を一つの概念として理解することもできる。だが、私が話していることは、その両方を超えた何かなのだ。非顕現さえも超えた彼方なるもの、それがプルシャだ。

質問者　つまりあなたは、それがすべての顕現の創造者であるブラフマー神と同じものだと言われているのですか?

パパジ　いいや、ブラフマー神と同じなのではない。彼はただの顕現の創造者でしかない。ブラフマー神は永久不変ではない。それゆえ、ブラフマー神でさえその中に消え去るそれ、ブラフマー神をも含めたすべての神々がその中に消え去るそれ、しかもそれ自体はけっして消え去ることのないそれ、それがプルシャなのだ。それはすべての描写を超えている。

あなたは『ギーター』を学んできた。どの翻訳者のものを読んでいるのかね? そこには何と書いてあるだろうか?

(パパジは質問者がもっていたスワミ・チンマヤーナンダの翻訳による『ギーター』を開くと、第八章第十四節から読みはじめた)

14 他に何も考えず、ただ私のことだけを一心不乱に覚えているヨーギによって私は容易に達せられる、おおプリターの息子よ。

15 私に達した偉大な魂が、はかなく苦痛に満ちた再誕生を得ることはない。彼らは最高の完成、モクシャ（解脱《げだつ》）に達したからだ。

16 ブラフマー神の世界をも含めたすべての世界が、輪廻《りんね》転生の法則に支配されている。おおアルジュナ、だが私に達した者はもはや誕生することがない。

17 一千世期《ユガ》にも値するブラフマー神の一日を知る人、一千世期《ユガ》にも値するブラフマー神の一夜を知る人、彼らは昼と夜を知っている。

ブラフマー神の昼と夜、つまり彼の顕現と消滅は何千世期《ユガ》にも値する。それでも彼は不滅ではない。なぜなら、彼は現われ、そして消え去るからだ。それゆえ、彼は不滅の基盤ではない。ブラフマー神の昼も夜も、すべては非顕現から現れ、そこへ帰っていくのだ。

質問者　ではそれがプルシャなのですか？

パパジ　そうだ。すべての顕現は非顕現から生まれ、ブラフマー神の夜が訪れると非顕現の中に溶け去る。すべての事象が溶け去っていくところ、それが非顕現のプルシャなのだ。

質問者　つまり非顕現とは私ではないものということでしょうか？

パパジ　（ふたたび本を手にして第十八章第十八節から読みはじめる）

18　ブラフマー神の昼になると、すべての顕現は非顕現から生じる。そしてブラフマー神の夜になると、それらは非顕現の中に消え去る。

20　だが、その非顕現（アヴィヤクタ）を超えた、究極の非顕現の状態が存在する。それは万物が破壊されても破壊されることのない永遠不滅なるものだ。

21　非顕現と呼ばれる永遠不滅なるもの、それこそが至高の目的地と言われている。そこに到達した者はけっして戻らない。それが至高の境地なのだ。

これが究極の成就なのだ。

質問者　これは間違いなく私ではありません！

パパジ　これが究極の成就だ。もう一度読もう。

21　非顕現と呼ばれる永遠不滅なるもの、それこそが至高の目的地と言われている。そこに到達した者はけっして戻らない。それが至高の境地なのだ。

そして次の節ではこう言っている。

22　おおプリターの息子よ、至高のプルシャはすべての生きとし生けるものの中に宿り、すべての中に充

満する「彼」だけに対する不動の帰依心によって達せられる。

本当にこの本を読んだのかね？

質問者　はい。

パパジ　もう一度聞きなさい。

21　非顕現と呼ばれる永遠不滅なるもの、それこそが至高の目的地と言われている。そこに到達した者はけっして戻らない。それが至高の境地なのだ。

22　おおプリターの息子よ、至高のプルシャはすべての生きとし生けるものの中に宿り、すべての中に充満する「彼」だけに対する不動の帰依心によって達せられる。

新たな質問者　パパジ、あなたはただ帰依だけで到達できるということに同意されますか？

パパジ　そうだ。

質問者　ただ帰依を通してのみ、そこに到達できるのでしょうか？

パパジ　私の言う「帰依」とは「至高の帰依」のことだ。

質問者　至高の帰依とは何でしょうか？

パパジ　至高の帰依とは一つの想いも起こさないことだ。これが至高の帰依だ。一つの想いも起こさないとき、あなたは自分を忘れない。これが至高の帰依なのだ。それ以外に何があろう？

「帰依」とは、実際には「分割されない」を意味する。バクティ（帰依）というサンスクリット語は「分離の存在しないところ」を意味している。バクティの反対語はヴィバクティだ。ヴィバクティは分割を意味する。至高の帰依、至高のバクティの中に分離はないのだ。

質問者　分離がない？

パパジ　分離がないということは分割されないということだ。どのようにして心は分割されるのだろう？想念を起こすことによってだ。一つの想いも起こさないとき、心自体が存在しない。想念が分離を生みだすのだ。

新たな質問者　それでは、この至高の帰依と非顕現のプルシャは一つであり同じものなのですね。

パパジ　そうだ。それが分離がなくなったときに残るものだ。ヴィバクティは分割を意味する。分離がなく、心が分割されない状態、それがバクティだ。それが至高の帰依というものだ。帰依は誰かに対して、あるいは何かに対して為《な》される。だが、至高の帰依は自分自身の真我だけに為されるのだ。

真我と非真我がある。不変不滅なるものとはかなく滅びゆくものがある。不変不滅なるものに帰依心を抱き、それと一つになることが至高の帰依だ。この帰依なしには何も起こらないだろう。

"devotion"（帰依）という英語は誤解を招きやすい。だが、「バクティ」というサンスクリット語に相当する正しい英語は他に見当たらない。「ジュニャーナ」[*2]というサンスクリット語に相当する英語も思い当たらない。「ジュニャーナ」を英語にすると、ふつう「知識」という言葉に訳される。だが知識はジュニャーナではないのだ。英語では知識とは「何かの知識」、あなたの知っているあるものに関する知識を意味する。一方、ジュニャーナは単に自分自身の真我の主観的知識を言う。

バクティだが、もし望むならそれを「愛」と呼んでもかまわない。「愛」はバクティの一側面を表わす言葉だが、それがもつすべての意味合いを含んではいない。バクティの中には真の実在の知識や理解も存在するからだ。

真我には二つの表現方法がある。愛（バクティ）と知識（ジュニャーナ）だ。それらは真我を発見するための二つの道とも言える。ヴィチャーラ、真我探求において、あなたは想念の源を探す。あなたは源に戻り、源に溶け入り、源としてとどまる。これがヴィチャーラだ。この探求は「知識」、ジュニャーナと呼ばれる。帰依とはあなたの源を愛することだ。全身全霊で源に最高の愛を捧げるとき、あなたはその源に導かれてゆく。そのとき、あなたはそれを知るだろう。真の知識を得るためには、この源を一心不乱に愛さなければならない。至高の愛を得たとき、あなたは至高の知識をも得るのだ。これは同じものが二つの異なる表現で表わされただけなのだ。一つは愛で、一つは知識だ。

＊訳注1　プラクリティとプルシャ Prakrti, Purusha　六派哲学の一つであるサーンキャ哲学では、プルシャとプラクリティという原理を立てて、二元論の立場をとっている。プルシャはアートマンとも呼ばれる真の自己を意味し、プラクリティは三つのグナの働きを通してプルシャの前で自らを転変させて現象世界を顕わしていく宇宙的実体、現象界における原初の原因なき原因を意味する。

＊訳注2　ジュニャーナ Jnana　「知識」あるいは「真我に由来する高次の知識」を意味するサンスクリット語。日本では一般にジニャーナまたはジュニャーナという表記が浸透しているが、実際インドでこのように発音されることはない。このJnanaという語の〝Jna〟を忠実にカタカナ表記することは不可能と言われる。インドの各地域でも発音が異なり、ヒンドゥー語圏やマハーラーシュトラ州ではギャーナ gyana、タミル・ナードゥ州ではニャーナ nyana が正しい発音とされている。

7 自由を求めている「私」とは誰か？

パパジ　この世の物事への欲望があり、あの世の物事への欲望がある。そしてそこに神への恐れが現れる。これら三つがあなたを自由から遠ざけている。あなたは自由への欲望を抱いていると言った。もしこれら三つを手放せば、自由への欲望さえ思いつづけられないことを知るだろう。その欲望はあなたから去り、自由そのものだけが残るのだ。

質問者　欲望を手放すことは本当に難しいことだと実感しています。

パパジ　この世の欲望を棄て去りなさい。そして欲望を抱いているあなたを創造した神さえも棄て去りなさい。そうすれば自由はひとりでに現れるだろう。そして、もはやそれを望む必要さえなくなるのだ。

自由だけは棄て去ることができない。手の中のリンゴを捨て去るようにはいかない。自由への欲望も含めたすべての欲望が去ったとき、自由が残るのだ。

ヴィヤーサは『ブラフマ・スートラ』*のはじめにこう述べている。「我に自由への欲望を抱《いだ》かせたまえ……」。これはまったく新しい、非常に革新的なことだった。それ以前、彼らは「ヨーガを修練させたまえ、タントラの修練をさせたまえ、経典を読ませたまえ」などと言っていた。この「自由」という言葉、自由を求めるという概念は、これらの修練を求めていた人たちの語彙《ごい》の中には存在しなかったのだ。ヴィヤーサは自分自身に向かってこう言っている、「数知れぬ誕生を経た結果、今、私は自由を得ることを決意した」と。

この想いが多くの人の心に入りこむことはない。世界中のアーシュラムで何千もの人がさまざまな修練を行なっている。だが、良い結果が得られているとは思えない。人々は修練に忙しい。それでも、自由には触れられないまま、達せられないままだ。八十年の人生で、私は世界中の大きなアーシュラムを見てきた。世界はスワミや、アーシュラムや、霊的な本や、教えや、帰依《きえ》者たちであふれている。だが、その結果はどこにあるのか？ これらすべての結果であるべき自由に達した人はどこにいるのだろうか？

悟りのロウソクに火が灯《とも》された心は非常に稀だ。多くの人々がアーシュラムやグルのもとに行き、自由が欲しいと言う。だが彼らは本当に真剣ではないのだ。ここに来る人たちも同じ主張をする。だが私はそのほとんどを信じてはいない。

何世紀か前、マハーラーシュトラ州のアーシュラムに一人のスワミがいた。彼に会うため、毎日何百人という人が訪れていた。彼の弟子の一人で無学な男が尋ねた。「毎日六百人もの人があなたを訪ねてきますが、彼らは皆モクシャ、解脱《げだつ》を成就するのでしょうか？」

その無学な男の名はカルヤンといい、アーシュラムの牛小屋の世話をしていた。他の弟子の多くは教養ある人たちで、師の本の編集をしていた。

「いいや」とスワミが答えた。「彼らは成就しないだろう」

カルヤンは尋ねた。「では何人が成就するのですか？ 五百人ですか？」

「いいや」

「二百人ですか?」

「いいや」

「二十人ですか?」、カルヤンは尋ねた。

「明日、おまえに教えよう」、スワミは言った。

真夜中、スワミは自分の足に汚《よご》れのついた包帯を巻き、朝、弟子たちが来ると、「私は立つことができない」と言った。彼らは彼の本の仕事を手伝うために来ていて、仕事がはじまる前の挨拶をしに訪れていたのだ。

スワミは言った。「私の足は毒性の炎症にかかってしまった。この毒のため、おそらく命はもたないだろうと医者が告げたのだ。だが、医者はこうも言った。『もし誰かがあなたの毒を吸い取れば、その人は死ぬでしょうが、あなたの命は救われるでしょう』と」。

一人、また一人、早朝に訪れた者たちは皆、何らかの理由をつけて足早に立ち去った。

ある者は言った。「私は今日裁判に行かなければなりません。今日はあなたの祝福を受けるだけで帰らせていただきます」

別の者はこう言った。「これから巡礼の旅にまいります。今はただ挨拶をしにまいりました」

誰もが何らかの言い訳をして立ち去っていった。最後に、カルヤンが入って来るなり尋ねた。「スワミ、今日は誰一人いませんが何が起こったのですか?」

スワミは言った。「カルヤン、一晩中私はこの毒性の炎症に苦しめられてきた。医者は、誰かがこの毒を口で吸い取らないかぎり、私は死んでしまうと言った。だが問題は、この毒を吸い取った者は私の代わりに死んでしまうのだ」

カルヤンは言った。「スワミ、どうして苦痛が起こったとき、すぐに私を起こしてくださらなかったのですか？　私の命が何だというのでしょう？　あなたは多くの人の人生を救っているのです。私の命など何の役にも立ちません。どうかそれをお使いください」

そう言うなり、彼は飛びついて汚れた包帯を吸いはじめた。だが、驚いたことにその味は甘かった。なぜなら、スワミは包帯を巻いたとき、それを蜂蜜で汚しておいたからだ。

「これがおまえの質問への答えなのだ」。スワミは言った。「誰一人自由を求めてここに来る者はいない。彼らは結婚式のためや裁判に勝つための祝福を求めにやってくる。誰も私を救おうとする者はいなかった。師を救うために自分の命を投げだす者は、おまえ以外に一人もいなかった。自由を得るのは彼らではなく、おまえだ。なぜなら、彼らは本当に真剣ではないからだ。私が死んだとき、おまえが私の法衣を受け取り、このアーシュラムを引き継ぐことになるだろう。私の帰依者でもある王にこの意を書き伝えよう」

もしあなたが自由、解脱に対して本当に真剣なら、すべてを棄ててそれを求めなければならない。昼も夜も、全身全霊でこの欲望に心を燃やすべきだ。もし自由を真剣に求めているなら、その欲望は常にそこになければならない。それがあなたを自由へと導く。そこに達したとき、自由への欲望も含めたすべての欲望が消え去るのだ。

もし果実が木に生《な》っているなら、それはまだ完全に熟していないことを意味し、もしひとりでに落ちたなら、それは完全に熟したということを意味している。自由への欲望が不動のものとなれば、あなたの霊的成熟は完全となり、そのときあなたは自由そのものの中に自然に落ちる。そして、もはや欲望があなたを悩ませることもなくなるのだ。

あなたはすでに何生もの間、欲望の世界をさ迷ってきた。何百万という人々が欲望を追いかけつづけながら、果てしない苦しみの中にいる。もしあなたが心底自由を望むなら、他のすべての欲望を棄て去り、ただ自由だけを求めなければならない。なぜなら、それ以外の欲望は、ただあなたに困難をもたらすだけだからだ。この決断をして、それを貫き通すのは本当にわずかな人だけだ。それを成し遂げるのは彼らなのだ。

質問者　パパジ、想念なしに欲望はあり得るのでしょうか?

パパジ　想念はあなたを外側の対象物へと連れだす。すべての想念は対象物に関するものだ。「私」という主体が一つの対象物についての想念を抱く。あなたが考えはじめると、即座に主体と客体という関係性が確立される。この過程における対象物はすべて過去に属するものだ。それは、今ここに在るあなたの本性ではない。自由への欲望を抱きなさい。そうすれば、それはあなたを無想の境地へと導くだろう。

質問者　私が言おうとしていたのは、自分の内側に欲望の種子が秘められているため、欲望の対象物を見たとたん、「それが欲しい」という想いが現れるということです。それは無意識的なもので、欲望と想念が知らず知らずのうちに一緒に現れるのです。私の言おうとすることがわかるでしょうか?

パパジ　それが私の言っていることなのだ。すべての想念と欲望は過去との関係性の中にある。過去の記憶から取り出した対象物にしがみつくこと、それが考えることなのだ。あなたは過去との主体—客体の関係性をもっている。なぜなら、主体であるあなたは過去の記憶である欲望の対象物を常につかんでいるからだ。それよりも、「自由になりたい」という想いを抱きなさい。主体も、客体も、過去も、未来も消え去るほど強烈にそれを望みなさい。

質問者　この「自由になりたい」という想いは、私の内面で発芽し、生長する種子のようなものなのでしょうか？

パパジ　自由になることを願うこの「私」とはいったい誰なのか、そしてそれはどこにいるのか？　身体の内側にも外側にも「私」は存在しない。医師が死後検証しても「私」は見つからない。たとえレントゲン撮影しても「私」は見つからない。あなたが「内面」という言葉を使うのは、自分を身体だと見なしているからだ。その想定に基づいて「私」が身体の中に存在すると仮定するのだ。

もしそれらの想定を疑い、「それは誰の身体なのか？」と尋ねれば、あなたは自分に言うだろう、「私の身体だ」と。物事を所有している「私」は、所有物の所有権よりも前に存在しているのではないだろうか？　これについて考えてみなさい。そうすれば、身体が現れる前に「私」は存在しているという結論に達するはずだ。もし「私」が身体以前に存在していたならば、それは身体が誕生したと同時に現れたのではないということになる。つまり、「私」は身体が現れた日に誕生したのではないということだ。特定の日に誕生したと考えているこの「私」を疑いなさい。

もし「私」が外側に存在しているなら、とっくに見つけていたことだろう。探険家はどこにでも存在する。月にさえも。だが、彼らはどこにも「私」を見いださなかった。人々は自分自身の内側に「私」を見いだそうとしてきたが、そこにも見いだせなかった。なぜだろうか？　なぜなら、それは外側にも内側にも存在しないからだ。

＊訳注　『ブラフマ・スートラ』Brahma Sutra　紀元前五世紀頃、聖ヴィヤーサによって書かれ、ヴェーダーンタ学派の開祖バーダラーヤナによって編纂されたといわれる根本経典。「世界はブラフマン以外の何ものでもなく、ただ不生不滅のブラフマンだけが存在する。それゆえ、すでに『それ』であるものに到達することはできない」と説く。

8 恩寵《おんちょう》は自由を探し求めるように絶えずあなたを励ましている

質問者　悟りは恩寵の結果なのでしょうか？

パパジ　恩寵？　そうだ。ただ恩寵だけだ。いかなる身体的な努力をしても悟りには達せない。もしそうなら、誰もが努力をしてそれを得ていたことだろう。努力なら誰にでもできる。だが、それでは充分ではない。ただ恩寵さえあれば、それで充分なのだ。

二つの種類の恩寵がある。アートマ・クリパつまり真我の恩寵と、グル・クリパつまりグルの恩寵だ。アートマ・クリパは内面から、真我そのものから現れる。「自由になりたい」という想いは真我の恩寵の現れなのだ。自由になるという決意を抱くことは、真我からの恩寵の贈り物だ。真我の恩寵を得るには、山のような功徳が必要だと聖典は言う。岩や小さな丘どころか、世界一大きな山と言われるスメール山（須弥山《しゅみせん》）よりも高い山のような功徳が必要だ。それゆえ、あなたの功徳がヒマラヤの山よりも高くなったとき、この欲望が起こる。これが真我の恩寵の働きなのだ。この恩寵があなたの内に現れ、あなたの真の本性を指し示す。だが、ほとんどの人は自分に語りかけているこの内なる力を理解しない。

これが起こったとき、真我はあなたの言語で語りかける誰かを差し向けてくれる。その人が、「真我はあなたの内に在る、それゆえそこを探さなければならない」と教えるのだ。これがグルの恩寵だ。たとえグルの姿という外側の現れから恩寵が起こったとしても、それはただ内なる真我を指し示しているにすぎない。その恩寵の力があなたを真我へと導くのだ。

恩寵は自由を探し求めるように絶えずあなたを励ましている。恩寵ゆえにあなたの内に自由への欲望が起こり、恩寵ゆえにあなたはここまで旅してこられた。恩寵があなたをしてこの質問を問いかけさせている。そしてその質問自体もまた恩寵なのだ。恩寵以外には何も存在しない。それゆえ、あなたの努力もまた恩寵なのだ。努力をするという事実、努力をしたいという事実もまた、すべて恩寵の現れに他ならない。

自分が誰なのかを見いだそうとする決意を抱いて努力をする選択、それが真我探求の努力だ。それは「私は自分が誰なのかを見いだす」という決断から湧き起こる。もう一つの方法は恩寵の道、明け渡しだ。「すべてはあなたの恩寵でしかありません。あなたの手の内にすべてをゆだねます」。この道、この態度があなたの面倒を見る力を誘い起こし、あなたを真我へと導くのだ。

気質の異なる人はそれぞれ異なる道を選ぶ。ここインドでは、それらの道を猿の道と猫の道と呼ぶ。子猿は努力して母猿にしっかりとしがみつかなければならない。子猫は母猫の口にくわえられて、どこであれ行くべきところへ連れられていくにまかせる。どちらの道を選ぼうと、すべては恩寵の現れでしかない。なぜなら、「私は自分自身で自由を勝ち取る」という決意も、「すべてを神聖なる真我の力に明け渡そう」という決意も、恩寵の現れに他ならないからだ。

質問者 アートマ・クリパとグル・クリパは選択できるのですか？　それは私たち自身で決められるようなことなのでしょうか？

パパジ　あなたの気質があなたにふさわしいほうを選ぶだろう。自分の気質に合わない選択をしてもうまくはいかない。それがあなたの本質だからだ。あなたの選ぶ道はあなたの気質に合ったものとなる。三つのグナが存在する。それを性格や人格を支配する心の特質と呼んでもいい。サットヴァ（純粋性、調和）、ラジャス（活動性）、タマス（不活発性、怠惰）。これらのグナがあなたの行動を制する。それらがあなたにとって最もふさわしい道へと導くのだ。もしラジャスに支配されれば、あなたは活動に惹きつけられる。そしてそれはあなたを絶えずヨーガやタントラといった忙しい活動に従事させる。そのような人々はいつも「私にはこれができる。私はそれをしなければならない」などと考えている。このグナをもつ人たちはセラピーやヨーガに忙しく専念しつづける。それはけっして悪くはない。なぜなら、世界中の九十五パーセントの人々がタマスだからだ。彼らはまったく何もしない。霊的な道に触れることのないままただ生き、そして死んでいくのだ。

もしサットヴァに支配されているなら、あなたは心眼を得た人だ。真我を探しまわるのではなく、鋭い識別を通して、無想のうちに静かに在ることによって、真我を見いだすだろう。

自分の遺伝子を選ぶことができないように、グナを選び取ることもできない。あなたの遺伝子は何千世代もの生殖活動の物理的な結果だ。あなたのグナも何千という転生における体験の結果なのだ。遺伝子があなたの容姿を決定する。これに関してあなたに選択権はない。グナはあなたの心の質を決定する。そしてそれもまた遺伝子のように決定されるのだ。

戦士だったアルジュナは、戦場のまっただ中で自分の本質を否定して戦うことを拒んだ。だがクリシュナは、あなたに選択する余地はないと答えた。これはそういうことなのだ。

9 真の愛の中では、あなた自身ではないものすべてが落ちていく

パパジ　英語では"falling in love"（恋に落ちる）と言う。落ちていくとは、はじめはある場所にいて、最後にはどこか下の場所に落ち着くということだ。だが、私はその種の愛について語っているのではない。それは落ちること、低い段階に下降していくことではない。別の種類の愛なら、落ちていくということはある。

質問者　それは欲望の中に転落していくということでしょうか？

パパジ　欲望は常に転落だ。だが、私の語る愛に転落はありえない。あなたはあるがままのあなたとしてとどまる。これが真の愛なのだ。別の種類の愛について人々が語るとき、誰もが「私は恋に落ちた」と言う。このような身体的な愛の中では、転落するのはあなただ。真の愛の中では、あなた自身ではないものすべてが落ちていく。すべてが落ちたとき、それが真の愛だ。他のあらゆる類《たぐい》の愛と関わるのをやめたとき、あなたは真の愛を見いだすのだ。

仏陀に何が起こったか見てみなさい。彼は王国の中で最も美しい女性を隣にして眠っていた。愛情はそこにあった。だが、彼にとってそれは充分ではなかったのだ。彼の人生には別の種類の愛が欠けていた。世界中の何であろうと、彼は手の内にすることができたに違いない。それでも、彼は起き上がってその場を立

ち去った。真の愛から呼ばれれば拒むことはできない。このように、王たちはこの愛を求めて王国や女王を棄て去った。これが私の語る至高の愛だ。

新たな質問者　ときどき、聖典を読んでいると困難を感じてしまいます。なぜなら、それらは驚くほど素晴らしい描写であふれているからです。それを読むたびに私は思います、「私はこんな状態を体験をしたこともない」と。これが欲望を駆りたてて、自分の現状を批判してしまいます。それを読むと自分が力不足だという感覚に陥るため、読む気になれないのです。

パパジ　それは良い批判だ。多くの本を読んだ結果得られたものだ。

質問者　それほど多く読んできたわけではありません。

パパジ　もしそうならあなたは幸運なのだ。マーヤーはあらゆる方法で魚を捕まえる大きな網をもっている。あなたが世界、サンサーラを背にするとき、そこには多くの罠が待ちかまえている。さまざまな形であなたは捕らえられてしまう。友人や、親族や、国を離れても、あなたは新しい共同体（コミューン）やアーシュラムという罠に陥るのだ。あるいは、霊的な本を読むことにとらわれることもある。これらの本に自分を見失うことは大きな罠だ。あなたがどこへ行こうと、マーヤーは罠を仕掛けてあなたを待ちかまえている。礼拝をすれば、礼拝という儀式にとらわれ、ヨーガの道に従えば、ヨーガのサマーディという罠にとらわれるだろう。

わかるだろうか？　あなたはサマーディに入り、自己の至福に浸ることもできる。そして想い返して言うのだ、「私は長いサマーディに入っていた。一度に六時間もその状態にとどまっていたのだ」と。

あなたは帰依者《きえ》として一日中ジャパ（称名《しょうみょう》）を唱えるかもしれない。だがあなたの数珠が罠となってしまう。そして「私は一日中数珠玉の数を数えていた。私はうまくやっている」と考えるのだ。

神々でさえマーヤーの罠から自由ではない。宇宙の維持者ヴィシュヌ神にとって、マーヤーは女神カマラとして現れた。シヴァ神は女神ウマのために苦行を中止しなければならなかった。これらの罠から自由な者がいるだろうか？　誰もいない。なぜならあなたが何をしようと、何を考えようと、何を想像しようと、それはマーヤーの罠だからだ。

だが、これらの罠は想像上のものでしかない。ひとたびすべては罠だと知れば、それらが自分自身の想像の中にしか存在しないこともわかるだろう。あなたを監禁する扉がそこにあるわけではない。とらわれていると信じていた罠から、あなたはいつでも自由に立ち去ることができるのだ。

仏陀は罠から立ち去って自由を見いだした。彼は世界から隔離された快楽の園に暮らしていた。ある占星術師が彼の両親に、「この方は俗世間にはとどまらないでしょう」と告げたのだ。母親もそれと同じ夢を見ていた。彼が誕生したすぐ後、両親である王と女王は、彼をふつうの世界から完全に隔離してしまった。美しい花園には踊り子たちが舞い、王国一の美女が彼の妻となった。この孤立した小さな世界には、いかなる苦しみも、いかなる老いも、いかなる探求もなかった。ただ快楽の探求があっただけだ。

ある日、彼は壁の外側の世界を見てみたいと思った。「この壁の外に何があるのか見てみよう」と心に決めた。そしてひそかに外の世界へ出かけたのだ。そこで、生まれてはじめて彼は苦しみ、老い、死というものを目にした。宮殿に帰ると、彼は苦しみとそれを超越する方法の秘密を見いだすため、彼の世界――王国、家族、美しい妻――を放棄する決断をしたのだ。こうしてすべてを棄て去ると、誰にも知られぬよう真夜中に立ち去った。彼が去るとき、王宮の扉の鍵はひとりでに開いた。そして彼が乗っていた馬の蹄《ひづめ》の音が守衛に気づかれないよう地面はバターのように柔らかくなったと言われている。どうしてだろう？　いったいどうしてそのようなことが起こったのか？　なぜなら、自由がこの人を愛していたからだ。これほど激しい放棄をなしえたこの王子に、自由のほうが恋に落ちてしまった。自由そのものが彼の逃避を助けたのだ。

彼は罠から逃れて自由を見いだすという運命のため、至高の力に選ばれたに違いない。快楽の園から逃げだす者がどこにいるだろう？　神々でさえ女神とともに眠っているのだ。だが、彼は目覚めるように選ばれた。なぜなら、すべてから立ち去るだけの勇気を彼はもっていたからだ。

10 私はバラの花を生長させる存在の本質

パパジ　『ヴェーダ』は幾千年もの昔から存在し、世界で一番古い聖典だと言われている。『ヴェーダ』とは「知識」を意味する。それゆえ、それは知識の本なのだ。だが、このヴェーダでさえ知識を言葉で表すことはできないと述べている。そこでは「ネーティ・ネーティ」つまり「これではない、これではない」と言う。あなたがこの知識について何を言おうとも、ヴェーダは「ネーティ・ネーティ」で答える。ヴェーダは知識の本だと宣言しながら、真理は語ることのできないものであることを認めているのだ。

質問者　老子の『道徳経』*も同じ言葉ではじまっています。「語り得る道は道にあらず」と。

パパジ　真理は常に語られない。切望することはできても、それが何であるかを言うことはできない。だが、覚えておきなさい。どんな達成や、獲得や、到達も望むべきではないのだ。なぜか？　なぜなら、達成できるものはやがて消えゆくからだ。達成されればそれは所有物となり、所有したものはいつか失われてしまう。もしあなたが何かを達成したなら、つまり達成以前に達成されていない時点があったということだ。もし過去のある時点でその達成がなかったのならば、それは消え去ることを免《まぬが》れえない。それはいつの日かあなたを去ってゆくものなのだ。はじめに空《くう》が存在していた。中間においても空は存在し、終わりにも空が存在している。これが不変の真理だ。これが真の知識だ。これ以外の知識は読むことも、語ることも、理解することもできるが、真の知識とは呼べない。それゆえ、理解できること、知り得ること、達成できることはすべて忘れ去るがいい。それらは真理ではない。真理とはまったく違ったものなのだ。

新たな質問者　至高の帰依《きえ》に到達するには努力が必要でしょうか、それともただ努力のない状態を通してのみ可能なのでしょうか？

パパジ　精神的にも、身体的にも、あらゆる類《たぐい》の努力を棄て去りなさい。すべての努力があなたを去ったとき、そこには何の達成もなく、何の成就もないだろう。

質問者　つまり、あなたはただ努力のない状態を通してのみそれが起こると言われるのですか？

パパジ　もしあなたが精神的にも、身体的にも、知的にもいかなる努力もしなければ、何が起こるだろう？ただ何が起こるか想像してみなさい。私はこれに関する手紙を、最近フランス人の女性から受け取った。彼女は英語が話せないので、彼女の夫が訳したものだ。その手紙の一部分を読むから聞きなさい。

三日前、私はマヤと素晴らしい時を過ごしました。彼女とともに同じ理解や同じ生命力を分かちあうことはなんという喜びでしょう……

「生命力」が何を意味するのか、私にはわからないが。

……それ自身が在ることを知っているのです。私はマヤをずっと知っていたと感じています。それはま

ったく真実です。彼女は私自身のハート、私自身の光、そしてわが同志です。私は彼女を愛しています。そして生命力は無数の姿をとっています。それでも、私がいまだに「他者」と呼ぶ人の姿をとって、それ自体とそれ（生命力）が一つであると認識することはなんという喜びでしょう。マヤがこの手紙を翻訳してくれることでしょう。

……今朝早く、ベッドの中で静かに横になっていたとき、遠くにいる子供たちのことを想いました。そのとき燃えるような、私を飲みこむような、「この瞬間、私とはいったい何なのか？　今この瞬間、私の子供とはいったい何なのか？」という問いが起こったのです。どんなイメージも、概念も、この問いからは湧き起こりませんでした。それでも、私は突然その答えを言葉やイメージや概念の背後に見たのです。そこには何の動きも、時間も、距離も、分離の可能性もないことが、とても、とてもはっきりと見えました。いたるところで、すべての物事の中に同じ存在の本質が、今、たった今、はじまりも終わりもなく、形も色もないものでありながら、単一で、真実の、考えうるすべてのものの基盤として存在しているのです。このヴィジョンは、それ自身が在ることを知り、それ自身が唯一の存在で在ることを知っているという存在の叫びだったのです。

ほんの一瞬の間、時間を超えた中で、どうやって彼女はこれを見いだせたのだろう？　体験の中に入ってそれを行なえば、ほんの一瞬のうちにあなたは理解できるのだ。彼女は「時間もない」と言っている。もしそれを行なえば、そのときあなたはそれが時間を超えていることを知る。もしそうしなければ、あなたはそれを時間の範囲内の出来事と呼んだだろう。

私は私の源に、けっして離れたことのなかった本来の「場所ではない場所」に戻ったのです。なぜなら、その場所は「私」そのものだからです。この輝く真理に抱かれて、私は深遠な歓喜に満ちあふれていました。

少し前に、私は真の愛について話していた。真の愛は上昇も下降もしない。それは超越するのだ。

この輝く真理に抱かれて、私は深遠な歓喜に満ちあふれていました。あたかも部屋全体が、音のない「私」という美しい静寂で包まれたかのようでした。私は、私がすべてを動かす存在の本質だということを、たった今、はっきりと理解したのです。存在する今そのもの。私はその「今」です。私は同じ存在です。私は名前も、形も、色も、姿も、動きもない存在の本質でありながら、「私」という意識の中に現れるすべてに名前や、形や、色や、姿を与えるのです。

突然、私は疑いの翳《かげ》りもなく、私がバラを生長させ、鳥を歌わせ、森の水を流れさせる唯一の本質であり、それが自然に何千もの色彩を与えていることを感じ取ったのでした。

私があなたに書いていることは、師よ、少々奇異なことかもしれません。言葉に置き換えるのはとても難しいことです。それでも光と智慧《ちえ》であるあなたの愛と恩寵《おんちょう》ゆえに、私は試みています。それができるのは、あなたが私を通して書いているという確信があるからです。「私はただ『それ』なのです」

「私はただ『それ』なのだ」という確信は、ますます揺るぎないものになっています。私は存在の本質、原初から根源にある本質、「私」という本質以外の何ものでもありません。私はすべてに満ち、いたるところに存在しています。私はすべてであり、すべてが私なのです。そこにはそれ以外何も存在せず、距離さえもありえません。

ほんの一瞬のうちに、遠くにいた私の子供は、ふたたび無である私自身になり、しかも生命の本質である私自身の中に現れました。ですから、名前は存在せず、遠くの子供も存在せず、別れや遠くに暮らすということも、もはやありません。私は、それ自体を「私の子供」として現し、また無数の形態を通して今を生きている存在の本質、私自身の単一性を認識するために無数の宇宙を創造するその存在の本質なのです。

もしそうだとすれば、私はこれまで永遠に存在してきたように存在しつづけ、そしてもし進化というものがあるとすれば、それはただそれとして在ることでそれ自体をより深く知り、理解してゆくことの中にのみあるのです。私は単一で、唯一の存在の本質です。

私自身が唯一の存在の本質であることを知って、恐れは消え去りました。どこに恐れが根を下ろせるというのでしょう？　私一人が存在するとき、誰が誰を恐れさせるというのでしょう？　私は一人であり、同時に私は娘や息子、友人、そして感嘆すべき師プンジャジの姿を通して生きています。私はまた動物、植物、鉱物や岩石でもあるのです。私の真我である師よ、今この瞬間ニコルにとって、何であれ一日のうちに起こることを完結させるためには、ただ一つのことをするだけでいいと深く感じています。私は私が触れ、見、感じるすべての中に生きる唯一の存在の本質であることを忘れないこと、私がいま

だに他者と呼ぶものを通してそれ自体を見ている存在の本質として人生を生きること、そしてもしそれを忘れたなら、ただそれだけが存在するのだから、忘れることもまた存在の本質であることを忘れないことです。存在の本質、空、沈黙は、今同じものとなりました。それらに違いはないからです。

深い敬意と誠実な愛とともに

ニコル

（とても長い沈黙）

あなたは尋ねた、「自由のために努力は必要でしょうか？」と。私はそれに答え、それからこの手紙をあなたのために読んだ。自由のために努力は必要ないことをこの手紙は示している。もし百ヤードのレースで勝ちたければ、たいへんな努力をしなければならない。ベン・ジョンソンのように金メダルを獲得したければ、多大な努力が必要だろう。だが、それとこれとは別問題なのだ。

質問者　それでも、ときどき私は努力をすべきだと感じるのです。読書や呼吸の修練など、何であろうと。

パパジ　もし呼吸がこの結果を生みだせるなら、喘息患者のほうがあなたよりも有利だろう。彼らはあなたよりもたいへんな努力をして呼吸している。

質問者　私はいままで多くのセラピー・グループに関わってきました。そこでは「すること」が主要だったのです。私は内面を見つめるグループに参加しましたが、それは努力を必要としました。プライマル・セラピー（原初療法）という自己の源に帰るグループなどにも参加しました。

パパジ　自分自身を見つめることに努力はいらない。何よりも、誰が真我を見ているのか？　そしてあなたを見つめているこの真我とは何なのか？

質問者　それが問題です。真我とは何なのでしょうか？

パパジ　真我を見るには努力が必要だとあなたは言う。誰が真我を見ているのか？　見ているその人を見いだしなさい。真我を見ているのは誰なのか、それを見いだしなさい。

質問者　私の意識、気づきです。

パパジ　そうだ。だがこの気づきとは何か？　それはそれを見ようとしているものからどれだけ離れているのか？　あなたが見ようとしているものと、この気づきはどれほど異なるのか？　そこに二つの気づきが存在するわけではない。

質問者　気づきは異なりませんが、それは自由を求めています。気づきは解脱《げだつ》を求めているのです。

パパジ　この不平は気づきから出たものではない。気づきは「私は気づきたい」とは言わないからだ。気づきは……

質問者　……もっと気づきたいのです（笑）。

パパジ　それは彼女の問題であって、あなたの問題ではない。それは彼女にまかせるがいい。彼女にまかせ、何が起こるか見てみなさい。気づきが何をしているか、ただ見なさい。

質問者　ときどき、努力をしないために努力が必要なのです。

パパジ　どういう意味かね？

質問者　いつも何かしていたくなるのです。

パパジ　頭の上に千キロの重荷を抱えている状態を想像してみなさい。あなたはこのとてつもない重さに苦労し、苦しんでいる。これは充分な重さではないだろうか、それとももっと加えたいのかね？　この重さから解放されたいがために、あなたは師のもとに行き、どうすべきかと尋ねるのだ。

「これは深刻だ」と師は言う。「ここに百キロのリンゴがあるからその上に載せるがいい」

今や千百キロの重さがあなたの頭にかかり、苦しみはよりいっそうのものとなった。

次の師が言う。「もう百キロのレーズンとアーモンドを加えなさい。そうすれば、問題は終わるだろう」

彼らは別の品物をあなたの頭の上に載せようとしている。別の品物とは、異なった修練やテクニックのことだ。だが、問題は解決しないままだ。

だが、もしある日あなたが頭を振ったなら、その上に載っていたすべては落ちるだろう。ひとたびもう頭の上に重荷はいらないと決意したなら、あなたがすべきことは、ただそれを床に落とすだけだ。そのために何年も修練をする必要はない。もしアーシュラムや共同体へ行ったなら、まず第一に、彼らはあなたの頭にもっと重荷を載せようとして、何かの修練を与えるだろう。ただ頭の上の重荷を落とせばいいとは誰も言ってはくれない。なぜなら、もしそう言ったなら、彼らは商売をたたまなければならないうえ、収入を失ってしまうからだ。

数年前、私はワシントンにいた。夜中、一軒のお菓子屋に行っていろいろな種類のお菓子を選んでいた。ホテルの部屋に持って帰って、そこで食べようと思っていたのだ。勘定を支払いに行き、店の女性に部屋で食べようと思っていることを伝えた。

この女性はショックを受けて言った。「なんと山のようなお菓子をあなたはかき集めたのでしょう！　こんなにたくさんのお菓子を全部一人で食べるというのですか？　こんなものを食べるには、あなたは歳をとりすぎています。このばかげた品々を見てごらんなさい、アイスクリーム、ケーキ、ゼリー……全部捨ててしまいなさい。空っぽのお腹で眠って、明朝良い朝食をとったほうがいいですよ」

私は彼女の強烈な意見に驚いた。もし私が店長に店の品物を買うなと彼女が言ったと伝えれば、彼女は面倒なことに巻きこまれるだろう。

だが、私は彼女の助言を受け入れ、すべてを店に置いてその場を去った。ただそれをそこに置いて歩き去っただけだ。あなたにとって良くないもの、頭の上の重荷となるものを際限なく集めつづけるのはたやすい。それを取り去るために、新たな重荷を加えることはない。ただすでにあるものを落とすだけだ。

努力をするのは簡単だ。そうすることにあなたは慣れているからだ。私は努力するなと言う。だが、あなたにはこのアドバイスが受け入れられない。なぜなら、何百年もの間、あなたは努力しつづけてきたからだ。あなたは努力して修練してきた。そして努力しつづけたい。なぜなら、それがあなたの知るすべてだからだ。霊的な道では努力こそが成功のカギとなるとあなたは考えてきたのだ。

私は努力なしでいなさいと言う。自由になるために努力はいらない。ただ静かにしている必要があるだけだ。学んだことはすべて忘れるがいい。人々や預言者があなたに与えた助言を忘れ去りなさい。すべてを忘れ、あなた自身の真我を見るのだ。今この瞬間にいたるまでにあなたが読み、聞き、行なってきたことをすべて忘れなさい。そして何が欠けているのか私に言うがいい。

質問者　私には何が残るのかわかりません。

パパジ　いいや、そうではない。知ろうとしてみなさい。今がその知るときなのだ。これを知るのはとても簡単だ。

質問者　私は私の存在の中に在ることでしょう。

パパジ　よろしい。あなたは「私の存在の中に在る」と言う。あなたの存在の中に在るとき、どんな努力が必要だろうか？

質問者　それは難問です。なぜなら、私は私の存在の中に在ることを知っているからです……。

パパジ　そこで止まりなさい！「私は私の存在の中に在る」。ここで止まりなさい。完全に止まりなさい。それ以外に何があるだろうか？　それで終わりなのだ。そこが目的地だ。それこそあなたが三千五百万年もの間探しつづけてきた目的地なのだ。

親愛なる若者よ、あなたは努力することにとりつかれているため、何か努力するよう提案しよう。

質問者　はい。

パパジ　私たちは読んだり、聞いたり、行なったりしたことをすべて忘れることで努力せずにここまでたどり着いた。そしてあなたは、「私は私の存在の中に在る」と言ったのだ。さてここまで来て、私はあなたに何か努力を授けよう。ここから何か努力をして、あなたにこの存在の場から出てもらいたい。私は努力をすることで、あなたが「私はもはや私の存在の中にはいない」と言える地点に行ってもらいたい。さあ、やってみなさい。この存在からはじめなさい。あなたが到着したこの場所から。あなたはすべてを忘れることで、この存在の場に努力なしにたどり着いたのだ。

今、あなたは存在と呼ばれる中心にいる。そこではすべてが存在だ。あなたは努力がしたいと言った。だから私はあなたに途方もない努力をしてこの場から抜けだし、「私はもはや私の存在の中にはいない」と言える場所に行ってもらいたい。段階を踏んでやってみなさい。「今、私はそこから一歩踏みだした」と言いなさい。一歩踏みだして振り返ってみなさい。何か後からついてきたかね？　目を閉じてはならない。今は努力をするときだ。努力しなさい！　一歩踏みだしなさい。一歩とはどういうことか？　足を上げ、前に出し、ふたたび地面に降ろすのだ。そうすれば、「私は足を非存在の中に踏み入れた。ここが非存在だ。私はもはや存在ではない」と宣言できる。あなたが非存在の場に足を踏み入れたとき、私に大声で言いなさい。

質問者　ここが非存在です。

パパジ　では、もう一方の足を上げなさい。一方の足は非存在の中、もう一方はどこにある？　あなたは存在の中にいる。だから私は努力をしてこの存在から走り去りなさいと言っているのだ。

質問者　それは不可能だと感じます。

パパジ　不可能？　不可能な仕事には努力が必要だ。在ることは可能だった。あなたはそれを成し遂げた。今、あなたの自然な状態に戻りなさい。足を上げて「はい」と言いなさい。

質問者　私はよく理解しているのかどうかわかりません。なんだかちょっと馬鹿らしい気がします。

パパジ　ただそれをして、そして見なさい。「私は存在ではない」と決意しなさい。この存在を去る決意をするのだ。誰かがあなたの後をついてきているだろうか？　後ろを振り返って見なさい。誰が後をつけているかね？　後ろには何があるだろうか？

質問者　私の背後にはたくさんの物事があります。

パパジ　そうではない。ちょうどあなたの身体が形であるように、それは形なのだ。身体の外側には何が見えるかね？　あなたの背後、前、横、上には何が見えるだろうか？

質問者　何もありません。

パパジ　何もない。これが「存在」と呼ばれるものだ。さあ、今それを拒否してみなさい。今、それを避けてみなさい。どこでもいい、この存在から出てみなさい。努力しなさい。後ろを振り返り、それがあなたの後をついてこないようにしなさい。あなたの後に従う空《くう》を押し返しなさい。できはしないだろう。

どこへ走りだそうと、あなたは存在の中にいる。いかにそれから出ようとしても、あなたは存在の中にいる。存在から抜けだそうとして、どこに足を踏み入れようと、あなたはまだ存在の中にいるのだ。あなたは存在から現れ、常に存在の中にいる。存在の中にいないかのように努力をすれば、死に見舞われるだけだ。死は自分が存在ではないと考えて努力する者たちを待ちかまえているのだ。

＊訳注　『**道徳経**』**Tao Te Ching**　中国、春秋戦国時代の思想家・道家の祖、老子の書。

11 来ては去っていくものは罠だ

パパジ　何年も前、私は妹とともにサン・サロヴァールにいた。彼女はバドリナートに向かう途中だった。私がそのアーシュラムに滞在していることを知って、彼女はそこを訪れ、しばらくの間滞在したのだ。その隣の家には一人のスワミが住んでいた。彼はサットサンを開き、多くの人たちが参加していた。私はまだ彼に出会っていなかった。なぜなら、朝、人々が彼のサットサンを訪れるとき、私はガンジス河のほとりを散歩しているか、沐浴をしていたからだ。妹はスワミのサットサンに行き、たくさんの女性が来ていることを私に告げた。彼はヴリンダーヴァンでは非常に有名なスワミだった。とても若く、素晴らしい歌を歌うため、多くの人々、特に女性を惹きつけていたのだ。妹は一週間ほど毎日彼に会いに行った。ある日、スワミがなぜここに来るのかと彼女に尋ねた。

「兄がここに滞在しているので、彼を訪ねて一緒の時を過ごしているのです」

「どうして彼をここへ連れてこないのですか？」と彼が尋ねた。

「彼にあなたがここにいることを伝えます。明日は彼を連れてきます」

妹は帰ってくるなり言った。「私は明日あなたをサットサンに連れてくるとスワミに約束してしまいました。どうしても来てください」

どうして「だめだ」と言えよう？　私は彼女とそこへ行き、六十人ほどの人たちとともにそこに座った。サットサンが終わると、スワミが尋ねた。「皆さん至福を体験しましたか？」

多くの人が「はい！　はい！」と叫んだ。

彼は一人一人全員に尋ね、誰もが「はい」と答えた。だが、私の番が来たとき、私は答えた。「いいえ」。

彼はびっくりしていた。

「ここにいる誰もが至福を体験したと言っています。今日のサットサンで私たちはあふれるほどの至福を体験したのに、それを体験しなかったと言ったのはあなた一人だけです。人々は毎日ここで至福を体験しています。何が問題なのですか？」

私は彼に何が問題なのかを告げた。「昨日ここに来た人々は、おそらく皆が至福、アーナンダを体験したと言ったでしょう。今日も彼らはここで至福を体験したと言いました。その間、アーナンダはどこに行ってしまったのでしょう？　どこに走り去ってしまったのでしょう？　今日のアーナンダはどうでしょう？　彼らはここを去って、しばらくしてから言うことでしょう。『アーナンダは消えてしまった。それはもうそこにない』と。部屋を去るとともに消え去るものは、部屋の中にいたときも存在していなかったのです。実際、アーナンダはこの人々の誰にも起こらなかったのです。本当のアーナンダなら、常にそこに存在しているはずです。アーナンダは来ては去ってゆくものではないからです」

彼はしばらくの間静かにして、深く考えているようだった。それから別の部屋に入ると小さな本を持って戻ってきた。私には彼が本を手にしているのが見えたが、何の本かは気にとめなかった。

スワミは言った。「私はこのマハートマーがまだ生きているのか、もう死んでしまったのか知りませんが、この本の中で、彼はあなたと同じことを言っています。私は最近この本を読んだのですが、彼はまったく同じことを語っていました」

それから、彼は本の名とそのマハートマーの名前を告げた。

私は微笑んだ。「彼は私のグルです。私は彼の弟子なのです」

スワミは良い人だった。彼は教壇から降りてくると、私をその場に迎えて言った。「ここに座ってあなたのグルと彼の教えについて話してください。私が彼の教えについて聞いたのは、これがはじめてなのです。あなたは言いました。『来ては去ってゆく体験は永遠の状態ではない。永遠の状態は来ることも去ることもない。それはあるとき体験され、別のとき体験されないようなものではない』と。どうかこのことについて私たちに語ってください」

私は皆の前に立って言った。

「来ては去っていくものは罠です。それは心の罠なのです。心はたくさんの罠を仕掛けていて、一時的な至福状態もその一つです。これらの体験は内なる欲望から、霊的体験とはどのようなものであるべきかという概念から起こるのです。あなた方は至福を求めています。なぜなら、それが霊的な道の上で起こるべきことだと期待しているからです。心はあなた方に無理じいをし、至福を楽しめるような状況をつくりだします。それはすべて罠なのです。このような罠にかかったなら、解脱《げだつ》を達成することは誰にもできません。それが罠だと知ってさえいれば、自分からかかりに行くことはないでしょう。何であれ一時的なもの、来ては去って行くものが罠だと知っていれば、それで充分です。どんなに快いことであれ永遠でないものを拒絶することは、快楽や至福を求める心の習慣に対抗して働きかけ、それがあなた方を自然な状態に連れ戻すのです」

心は忙しくしていたい。わかるだろうか。それはあなたのためにある目的地を定め、それからそこに到達しようと試みるのだ。それはつかの間の至福状態をあなたの目的地として定め、それからそれを達成するためあなたに努力を強いる。そして何か良いもの、何か霊的なことを達成したと考えるのだ。これはただの先延ばしにすぎない。あなたはただ悟りを次の年、次の生に先延ばししているだけだ。

新たな質問者　この種の罠、このタイプのサマーディとあなたが語る至福では何が違うのでしょうか？　私が内側に引きこまれていくとき、そこには同時に私を自動的に内側に引きこもうとする魅惑があり、そこでは心がとても平和になります。それは強烈に一点に集中された静寂のように感じられます。ここ、あなたの臨在の中で、誰もがこのような体験をしていることを私は知っています。もっともいつもではないでしょうが。ですから私の質問は、「努力して得るサマーディの至福と、あなたの臨在の中で自然に感じられる至福や静寂との違いは何でしょうか？」ということです。

パパジ　あなたが感じる平和は、何もしていないことの結果なのだ。それが違いだ。

質問者　本当です。そのとおりです。

パパジ　何もしないこと、何も達成しようとしないことで、それは起こる。それはすべての活動を棄て去ろうと決意した瞬間、即座に、一瞬にして起こる結果なのだ。そのとき、その瞬間、あなたは平和と幸福のうちに在る。この瞬間があなたに幸福を与えるのだ。

通常、幸福の感覚はどのようにして現れるだろう？　それはある特定の欲望が満たされた瞬間に起こるのだ。

あなたは「隣の家の人がメルセデスの新車を予約したばかりだから、私もそれが欲しい。海岸沿いの新しいマンションも購入したい。これらが私を幸せにしてくれるだろう。なんとしてもそれを手に入れよう」と考える。

あなたは欲望を満たすために働きはじめる。そして銀行からの借金と友人からの援助を得る。誰もがあなたの新しい熱狂に加わる。妻は新車が欲しい。子供たちも新車が欲しい。誰もが新車を望んでいる。今ではもはや古いフォードでは幸せになれないとあなたは確信させられている。ついに新車は購入され、あなたは通りにそれを駐車し、誰もがそれを褒《ほ》めたたえるのだ。あなたの家の前の新車を見て皆が幸せになる。

この過程はヨーギが至福に達するのと同じものだ。ただ欲望とその目的地が異なるだけだ。そこには至福に満ちた状態への欲望がある。彼らはさまざまな修練を通してそれに到達し、至福の体験を得る。そしてその状態から出たとき、非常に自分に満足する。なぜなら、彼らは欲望の対象を獲得したからだ。

さて、この幸福はどこから現れたのだろう？　体験者は体験する前も、体験の間も、体験の後も同じだ。そこには何の変化もない。車は鉄やゴムなどでできている。それが一つの機械として製造される過程で幸福が加えられるわけではない。あなたがこれらの鉄やゴムをすべて購入したとき、幸福はあなたのものとなるのだ。実際には何が起こったのか？　新車を購入したことが、どのようにしてあなたの中に幸福の感覚を生みだしたのだろうか？

はじめのころ、あなたは新車を得るという欲望に悩まされていた。この欲望が新車を買うための資金を集めている間、あなたを悩ませていた。だが、車を手に入れたとたん、あなたは突然幸せを感じたのだ。なぜか？　なぜなら、新車を得たいという欲望がなくなったからだ。あなたを幸せにさせたのは突然の欲望の不在であって、新たな所有物の獲得ではないのだ。

もはや欲望がないとき、あなたは幸せだ。欲望が完全に消え去ったとき、あなたはいつも幸福だ。これが解脱だ。解脱は瞑想や聖地を巡礼した結果ではない。それは山の洞窟に暮らすことや、施《ほどこ》しをすることや、聖典を読むことでは起こらない。欲望があるかぎり、サンサーラは存在する。欲望があるかぎり、苦しみは存在する。誰もが日々の生活の中でこれを見ることができるのだ。

目覚めの状態で幸せな人がいるだろうか？　私の答えは「誰もいない」だ。王様や億万長者はすべてを手にしている。だが、彼らは幸福ではない。最も裕福な人から最も貧しい人にいたるまで、幸福な人はいない。なぜなら、この欲望という蛇に噛《か》まれなかった人は一人もいないからだ。欲望は蛇だ。そしてこの蛇から逃れた人は一人もいないのだ。

目覚めの状態を見てみなさい。もしそれが安らぎに満ちた平和な状態なら、なぜあなたはそれを拒否し、喜んで眠りにつくのか？　それがそれほど良い状態なら、なぜ拒否するのか？　誰もが眠りを必要とする。なぜなら、その日の欲望が私たちをへとへとに疲れさせたからだ。目覚めの状態が終わるたびに、心は休息を求める。なぜなら、心の忙《せわ》しさがあなたを疲労困憊《こんぱい》させたからだ。眠りの状態では、誰もが幸せで安らぎに満ちている。そこに幸福と平和があるのは、もはや心があなたを悩ませていないからだ。そこには主体と客体のやりとりも、心とその現象もなく、あなたは安らいでいる。主体と客体という区別がないため、そこには平和と安らぎがあるのだ。

たとえサマーディの状態でさえ、そこには主体と客体の微妙なやりとりがある。瞑想している主体と瞑想されている対象だ。そこにはこの関係性があらざるをえない。瞑想者である私は一つの実体、一つの主体であり、瞑想の対象は何か別のものだからだ。

この主体と客体の関係性を取り去るために、瞑想しているのは誰なのかと尋ねなさい。誰が瞑想する者なのかを見いだしなさい。なぜ瞑想しなければならないのかを見いだしなさい。これはあなたの目を逆の方向に向けさせる。あなたが体験する対象に結びつくことで下降していくのではなく、上昇して源を見いだすのだ。流れにまかせてはならない。逆の方向へ上昇し、瞑想者が誰なのかを見いだしなさい。そうすれば、今、ここであなたは答えを見いだし、事を成し遂げられるかもしれない。だが、源へと上昇しようという決意を抱く人は稀だ。

何をしていても、あなたは誰が行為をしているのか、誰が瞑想しているのかと問うことはない。楽しむとき、あなたは楽しみに浸っている。だがその瞬間、喜びを体験しているのは誰なのかと問うことはない。誰もが新車のようなつかの間のはかない物事に喜びの原因があると思っている。サンサーラはこうして現れるのだ。私たちは喜びを体験しているその当人に幸福や至福が起こる原因があるとは見なさない。ただ物事が喜びをもたらすと思うばかりなのだ。

あなたが物事を楽しむのは目覚めの状態の中でだけだ。だが、いくら目覚めの状態で物事から喜びを得ようと、あなたは眠りにつくとき必ずそれを拒絶する。最も美しい人、あなたにとって最も愛しい人が目覚めの状態にいたかもしれない。それでも、あなたは眠りにつくとともにすべてを拒絶し、体験も、愛しい人も連れずに一人で眠りにつく。その状態の中で、あなたはすべてを忘れて安らぐのだ。真の平和を得るためには、愛し、楽しんできた物事から離れて一人にならなければならない。あなたが体験する幸福や平和は、つかの間のはかない物事から得られるのではない。この至福、物事や体験に依存しない至福は永遠のものだ。

他の何が破壊されようとも、これだけは残る。誰もこの幸福のありかを知らない。なぜなら、誰もが間違ったところを探しているからだ。

すべての生きとし生けるものは幸福になる必要がある。すべての生きとし生けるものが幸福を探している。だが、誰もそれがどこにあるのか知らない。人間、鳥、動物、植物さえこの見つけがたい幸福を探し求めている。なぜなら、幸福になることは彼らの基本的な本性だからだ。誰も苦しみたくない。私たちが歩く大地でさえ、幸福を求め、苦しみから逃れることを望んでいる。鳥も動物も傷つけられることを恐れる。誰もがこの見つけがたい幸福を探し求めている。だが、それはどこにあるのだろうか?

私は心の罠について先ほど話をしていた。幸福は心の罠の中には見つからない。それは心が存在しないときに見つかるのだ。ある日、あなたは知ることだろう。誰もが眠りにつくときにこの体験を味わっている。眠りにつけばすべては消え去る。そして、あなたはただ一人平和の内にとどまる。目覚めとともにあなたは言う、「ああ、とっても良く眠った。とても幸せで満足した。夢さえ見なかった」と。

この眠りの状態は交替しつづける三つの状態の一つだ。それは自由、解脱の最終的な境地ではない。だがその状態では心の活動も対象物も消滅している。眠りの体験は、心が止まれば静寂に満たされることをあなたに示しているのだ。目覚めの状態で心が外側の物事に飛びつき、それを欲しがるのをやめたとき、あなたは完全な気づきとともに平和と自由の内に在る。これが至高の超越状態なのだ。

どうすればそれに達することができるのだろうか? 何人かはそれを成し遂げた。多くの人々がヨーガ、サマーディ瞑想などを通してそれに達しようとしてきた。だが、誰がその結果を得ただろうか?

それでも、それは成し遂げられる。手段は重要ではない、結果だ。それは成し遂げられるのだ。

質問者　あなたはヨーギにとってはサマーディが、バクタ（帰依者《きえ》）にとっては数珠が罠となると言われました。帰依者にとって、他にどのような罠があるのでしょうか？　帰依者は「香りを嗅がれたことのない花」にならなければならない、とあなたは言われました。そうでなければ目的地には達しないということです。他の罠とは何でしょうか？

パパジ　「どのように心をとらえるか」。これが今朝の主題だった。純粋な無想の状態が、「香りを嗅がれたことのない花」だ。香りを嗅がれたことのない花だけが神に捧げられ、神に受け入れられる。想念や概念を持ちこんだとたん、もはや「香りを嗅がれたことのない」心ではなくなる。それは神への純粋な捧げ物とは言えなくなるのだ。

「香りを嗅がれたことのない花」は罠ではない。それは異なった比喩なのだ。一つの想いも抱かない心、それが「香りを嗅がれたことのない花」だ。その状態があなたに働きかける。それはそれ自体の中で完全なのだ。それが解脱であり、他には何も必要ない。

神を見たいと願う帰依者は、数珠球の数を数えることからはじめる。手が数珠を動かしている間に、心はあらゆる感覚的対象物に向かって動いている。つまり修練をしている間、心ここにあらずという状態だ。それは静かでもなく、制御もされていない。そして心の問題は解決されないままだ。

「私は瞑想しなければならない」という想いが起こる。この想い、この意図が現れるとき、花の香りはすでに嗅がれてしまったのだ。「私は瞑想しなければならない」と考えるとき、あなたは一生続けていく日課をはじめたのだ。この日課に従うとき、あなたは自由を見いだすという本来の目的を忘れてしまう。完全に忘れてしまうのだ。私はこのような人たちを大勢見てきた。彼らは瞑想し、祈り、さまざまな儀式に従事する。だが、修練の究極の目的を忘れてしまう。

「もし心に想念がなければ、そのときあなたは誰なのか？」と私は言う。もし何の想いも抱かなければ、もし源という根底から一つの想念も起こさなければ、その瞬間、あなたは誰だろうか？　一つの想いも起こしてはならない。そしてあなたが誰なのかを見なさい。「私は瞑想しなければならない」「儀式を行なわなければならない」と考えてはならない。もし想念が起こったなら、それを調べなさい。それがどこから現れたのか見いだしなさい。

これを専心して行なえば、この「私は誰か？」という想念は消え去るだろう。それを正しく行ない、この想念が消え去ったとき、すべては終わるのだ。この想念が消えたとき、「私は瞑想しなければならない」「儀式を行なわなければならない」という想いも消え去り、あなたは源そのものとなる。この探求は、想念が消え去っていく源へとあなたを連れていくのだ。他のどの想念も、どの修練も、あなたを源から遠ざけてどこか他のところへ連れていくだけだ。あなたはこの想念や修練に永久にしがみついてしまう。これがどの僧院やアーシュラムでも起こっていることなのだ。それが毎日修練に執着している人たちすべてに起こっていることだ。このような執着は結果をもたらさない。修練方法への執着があるばかりで、自由という目的は見失われてしまったのだ。

私たちの本来の目的は真我実現、解脱、真我として在る自由だ。もしあなたが「私は真我を実現しなければならない。なぜなら、今はまだ悟っていないからだ。私は実現したい」と考えはじめるなら、自分自身に束縛を押しつけているにすぎない。あなたの自由の探求はすでに、それがまだ手に入れていないものだという概念にとらわれている。最初に「私は束縛されている」という想いを受け入れ、それからあなたは自分自身に押しつけた束縛の概念を取り除いてくれる修練方法や、本や、師を探しに行くのだ。

いかなる本もこの概念をあなたから取り払うことはない。自分自身に尋ねるがいい。「誰が私は束縛されていると言ったのか?」。束縛そのものを疑いなさい。束縛されているように見える人とは誰なのかと尋ねることで、束縛を疑いなさい。「誰が束縛されているのか?」と自分自身に尋ねなさい。それが束縛という概念の現れた源へとあなたを連れていく。本や師でさえ連れていけないところへあなたを導くのだ。

あなたがすべきことは、ただ束縛されている人が存在する、束縛を超越するためには非常な努力が必要だという概念を取り除くことだけだ。智慧《ちえ》と光を見いだすために努力する代わりに、あなたを霊的な道へと導いた「私は束縛されている」という概念、この障害が何なのかを見いだしなさい。

「私は束縛されている」は、あなたがその上に解脱や霊的修練という概念を築きあげた精神的基盤なのだ。あなたはこの基盤に上に立ち、そこからあらゆる修練方法を発展させていく。もしこの「私は束縛されている」という根本的な障害が取り除かれなければ、あなたの修練は永遠に続いていくだろう。この「私は束縛されている」という概念を調べなさい。これに働きかけるのだ。

質問者　この束縛されているという最初の概念は、私が自分自身に押しつけたものとは思えません。一人の個人として人生を生きていくうちに、彼は自分のしていることを見つめ、ついには満足できずに憤《いきどお》りを感じはじめます。限定という感覚は、そこにすでに存在し、そこから「限定されずにいることは可能なのだろうか?」という想いが起こるのです。

パパジ　あなたはこの限定という概念を他の人たちから借りるのだ。それは借りものの想念で、あなたに与えられ、押しつけられてきたものだ。人生のはじまりから、あなたは自分が限定されているということを間接的に聞かされる。子供の頃、あなたの母親は、「私があなたのお母さんで、これがお父さんよ」とあなたに言う。それから、両親は「これがあなたの親族で、これがあなたが信じるべき宗教だ」と言う。これらの概念をあなたは考えもせずにすべてを受け入れるのだ。

質問者　そうです。人々は「あなたはこのようだ、あなたはあのようだ」と言うのです。

パパジ　限定化がはじまっても、純真な子供たちは従順にそれを受け入れてしまう。はじめに両親が教えこみ、牧師や教師が、そして社会があなたを洗脳していくのだ。これらの限定は異なった源からあなたのもとに来る。あなたは自分自身で真理を学ばなかったため、他人の意見を受け入れてしまうのだ。

本当に正気の人には、他の人があなたに押しつけてきたこれらの概念や限定のすべてを疑うときがやってくる。

彼らは言うだろう、「自由になりたい。いったい誰から私はこの概念や限定を得たのだろう？」と。そして押し重ねられてきたこれらの限定を拒絶して、ついに彼は真の本性を見るのだ。これがその過程だ。

12 「私は自由だ」という知識は、近づいてくるどんな想念をも焼き尽くす炎だ

質問者　私は、あるときは自分が自由であり、そのように生きていると思えるのですが、そうでないときには不安や心配で疲れ果ててしまうのです。傷つけられたり病気になったりすることを私は恐れています。自分には何かが欠けていると感じはじめ、本当の自分が誰なのかを忘れてしまうのです。いったい永久に真の知識の中で生きるときが来るのでしょうか?

パパジ　あなたは「あるとき」と言う。あるときは自由だと感じ、あるときはそうではないと。それがあなたの言ったことだ。では何が起こっているのだろう?　この自由を盗んだのは誰か?　誰があなたから自由を奪い去ったのだろうか?　自由の中にある想念が入りこんだに違いない。その想念があなたの自由に侵入し、あなたを捕まえて過去へと連れ去ったのだ。もしあなたが注意深く用心していれば、これを防ぐことができたはずだ。

誰もが人生において原因のない幸福と平和の瞬間を体験している。それは数秒か数分かもしれない。だが、誰もが私の言うことに覚えがあるはずだ。自由を感じ、心が満たされ、苦しみもなく、想念のない状態がある。その瞬間、あなたは注意深く目覚めていなければならない。平和の中に想念が侵入しつつあることに気

づかなければならないのだ。ほとんどの人がこの機敏な気づきを維持できず、平和を奪われてしまう。想念が入りこんで、あなたの平和を奪い去ったとすれば、それは泥棒が入ったとき、あなたは眠っていたということだ。常に油断なく気づいていれば、あなたの平和を妨げるものは何もないのだ。

本当に気づいていれば、自由の中に想念が入りこむ隙はない。なぜなら、気づきの究極の状態は炎、知識の炎だからだ。何であれ侵入しようとするものは、その炎に焼かれて灰と化す。「私は自由だ」という知識は、近づいてくるどんな想念をも焼き尽くす炎だ。

「私は自由だ」とは「対象物に飛びついて、それと結びつこうとする思考過程から私は自由だ」を意味している。その状態にあれば、何ものもあなたの自由を妨げ、平和を破ることはできない。

誰もこのことをあなたに告げなかった。誰もこれをあなたに押しつけようとはしなかった。これこそあなたにとって必要なことだ。人生ではじめて、三千五百万年という輪廻《りんね》転生の中ではじめて、あなたはこの秘密を手に入れたのだ。誰もが眠りこけている。誰もが平和を奪われつづけている。だが、目を覚まして泥棒を捕まえた者は誰もいない。

この泥棒は果てしない誕生と死の苦しみをあなたに与えてきた。だが、油断なく気づいていれば、泥棒を寄せつけず、死神でさえあきらめてあなたのもとを去るだろう。もしただ気づいて注意深く用心してさえいれば、何もあなたの邪魔をすることはできない。あなたは私がフランス人女性ニコルの手紙を読んだとき、聞いていただろうか？　彼女はこの秘密について語っている。私はとても気に入っている。聞きなさい。

私の真我である師よ、今この瞬間ニコルにとって、何であれ一日のうちに起こることを完結させるため

には、ただ一つのことをするだけでいいと深く感じています。私は私が触れ、見、感じるすべての中に生きる唯一の存在の本質であることを忘れないこと、私がいまだに他者と呼ぶものを通してそれ自体を見ている存在の本質として人生を生きること、そしてもしそれを忘れたなら、ただそれだけが存在するのだから、忘れることもまた存在の本質であることを忘れないことです。

わかるかね？　これが結果というものだ。これは別格だ。

質問者　理解はできますが、ときどき、それを生きるのは本当に難しいと感じるのです。

パパジ　それが難しく見えるのは、あなたの周りの人々が違ったふるまいをしているからだ。あなたも彼らのように今までふるまってきた。シンプルで、自然で、自発的な生を生きることのどこが難しいというのか？　難しく見えるのは、誰もがそのように生きていないからだ。実際、それが最もやさしい生き方なのだ。なぜなら、それがあなたの本性だからだ。皆がそう生きていないため、はじめのうちは難しく見えるかもしれない。彼らは同じ船に乗り、同じ方向に向かっている。あなたは他の人のすることに従うのをやめて、自分の道を歩くのだ。あなたの道は大勢《たいせい》に従う道ではなく、独り剃刀《かみそり》の刃を渡るような道だ。そうしたければ、この道を行くがいい。それがあなたに向かないなら、大勢に従うがいい。私は何もあなたに押しつけはしない。あなたの好きなようにしなさい。何の圧力も、強制も、要求もない。何であれあなたが有益だと感じること、賢明だと思うことをするがいい。そして何が起こるか見てみなさい。もしこの生き方が気に入ったなら、それに従うことだ。それはあなたが決めることだ。もしこの道に従うなら、あなたは独りぼっちになり、世界と闘わなければならないかもしれない。遅かれ早かれ、世界があなたに従うようになる。だが、はじめのうちは誰もがあなたのすることを嫌うだろう。多くの人たちがこのジレンマに直面し、皆と違った道を選んだことで問題に巻きこまれてきた。彼らは真理を伝えたために十字架に架けられた。真理を伝えたために石を投げつけられ、死に追いやられた。市場で真理を説いた者は毒を飲まされた。彼らの罪とは何なのか？何が正しい生き方かを人々に示しただけだ。彼らはただ真理を語っただけだ。だが、この真理を公《おおやけ》の場で語ることは非常に稀な出来事なのだ。ほとんどの人は彼らの言葉に耳を貸そうともしない。これらの人々にとってサンサーラは果てしなく続いていくだろう。

「私は自己を解放しなければならない」という想いが起こる人は稀だ。この想いが心に入ることさえない。もしその想いが誰かの心に起これば、一万人が彼のもとにやってきて、思いとどまらせようとするだろう。おそらく、彼は皆の言うことを聞いて説得させられてしまう。なぜなら、彼には独りで道を行くだけの勇気がないからだ。

13 何であれ、体験したことを拒絶しなさい

質問者　昨日、私たちは罠にかかることについて話しました。ヨーギはサマーディの罠にかかり、バクタは数珠の罠にかかるという話でした。あなたは共同体（コミューン）という罠についても語っていました。

パパジ　そうだ。それらはすべて外的な罠だ。

質問者　そのとおりです。

パパジ　私たちが語りあったことは覚えている。数珠、読書、修練方法などだ。今日は内的な罠についてみてみよう。

それらは何か？　五つの内的な罠が存在する。第一は身体だ。食事によってつくられた身体との自己同一化（アンナーマヤ・コーシャ）。そしてプラーナ、呼吸と生気からなる生命体としての身体（プラーナマヤ・コーシャ）。これは内的なものだ。そうではないかね？　そして精神的身体、心（マノーマヤ・コーシャ）。次は知性の身体（ヴィジュニャーナマヤ・コーシャ）。最後に、至福の身体（アーナンダマヤ・コーシャ）だ。この身体には至福への執着がある。「私」はこれらのいわゆる身体を通して機能している。これらの鞘《さや》は罠なのだ。自由は外的な罠を超えている。これらは内的な罠だ。人々は「私は身体だ」、あるいは「私は生気だ」

「私は心だ」「私は知性だ」「私は至福だ」と言う。私たちは自由に直面する前に、これらの内的な自己同一化をすべて超えていかなければならない。外的な罠も内的な罠も、ともに消え去るべきなのだ。

質問者　あなたはどのようにして私たちがこれらの身体の一つと自己同一化してしまうかを説明しました。私に自意識があることは感じています。この「自己」との同一化は内的な罠の一つなのでしょうか？　あなたは「私」という想念を理解しなさいと言われました。私が見守りつづけたことで、それはとても静かになりました。それでも、昨日あなたは、「誰が束縛されているのか？」と問いなさいと言われました。

パパジ　そうだ。この「私」という想念が根源にある想念だ。すべてはここから起こる。ここから束縛が、ここから無知が、ここからサンサーラがはじまるのだ。この「私」という想念に集中すれば、あなたは想念の源に帰る。そこでは想念そのものが消え去るのだ。

質問者　それに関係するものや同一化するものを一つ一つ拒絶することで、「私」という想念を隔離させることは有効でしょうか？

パパジ　何であれ、体験したことを拒絶しなさい。どこであれ、あなた自身を見いだしたところ、その場所を拒絶しなさい。何であれ、あなたが知覚し、考え、見たものはすべて、「これではない、これではない」と否定していきなさい。あなた自身をそれらすべてから隔離しなさい。すると最後に、あなたはある場所、ある拒絶することのできない知識にたどり着く。この知識を拒絶するのは愚かなことだ。なぜなら、それは真理そのものだからだ。識別という通常の知識で、あなたではないものすべてを拒絶していくと、拒絶しきれない知識に直面する。けっして拒絶することのできない知識、それがあなたの真我なのだ。

あなたが自己同一化してきたものすべてを一つ一つ拒絶していきなさい。「私は物理的身体ではない」「私は精神的身体ではない」「私は知的身体ではない」「私は至福の身体ではない」と。これらすべての同一化がもはやないとき、「私」そのものが消え去る。なぜなら、「私」は他の実体と関係をもつことによってのみ存在できるからだ。それとともに二元性も消え去るだろう。「私」が消え去るとき、真の知識が現れるのだ。

新たな質問者　その「私」はそれ自体では存在できないのではありませんか？　その「私」は一人では存在できないのです。

パパジ　そうだ。それは他の物事との関係を結ばないかぎり存在できない。

質問者　ある朝目覚めたとき、私は「私」を見つめました。そして対象物をつかもうとする自分自身を見ました。私は心が対象物をつかんで離さないのを見守っていたのです。それはどうやら生きていくうえで必要なことのように見えました。それでもある朝、私の周りには静かな空間が感じられました。ところが、心はその空間、その静けさを対象物としてつかんだのです。心は静かな空間、沈黙さえ対象化することを求めるのです。

パパジ　そうだ。すべてはそのように現れる。これが毎日いかにして顕現が起こるかだ。あなたがこの「私」を疑えば、世界の現れは「私」とともに消え去る。そのとき何か他のものが、すべての顕現だけではなく、「私」の消滅をも見守る観照者が残るのだ。

質問者　ときおり、個人としての自己意識が現れては消え去ることに気づくときがあります。そこにはただそれに対する気づきがあるだけです。別のときは、自己意識によって知覚される何かというよりも、自己意識の感覚が知覚者そのもののように見えるのです。わかりますか？　今までにも何度か、私は実際自己意識を見ていたのです。

パパジ　見ていた？

質問者　マーレイの意識をです。

パパジ　どうして意識が意識を見ることができよう？　どうしてそれが可能だろう？

質問者　意識とはマーレイのことを意味しているのです。それをつかもうとしているマーレイの心のことです。

パパジ　だとすれば、それは個人の自我だ。

質問者　あるときには自我への気づきがありますが、あるときには自我の存在、知覚者の存在としての感覚があるのです。

パパジ　あなたがすべてを見ているとき、「私はそれを意識している」と感じるとき、これは自意識であって意識そのものではない。これは自我だとあなたが気づいたとき、この自我は消え去る。それが自我の本性なのだ。そのとき、あなたは何か他のものになる。あなたは観照者となる。私はそこへあなたを連れていこうとしているのだ。五つの内的な罠であるパンチャ・コーシャ（五つの身体）の彼方へ。あなたが見つけなければならない場所はそこなのだ。ただ見はじめただけで、あなたは至福を体験しはじめる。その場所がすべてなのだ。

新たな質問者　それは自我が消え去るということでしょうか、それともその重要性を失うということなのでしょうか？

パパジ　それがそこにあろうとなかろうと、重要ではないのだ。

質問者　しかし、それはまだそこにあるのですね？

パパジ　もし気づいているなら、もし自我がそこにあると気づいているなら、害を及ぼしはしない。それなら、そこにあってもかまわないのだ。あなたが「私はこれをする。私はそれが好きだ」のように「私」という言葉を用いるとき、この「私」の真意を知っているなら、それを用いることができる。そしてそれがそこにあっても問題はない。ジャングルの虎は危険なものだ。だが同じ虎もサーカスでは猛獣使いに従う。猛獣使いは「立ち上がれ、椅子に座れ」と指で示す。そして虎はおとなしくそれに従う。もし飼いならされた自我ならば、それは同じことだ。大自然の中の虎は人をも食らう危険なものだ。だが、サーカスの虎は楽しみのため、娯楽のためのものなのだ。

新たな質問者　気づきがあるとき、私は自我が抵抗しているのを感じます。自我は気づきに何ができるのか見てみようとするのです。そこにはしばらく静けさもあるのですが、自我が現れ、「何か娯楽はないか、何か刺激はないか」と言うのです。

パパジ　あなたは今までそのように自分自身をしつけてきた。あなたは自我に何かするように、何か欲しがるようにしつけてきたのだ。

私は若い頃、その逆の問題を抱えていた。内面に入り、いつもそこで平和と幸福を楽しみたかったのだ。だが、周りの人たちは私がそうするのを嫌っていた。そのため、外側に出て世間の物事に関心をもつよう努力しなければならなかったのだ。心を外側に向けて物事に結びつけるにはたいへんな努力がいった。それでも、うまくはいかなかった。もし若い頃にした修練が何かあるかといえば、それは世間に属するための修練だった。私の心は内側に向かうことしか興味をもたなかったため、外側の物事への関心を発展させるよう強制しなければならなかったのだ。他の人のことはわからないが、心は自動的に自分の関心事に従うものだ。私の関心はこの内なる幸福に沈みこみ、そこにとどまることだった。

心や感覚の欠点を探してはならない。それらはただ最も関心のあるものへと向かうものなのだ。感覚や自我はあなたの執着するものに向かう。それらを別の方向へ向けようとするなら、執着を棄て去らなければならない。

私は内側に向かうことに執着していた。いつも至福の状態に没入していたかったのだ。私の周りの人たちはこれを嫌った。そのため、私は平和の中、幸福の中にいないよう修練をはじめたのだ。それは非常に難しいことだった。

軍隊にいたとき、私はとても幸福で至福に満ちていたため、上官は私がいつも酔っ払っているものと思っていた。彼は私の従者に一日に二杯以上与えてはならないと伝えたほどだ。だが、私の従者は答えた。「彼はまったく何も飲んではいません」。私は正しくふるまいたいと願っていても、心は私の言うことを聞かなかった。それは至福の状態にあまりにも執着していたのだ。どうして人々の望むようにふるまうことができよう？　私の心はいつも内面に引きこまれ、この幸福からけっして出ようとはしなかったのだ。

私は一度も瞑想や霊的修練をしなかった。あなた方が瞑想するとき、座って目を閉じる。なぜなら、これが瞑想の助けになると考えているからだ。私も目を閉じて座る。それが皆がここでしているやり方だからだ。だが、本当は私は瞑想などしていない。

自己を知るために心を制御する必要などない。座って瞑想する必要もない。本を読む必要もない。真我に帰り着くために地図が必要だろうか？　いいや、地図も、本もいらない。真我以外の場所に行きたいなら、地図も必要となろう。だが、あるがままのあなたで在るために、なぜ地図やガイドが必要だろうか？　あなたはすでにそこにいるのだ。どの訓練、どのサーダナがあなたをあなたに近づけるというのか？　どの菩提樹の木の下に座る必要があるというのか？

14 自由を探求する人は誰もいない。なぜなら誰も存在しないからだ

質問者 昨夜、私はアミナバードのハヌマーン寺院の外で座っていました。ただ静かに座っていたのです。私はなんとなく市場を眺めていたのですが、インドの光景は、私にはとても興味深いものに感じられました。すると突然、私の心、私のアメリカ人としての心が破れたのです。そして、心を用いて心を理解することはできないということが突然理解されました。それまで、私はいつも心を使って心を理解してきました。ところが、突然それはできないことがはっきりしたのです。心は私の上に浮かぶただの小さな雲にすぎませんでした。私はそれから離れ、何かとても清らかになったように感じられました。それでも、その全過程は少し奇妙なものでした。

パパジ そうだ。それは猿の寺院だからだ。心は猿だ。だから、それは心の寺院なのだ（笑）。ハヌマーン[*1]は心を象徴している。猿は心と同じ習慣をもっている。だが、少なくとも猿は尻尾でバランスをとっている。あなたに尻尾があるなら大丈夫だ。そうすれば、自分の動きをコントロールできる。落ちることなく枝から枝へ飛び回ることもできる。修練された心はバランスがとれている。それはその真の本性が意識であることを知りながら、巧みにバランスをとって動く。もし真の本性が意識であることを心が知っているなら、つま

り心は意識そのものだということを知っているなら、何の問題も起こらない。バランスが問題なのだ。
心であるハヌマーンは、彼が意識、実在であるラーマと一つだということを知っている。それが彼の秘密なのだ。心がそれを知っているなら、何の問題もない。十の頭をもつ魔王ラーヴァナは、抑制のきかない多様な欲望を象徴している。意識の力、意識と一つになった心の力は、欲望の王国とその支配者を破壊することができる。これが『ラーマーヤナ』*2の物語が意味するところなのだ。
ゴムティ川の岸辺にもう一つのハヌマーン寺院がある。そこもとても良いところだ。その中にはニーム・カロリ・ババ*3の銅像がある。彼は以前そこにあった古い寺院をよく訪れたものだ。洪水が起こったとき、古い寺院は水中に沈んで流されてしまった。そのため、政府がこの新しい寺院を建てたのだ。

新たな質問者　どうして私がハヌマーン寺院を訪れると、こんなに感動するのでしょう？　昨夜私はアンディとアミナバードにある寺院を訪れたのですが、いつ行っても強烈な帰依心《きえ》にあふれた至福を感じるのです。私はそれほどハヌマーンとの心のつながりを感じていないのに、なぜなのでしょう？　ビハリ（ラーム・チャラン）やラム・ダスのようにハヌマーンに帰依しているわけではないのに、そこへ行くたび至福の体験をするのです。どうしてある場所は理由《わけ》もなく感動を与えるのでしょうか？

パパジ　心と波長が合う場所はあるものだ。

質問者　ときには至福も罠になるとあなたは言われました。どうすれば至福を超えられるのでしょうか？　どうやって罠から逃れるのでしょう？　至福が罠とならないように、それを超えていく方法があるのでしょうか？

パパジ　あなた自身が至福を感じないかぎり、どうしてそれを拒絶できよう？　あなたの周りは至福で満ちている。あなたはその至福に溺《おぼ》れてしまわなければならない。そうすれば、至福がイヤになってしまうだろう（笑）。そうなったときにだけ、「これよりもっと良い何かが欲しい」と決意することができる。大金を持ったことがないかぎり、大金を持たないほうがいいという考えは起こらない。大金を持てば、それに執着してしまう自分に気づくことができる。そして長い目で見れば、それがたいへんな困難をもたらすということがわかるのだ。至福もそれと同じだ。

質問者　至福があるとき、そこには心の静寂もあります。心は静かでバランスがとれています。それをあきらめるのは難しいことです。

パパジ　至福の中にいる心は、もちろん、とても幸せだ。この障壁を乗り越えることは非常に難しい。実に難しい。聖者でさえこの地点を超えられずにいる。ブラフマーナンダ（ブラフマンの至福）は究極の境地と言われている。だが、これさえも超えた何かがあると感じている人たちがいる。このアーナンダ（至福）の体験は美しいものだ。多くの人たちがそこにとどまってしまう。だが、それを超えたところに究極の真理があると知れば、そこにさえとどまるべきではないのだ。

新たな質問者　至福の中にあるとき、いまだに体験者が存在しているのでしょうか？　体験者がまだいるために、それを超えなければならないのでしょうか？

パパジ　体験者はいるはずだ。体験者と体験されるものという関係性がそこには存在する。その二元性を超越するために、それを超えていくことが教えられるのだ。

質問者　しかしそれが起こるためには、「私」そのものが去らなければなりません。「私」が消えた状態に達しなければならないのです。

パパジ　至福にとどまることは誰もできない。そのうえ、至福を拒否する人は稀なのだ。人間の目的、すべての生きとし生けるものの目的は幸福だ。それゆえ、その状態を棄て去ることは非常に困難なのだ。

新たな質問者　パパジ、私たちはこの状態を拒絶すべきだ、とあなたは言われます。私にとっては理解しがたいことです。もし私が何かを拒絶するとすれば、心でそれを拒絶するということです。あなたの言われる五つの罠の一つを拒絶することはできるでしょう。しかし拒絶をするには、「私」を拒絶している心が存在していなければなりません。

パパジ　これは心の視点から見たものだ。別の視点もある。十番目の男の物語を知っているだろうか？　十人の男たちが流れの速い川を渡っていた。向こう岸に着いたとき、彼らの一人が全員無事に渡りきったかどうかを確かめるため人数を数えはじめた。彼は皆のことを数えたが、自分自身を数え忘れてしまった。「一人溺れたやつがいるぞ！」。彼は叫んだ。「一人が溺れてしまった！」

他の九人も同じように数えてみたが、誰もが同じように自分自身を数えそこねた。そのため、一行の一人が溺れたことに皆が確信させられたのだった。友人が死んだものと思いこんで、彼らは泣きだした。そこへ通りがかりの人がやってきて尋ねた。「どうして泣いているのか？　何があったのかね？」

彼らは一行の一人が見当たらないため嘆き悲しんでいることを彼に話した。彼らがどうやってこの結論に達したのかが説明されたとき、彼は十人の旅人を一列に並べさせて数えはじめた。そして彼は一人一人が順に声に出して数を数えるようにと言った。十人目の男が「十！」と叫んだとき、彼らは全員がそこにいることと、誰も溺れてはいなかったこと、そして彼らの苦しみや嘆きは無知な思いこみに基づいていたことを悟ったのだ。

この物語は、真我を発見した人は、実は何も新しいものを見いだしたわけではないということを示している。人はただ何かを失ったという誤った観念に基づいた苦しみを棄て去るだけなのだ。

あれやこれを拒絶すべきだという霊的修練の観念は、何かを見いだしてそれを体験するためには、行為者、瞑想者が何かをしなければならないという無知な思いこみに基づいている。あなたが苦しみ、際限なく瞑想するのは、この誤った仮定に気づかないからだ。物語の中の十人の男たちは、「一人いないぞ！　一人欠けている！」と言って泣きながら走り回った。

何かをしなければならないのは誰か？　瞑想しているのは誰か？　執着を拒絶することや瞑想することで結果を追い求める代わりに、瞑想しているのは誰かを見てみなさい。それが誰なのかを見いだしなさい。そうすれば、すべては終焉《しゅうえん》するだろう。

質問者　純粋な覚醒の中では、自分が水面上の波ではなく、その下に広がる海だという知識があるだけなのでしょうか？

パパジ　人は波でもあることを知るのだ。

質問者　波でもあるのですか？

パパジ　そうだ、すべてだ。波は自分が他のすべての波とは異なっていると考える。それは言う、「私は名前と形をもっている。特定の方向に向かって動いている」と。海はすべてが水であることを知って、それが舞い踊るのを楽しむのだ。

波は「私は独立している。私の前にも後ろにもたくさんの友達がいる。私たちは一緒に動いているのだ」と考える。

波はサットサンを開こうと決心するかもしれない。彼らは集まって、「皆で海を探しに行こう。一緒に瞑想してどこに海があるのか見いだそう。それは素晴らしいところだと聞いている」と語りあうかもしれない。

そして彼らはともに旅をし、海を探しに行くのだ。ある日海に出合えることを期待しながら。

海は何もそのことについて知らない。海はただ静かな海底の深みも、海面の泡も、すべてがそれ自身であることを知っているだけだ。

質問者　私はよく恐れたものでした。以前は、波との誤った自己同一化のために不幸になったのだと感じていたのです。今、私は波が海と自己同一化するとともに、至福が湧きあがることを理解しはじめたところです。

パパジ　そのとおりだ。

質問者　個人である波が大いなる実体である海と自己同一化するとき、至福が存在することを私は理解しはじめました。それはつまり、海がそれ自体を海だと知るとき、そこに「私は自分が偉大な海であることを体験している」という至福はもはやないということです。違いますか?

パパジ　そうだ。

質問者　私には理解しがたいことです。実際、まったく理解できません。体験者も体験もないこの状態……もし私が海であるならば、そこには体験も幸福もないのではありませんか?

パパジ　真理は、海もなければ波も存在しない。名前も形もない。そこにあなたは真理を見いだすのだ。あなたは海ではない。海とはただの名前でしかない。名前もなく、形もない。これが究極の真理だ。名前と形があるとき、そこには偽りがある。

質問者　では、名前と形は気づきから現れるのでしょうか？　そして気づきなしには名前も形もないのでしょうか？

パパジ　すべての名前と形は偽りだ。そこに名前と形があるとき偽りがある。なぜなら、それらは滅びゆくものだからだ。どこであれ形があるとき、それは滅びゆく。すべての形は消え去らなければならないのだ。だが、もし私がこのように語れば、あなた方は皆逃げ去ってしまうだろう。なぜなら、あなたは何かにしがみついていたいからだ。あなたは瞑想の中に逃げこむだろう。それは絶好の罠だ。なぜなら、その中であなたは関係性や自己同一化を得、しかもまだ何か霊的なことをしているという幻想を見つづけるからだ

私はあなたにこう言う。「誰も縛られてはいない。束縛は存在しない。自由を探求する人は誰もいない。なぜなら誰も存在しないからだ。自由さえ存在しない。あなたは誰なのか？　瞑想しようとする人は誰なのか？」

さて、これを聞いたあなたはどうするだろうか？　何ができるというのだろうか？

瞑想をすることはできる。だが、私の語ることを聞いた後で、何を知り、何をするというのか？　そこには何かをする人も何かを知る人も存在しないのだ。

昨年、禅の師家が東京からハリドワールまで私を訪ねてきた。彼は自分の部屋に行くことさえせず、鞄を持ったままやってきて私の前に座った。これは去年の六月のことだ。誰かが私の名前を彼に告げたらしい。彼は非常に丁寧な日本式のお辞儀をしてから座った。

そして私に向かって言った。「あなたはラーマ神です。私は悪魔です。この悪魔を殺してください」

私は彼を見つめると言った。「私はそのどちらも殺した」

彼にとってはそれで充分だった。それで理解したのだ。

ふたたびお辞儀をすると彼は言った。「もうこれで去ることができます。今から日本に帰ります」

「おお、それはいけない。今着いたばかりではないですか。もうしばらくここにいなさい」

「ああ、それはいけません」と彼は言った。「あなたはとても危険な人だ。もし私がここにとどまったら、あなたに惚れこんでしまうでしょう。だから私は帰るのです」

そう言うと彼は立ち去った。

＊訳注1　ハヌマーン Hanuman　猿神。『ラーマーヤナ』の物語の中で、シータを魔王の手から救いだす助けをして、ラーマに献身的に仕えた。ラーマ神の最も理想的な帰依者として知られる。
＊訳注2　『ラーマーヤナ』Ramayana　紀元前五〇〇年頃、ヴァールミーキによって書かれたインドの最も偉大な国家的叙事詩、ラーマ神の物語を綴った聖典。ビシュヌ神の化身として生まれた王子ラーマは、猿王ハヌマーンの助けを借りて魔王ラーヴァナにさらわれた妻シータを救いだし、王国に凱旋して王位を継承する。現代においてもっとも国民的に愛されている古代叙事詩の一つ。
＊訳注3　ニーム・カロリ・ババ Neem Karoli Baba　（?〜一九七三）奇妙なふるまいや数々の奇跡で知られる北インドの偉大な聖者。ラーマ神とハヌマーン神の帰依者でもある。一九七〇年代、アメリカ人帰依者ラム・ダスの書いた『ビー・ヒア・ナウ』（平河出版社）、『愛という奇蹟――ニーム・カロリ・ババ物語』（パワナスタ出版）によって一躍注目を浴びた。

15 あなたは人間として生まれてきた目的を忘れてしまった

パパジ　すべての預言者たちはこう語ってきた、「あなたは罪人《つみびと》だ。あなたが幸福なとき、実際は罪を犯しているのだ」と。

彼らはあなたに対してこう告げ、あなたはそれを完全に受け入れてきた。だが、もし誰かが「あなたは自由だ」と言っても信じられない。あなたが信じられないのは、長い間自分が罪人だと信じこんできたからだ。この罪という概念はあなたの遺伝子の中、身体中の一滴一滴の血液の中に存在している。それはあなたの中に完全に充満している。あなたは幾世代にもわたってさまざまな人たちから罪人だと言われてきた。それをあなたは信じこみ、その罪から自由になるために幾世代にもわたって努力をしてきたのだ。

もし誰かが、「あなたは自由だ。あなたはいつも自由で、束縛されたことなど一度もなかったのだ」と言っても、あなたはその人に耳を傾けようとしない。

それゆえ教師たちは、「そうだ、あなたは束縛されている。あなたにはカルマがある。あなたは瞑想するべきだ。どこかのアーシュラムに参加して瞑想しなさい。そうすればそれらの欠点を直すことができるだろう」と言う。

このように語るのは愚か者だけだ。あなたは束縛されていると言われることは智慧《ちえ》ではない。誰が束縛されているというのか？　どこに束縛があるというのか？　誰もそれを見た者はいないのだ。だが、誰もがそれを信じている。この概念があなたを束縛から逃れるための修練という罠にはめるのだ。

私はあなたが束縛されているとは言わない。その代わりに、私はあなたを束縛が存在しないところへ連れていく。そこでは、あなたはどうしていいかわからず戸惑うばかりだ。なぜなら、そこでは何もすることがないからだ。そこには何の関係性も何の自己同一化もない。

あなたの身体は服を着ている。あなたはそれを着ているが、それはあなたではない。それはあなたに属するが、あなたはそれではないのだ。「私の服」と言うとき、あなたは服は自分に属していても、服があなたではないことを知っている。「私の身体、私の心、私の知性」と言うときも、それと同じ理解をもちなさい。それらはあなたに属するものであって、あなたではないことを知りなさい。その所有者であるあなたは、それらとは異なるのだ。「私の心は幸せだ」あるいは「私の心は不幸せだ」と言うとき、あなたは自分が心の所有者であることを示している。誰が所有者なのか？　この心は誰に属するのか？　これを見いだしなさい。難しくなどない。それはとても簡単なことだ。

新たな質問者　あなたが語る気づきとは純真さと同じものでしょうか？　それは私たちが愛する子供たちの純真無垢な質のことでしょうか？

パパジ　そうだ。そう私は信じる。あなたは純真無垢でなければならない。自由な人はいつも純真だ。彼は子供のようだ。ちょうどソクラテスのように。これらの人々は自由だった。そして何よりも彼らは純真無垢だった。その純真無垢な場所から彼らは真理を語ったのだ。

新たな質問者　「私は自由だ、私はいままでずっと自由だった」と言うことに困難を感じています。なぜなら、自分がいままでずっと愚かだったことを認めるには自尊心が強すぎるからです。それは純真さが欠けていることを示しています。どうすればもっと純真になれるのでしょう？

パパジ　純真さはあなたに本来備わった本性だ。利口さはあなたが後に得たものだ。あなたは利口になることを両親や社会や宗教から習得した。彼らがあなたを賢く如才なくさせたため、自分の純真さを忘れてしまったのだ。あなたは純真そのものとして生まれ、自分の家族と隣の家の人との違いに気づいたこともなかった。あなたは皆を愛し、皆があなたを愛した。人々はあなたをそんなにも愛するため、近くにやってきてあなたにキスをし、チョコレートをくれた。

成長するにつれて、すべては変わってしまった。あなたは賢くなるよう学び、純真な本性を失ってしまった。神さえも失ってしまった。それがあなたの苦しみのはじまりだ。今、あなたは賢さのすべてを習得した。騙《だま》すことやごまかすことを発見し、ある人と別の人の違いを見ては批判をするようになった。

誰があなたにこのようなことを教えたのか？　あなたが子供だった頃、あなたの家族と隣の家族、一つの国と別の国、一つの宗教と別の宗教に違いはなかった。その頃、あなたはまだ違いを見ていなかった。ここに来て遊ぶ子供たちを見てごらん。彼らはまだそれをもっている。それが彼らの中に見えるだろう。だが、あなたは純真さを失ってしまった。あなたの住む社会や両親、そして聖職者たちがあなたに真実ではないことを教えたからだ。

今、あなたは自己本来の純真さに戻りたがっている。何か新しいものを得ようとしているわけではない。そうではないかね？　あなたはただ自己本来の純真な姿に戻ろうとしているだけだ。あなたを賢くしたものすべてを棄て去れば、自己の本性、本来の自己に帰りつくのだ。それが私たちが自由と呼ぶものだ。この自由は「……からの自由」だ。あなたは習得したすべてから、学んだことすべてから、読んだものすべてから、聞いたことすべてから自由になるのだ。

自分自身に何も押しつけなければ、純真さは戻ってくる。ただ静かにしていなさい。どんな期待もしてはならない。自由や実現さえ期待しないことだ。何も期待しなければ、純真さはそれ自体を顕《あらわ》にするだろう。あなたの本性はひとりでに姿を現し、偽りはひとりでに消え去るだろう。ただ障害を取り除くだけでいいのだ。

ただ座りなさい。あなたの真の本性が自然に現れるのを許しなさい。努力は必要ない。なぜなら、努力をしている間、あなたは何かにしがみついているからだ。努力とは依存なのだ。ただとても静かに、深い静寂の内に在りなさい。すべての物事は去り、あなたの純真さはひとりでに現れるだろう。それはそれ自体がそれ自体にそれ自体を現す啓示なのだ。あなたに用意ができたとき、それはそれ自体を顕にするだろう。

啓示とは何か？　それは忘れるがいい。それについては考えなくていい。ただ静かにして何もせずにいなさい。これが満たされるべき条件だ。もしあなたに徳と幸運があれば、これが起こる状況はおのずと現れるだろう。もし前生のプンニャ、つまり功徳が善いものなら、これは起こるだろう。もしプンニャがあれば、ジーヴァは良い両親、良い家庭に生まれる。それは成長し、それらの古いプンニャによって、「自由になりたい」という願いが呼び起こされる。これらがすべて整ったとき、それが起こることに抵抗することさえできなくなるのだ。

この見つけがたい自由を求めて、あなたは一つの場所から別の場所へとさ迷いつづける。この自由への欲望はあなたを悩ませ、それを満たすまで落ち着くことはできないのだ。あなたはいかなる執着や贅沢《ぜいたく》にも惑わされない。たとえ王国が差し出されようと拒否するだろう。仏陀はすべてを与えられていながら、すべてを拒絶した。彼はプンニャと自由を達成するための環境に恵まれたからだ。良い母、良い両親、良い環境、そして真理を見いだそうという抑えきれない願望。人生でこれらを手にすることは前生からの功徳なのだ。だが、すべてがその方向に流れている。誰もが、すべてのジーヴァが我が家にたどり着くのだ。それに疑いはない。だが、多くの者は途上で他の物事に心惑わされてしまう。

質問者　あなたがジーヴァと言うとき、正確には何を表しているのでしょうか?

パパジ　ジーヴァとは魂のことだ。輪廻《りんね》転生する魂は、真我を実現するまで一つの生から別の生へと旅するのだ。

新たな質問者　それもまた幻想ではないのでしょうか?

パパジ　あなたがそれを知るのは後になってからのことで、はじめにではない。蛇とロープの比喩で、あなたはロープを見てそれを蛇と見間違える。だが、そばに近寄ってみるまでは、それがただの想像であって蛇は存在していなかったと悟ることはない。あなたはただ一本のロープに偽りの概念を重ねていただけだ。本物だと考えているかぎり、それはあなたに恐れと苦しみを与えるのだ。

すべてのジーヴァは真我に帰る。だが、彼らは自分自身を実在から分離した実体だと想像するため、真我に帰ることを忘れ、他の物事に惑わされてしまう。

昔、子供に恵まれない王がいた。自分が年老いたことと王位を継承する後継ぎがいないことを理由に、彼の死後に王国の支配者となるべき養子を迎えることに決めた。

彼は考えた。「もし後継ぎを置かなければ、私の死後、王国はたいへんな混乱に見舞われるだろう」。そして大臣を呼ぶと、翌朝六時から夕方六時までの間、宮殿の門を開けるようにと告げた。そして王国の誰もが次の支配者になるための面接を受けられること、誰もが歓迎されるということを宣言したのだった。

翌朝、大勢の人々が宮殿の門のところに集まった。その一人一人が次の支配者になることを期待しながら。彼らは護衛官や宮廷の人々に迎え入れられた。廷臣の一人が告げた。「あなたたちはこれから王に会って迎え入れられます。そのときに備えて身なりを整えてください。ごらんなさい！　まったくのボロをまとっている人さえいる。私たちがあなたをきれいにして、入浴させます。そして食事と新しい衣装を与えます。そうすれば、王との会見にふさわしくなるでしょう。こちらにおいでください」

皆は宮殿の中に連れていかれると、王が享受してきたすべての場所を提供された。この日一日、すべての訪問者が宮殿で自由に過ごし、何であれ欲しいものを手にし、思いのままにすることができた。香水に興味をもつ者は何本もの香水を手に入れ、衣服に興味のある者はさまざまな衣類を手に入れた。他の者たちは王の浴室で贅沢を極め、王のご馳走を食べ、そして踊り子や歌い手が演じるのを楽しんだ。一日中こんな調子で、皆、何のために宮殿に来たのかを忘れ去った。王は王座の間で待ちつづけたが、誰一人、王に会おうとする者はいなかった。どの志願者も王の贅沢な暮らしを楽しむことに夢中になっていたからだ。一日が終わろうとする六時になっても、王国と王位を求める者は一人も現れなかったため、王は申し出を撤回し、皆に家に帰るよう告げたのだった。

もし途中で目を奪われずに直接王のもとに行く人がいたなら、すべての宝物は永久にその人のものとなっていたことだろう。だが、誰もが宮殿に来た目的を忘れてしまった。

これがジーヴァに起こることだ。自由の王国の王座は、まっすぐそこに入って、それを要求する人を待っている。だが、ジーヴァは快楽と所有欲という横道に逸《そ》れてしまう。ただ一生を終えて死を迎え、ふたたび誕生して苦痛と快楽の人生を続けていくのだ。

あなたは執着や欲望にかまけて忙しく、人間として生まれてきた目的を忘れてしまった。あなたは解脱《げだつ》のために生まれてきたことを忘れてしまった。欲望や執着や所有欲が、あなたにとって良いことだとでも思っているのかね？　この世を去るとき、何を手にして去るというのか？　何もありはしない。

アレキサンダー大王は当時知られていたすべての国々を征服した。彼が存命の間、あらゆる富と世界の領土が彼のものだった。だが彼が死んだとき、その手は空っぽだったのだ。そして彼はそのことを知っていた。死の直前、彼はこう命令した。「私を棺桶の中に入れるとき、手のひらを上に向けておきなさい。そうすれば、私が何も手にせずに去ったことを誰もが知るだろう」

今、この瞬間を最大限に使いなさい。この瞬間、あなたは欲望の対象物ではなく、自分自身の真我を見ることができるのだ。この瞬間は取り戻せない。真我の王座に座る前に、もう少し快楽を享受しようと先延ばしにすれば、自分を見失い流されてしまうだろう。ふたたびチャンスは来ないかもしれないのだ。次の瞬間ではなく、前の瞬間でもない。今、この瞬間に、自己本来の姿を見ることができるのだ。後ではなく、たった今、それをしなければならない。今、このときをあなた自身の真我に捧げなければならないのだ。

これを達成するためには、学ぶことも、修練することもない。ヒマラヤに行く必要もない。ただこの瞬間、今、ここさえあればそれで充分だ。内面に向かいなさい。そうすればそれを見るだろう。この貴重な瞬間を無駄にしてはならない。私はあなたを落胆させはしない。実際、あなたがここにいることを祝っているのだ。

世界には六十億の人間がいる。だが今日、「自由になりたい、私は自由の王座に座りたい」と言う人はここにいる二十人だけだ。よくぞここに来た。ただ先延ばしにしてはならない。あなたは今まで先延ばしにしつづけてきたのだ。「後で、明日、来週、来年にはそうするだろう」と言いながら。

先延ばしは心の働きだ。心は過去のものだ。心とは世界の現れだ。世界の現れとはサンサーラだ。サンサーラとは苦しみだ。あなたが本当に求めているのは何か、それを選ばなければならない。後にではなく、たった今、この瞬間に。この瞬間にあなた自身の真我を見なさい。この瞬間をとり逃がせば、それは過去になってしまう。けっしてそれを逃してはならないのだ。

16 強烈な決意を抱きなさい

パパジ　あなたの中の知る者は、知っているという知識だけではなく、忘れてしまったという知識にも気づいている。あなたは言う、「私はあれやこれを忘れてしまった」と。そうではないかね？　それゆえ、忘れたということの知識があるとき、それを知る者はまだそこにいるはずだ。その知る者はどこにも行かない。知る者は不滅だからだ。

質問者　知る者の意識と知る者自身は同じでしょうか、それとも異なるのでしょうか？

パパジ　それは同じものだ。知る者と知る者の意識は同じものだ。どうしてそこに違いを見ることができよう？　意識と知識は同じものなのだ。

質問者　私にとってこの知る者は、むしろ退屈なものです。それは純真な知覚を妨げてしまうからです。

パパジ　なぜなら、あなたは長い間この知る者を誤った目的に用いてきたからだ。事実、あなたは知る者を何か他のものに帰属すると考えている。真の知る者が変わることはない。それは不変なのだ。知る者を知るとき、あなたは概念以外に変わるものは何もないことを知る。何であれあなたが見ることや体験することは、あなたの心の構築物でしかない。あなたはあなたが考えているものになるのだ。あなたがそれについて最初に思わないかぎり、何も起こりはしない。それは即座に起こる。世界の現れのすべては、あなたの一部分でしかないからだ。この創造、何百億年もの過去と未来は、ただ一つの想念にすぎない。この一つの想念が現れるとともに、過去、現在、未来が一瞬にして創造される。想念がすべてを創りだすのだ。

質問者　それはどの想念ですか？「私は在る」という想念でしょうか？

パパジ　そうだ。この想念が、まず現れなければならない。そしてあなたが探求することで、それは消え去る。探求することが、想念のない、けっして何も起こったことのない場所へとあなたを連れ戻すのだ。それはあなたを木の存在しない根源へと連れていく。木（世界の現れ）は外側にある。私が語っていることは内側にある。あなたを木の現れた根源へと連れていく問いがある。この想念とは何か？　それが「この『私』とは何か？」という問いだ。あなたは「私」の根源に戻らなければならない。これが私の語っていることだ。すべては「私」という想念に依存している。何百億年もの過去、現在、未来がすべてこの「私」という想念の中に存在している。それを探求すれば、この永劫の時は終焉《しゅうえん》するのだ。探求しなさい。そうすればすべては消え去るだろう。

新たな質問者　努力なしに探求するにはどうすればいいのでしょうか？

パパジ　努力が世界の現れなのだ。努力とは外側の何かに向かっている。「私」という想念が起こると世界が現れる。これが努力だ。あなたが「私」と言い、それは実際何なのかと見つめていくとき、それが探求と呼ばれる。「私」という言葉を口にしたとたん、過去、現在、未来が即座に現れる。ただ「私」を見なさい。これが探求だ。ただそれを見なさい。反対方向を向くのだ。この「私」が世界の現れを創造した。今、その逆の方向に向かいなさい。そしてそれを見るのだ。世界の現れから「私」に戻るのだ。逆に向かいなさい。

前に進んではいけない。前方に向かえば、あなたは利口になるだけだ。利口な心にはこのようなさまざまな質問やあらゆる議論が起こる。理屈や論法はこの利口な心の一部なのだ。

最初に、私の言うことをしなさい。それからあなた自身で結果を見てみるがいい。そうすれば、あなた自身で知ることができる。そして直接の体験から語ることができるのだ。自分自身で体験していないことを、どうして語ることができよう？

もし、あなたが眠ったことがないなら、際限なく「眠ってしまったら何が起こるのだろうか？　人々が語る眠りの間に体験する幸福とは何だろうか？」と問いつづけることもできる。

誰もこれについて語ることはできない。あなたが自分自身で体験しなければならないのだ。一日中眠りとは何かと討論することはできるだろう。だが、それがこの状態を理解する助けになるだろうか？　ただ眠ればいいのだ。そして自分自身で見てみなさい。

自由に関しても同じことだ。何百万という本が自由、解脱《げだつ》について書かれてきた。だが、本を読んだだけで自由に達した人がいただろうか？　読書で解脱が起こることはないだろう。本を投げ捨てれば起こるかもしれない。だが、読むことによってではない。

誰もが即席の解脱を求めている。自由への欲望が起こり、あなたは本屋やアーシュラムへ答えを探しに行く。アーシュラムに行くと、服を替え、食事を変えるように言われる。だが、これは自由とは何の関わりもない。服、食事、共同体、アーシュラム、ヒマラヤの洞窟。これらは自由とはまったく無関係だ。自由とは何かまったく別のものなのだ。

人々は考える、「ヒマラヤに行って人里離れたところで独り座れば、解脱を達成できる」と。地理的な条件を変えたところで、孤独を見いだすことはない。どこへ行こうと、ここであなたを困らせてきた友人たちが、あなたの頭の中についてくるだろう。

あるとき、私はヒマラヤでババ（隠者、修行者）に会ったことがある。彼はパンジャブ地方出身で八十歳ほどに見えた。

私は言った。「ババ、あなたは何をここでしてきたのですか？」

彼は答えた。「わしはずいぶん昔にここにやってきた。家を逃げだしてきたのだよ。十六歳のときに、わしはサードゥ（遊行者）と一緒に村を逃げだしたのだ。ずいぶん長い間放浪したが、今はもう歩くことさえ容易ではない。それでここに落ち着いたのだ。ここに座りこんだとき、もう旅はできないことに気づいた。村の人がわしを見つけ、わしの家族のことを知らせてくれた。兄弟は結婚して子供をもうけた。土地は売られて、新しい場所を買ったといったことだ」

彼は話を続けた。「もしわしが今帰ったとしても、誰が自分の娘をわしと結婚させてくれようか？　わしは歳をとりすぎている。もう家には帰りたくない。村に帰ったら、村人たちは言うだろう、『六十年もたってからやつは帰ってきた。それなら、どうしてはじめから村を去ったのか？』と。だから帰りたくはないのだよ。ただここに座って残りの人生を過ごすばかりだ」

多くの人がこのようだ。逃げだすことで何か良いこと、新しい人生が起こるに違いないと考える。だが、そのようにはいかないのだ。私はシッディ（超能力）を得るために努力しているサードゥたちに出会ったことがある。実際に超能力を達成したサードゥにも出会った。だが、ヒマラヤにいるサードゥで自由に達した人は見たことがない。私はヒマラヤを広く歩いて回ったが、解脱に達したサードゥに出会ったことはない。

インドでも西洋でも、家庭をもつ人で遥かに優れた人たちに私は出会ってきた。家住者は世間で一般の生活をしている。私は彼らの中の何人かが成功を収めているのを見てきた。彼らはサードゥよりはるかに優れている。これが私の感じること、私の体験だ。

それゆえ、私は誰にも仕事や家庭から逃げだすことを勧めない。仕事をするがいい。仕事をするかしないかは、自由とはまったく関係がない。あなたがどこにいようと、ほんの数分を自分自身のために使えばいいだけだ。逃げだすのは時間の無駄だ。逃げだして、新しい場所を探すまでの間に使う時間を、今ここで自分自身のために使うほうがいいのだ。

私はガンジス河まで一時間瞑想しに来ていた人を知っている。彼の村は三十キロも離れたところにあり、家から川まで歩くのはたいへんな時間がかかった。彼は思った。「ここに小屋を建てよう。そうすれば行ったり来たりする時間が省け、もっとここにいて瞑想ができる」

こうして彼はガンジス河の岸辺に家を移すことに決めた。壁を築くレンガ、扉のための木材、そしていくらかのセメントが注文された。その当時は道もなく、車もなかった。これらの材料を運ぶには、ロバの背中に載せて運ばなければならなかったのだ。材料が到着し、石工職人が行き来した。彼はこれらの配送のすべてや職人たちの勘定書きなどをすべて自分でまかなわなければならなかった。あまりにも忙しかったため、毎日一時間の瞑想の時間さえなかったほどだ。

彼は思った。「以前は毎日ここに来て、とても平和な一時間の瞑想をしたものだ。今は目を閉じる機会を見つけても、頭の中はロバや職人のことでいっぱいだ。どうしてこんなことになったのだろうか?」

次の日、職人たちが来たとき、彼は小屋をすべて取り壊して破片をガンジス河に投げ捨てるよう彼らに頼んだ。村に戻って以前のように暮らすことに決めたのだ。彼は結論に達した、「ここまで歩いてきて一時間静寂の中で過ごし、それから家に帰ったほうがいい」と。

彼のような人はヒマラヤ中に大勢いる。物理的な環境を整えようとして時間とお金を山ほど使い、それから瞑想しようと考えている人たちだ。その結果、たくさんのアーシュラムの建物が建ったが、瞑想はほとんど行なわれていない。たとえ素晴らしい建物を建てたとしても、彼らは世間話《ゴシップ》に時間を費やすばかりだ。このような人たちを、私はリシケーシやその周辺のいたるところで見てきた。

アーシュラムの人たちはあなたをつかまえて、同じ質問を何度も繰り返す。「どこで働いているのですか？　子供は何人いますか？　結婚していますか？」。もしあなたが結婚していず、仕事も子供もなければ、こう尋ねられるだろう、「どうして結婚しないのですか？　なぜ働かないのですか？　なぜ子供をつくらないのですか？」と。それには際限がない。アーシュラムの人たちはそこを訪れる人々の個人的な情報を詳しく知っている。だが、自由について知っている人は誰もいない。彼らは世間話《ゴシップ》に忙しいばかりだ。「あの女性をごらんなさい。彼女は四人の夫と離婚して、今度五度目の結婚をするのですよ！」。このような話は、彼らにとって瞑想よりも興味深いものなのだ。このようなアーシュラムで座る人たちは、自分の記憶や体験という重荷を得るばかりか、他の人の噂話を聞いて余分な重荷をかかえてしまう。

自分の家に暮らして静かにしていなさい。これが私のアドバイスだ。『ラーマーヤナ』や他の人の人生のことで頭をいっぱいにしてはならない。あなた自身のささやかな物語で充分だ。毎回私がリシケーシのアーシュラムに行くたびに、背教者のスワミや彼らの話を聞きに行った人が体験した恥ずべき出来事の話を耳にする。

このようなドラマに巻きこまれるよりも、あなたが今いるところにとどまりなさい。良い生活をして、良い食事をし、健康を維持しなさい。それから、いつでも自由な時間があるとき――三十分か一時間でもいい――自分自身の真我を見ることに捧げなさい。アーシュラムや共同体に行くことで時間を無駄にしてはならない。どこにいようと、自分自身のためにいくらかの誠実な時間を捧げなさい。あなたがしなければならないことは我が家に帰ること、自分自身の真我に戻ることだけだ。自分にこう言いなさい、「私は戻らなければならない」と。そしていつでもいい、そのために時間を捧げなさい。これで充分だ。それがあなたを我が家に連れ戻すだろう。ただ、どうしてあなたはここにいるのか、けっしてその理由を忘れてはならない。それだけだ。

王座を継ぐために宮殿に行った人々の物語を覚えているだろうか？　彼らは宮殿に来た理由を忘れ、代わりに差し出されたさまざまな素晴らしいものを楽しみ、家に持ち帰ろうとすることで忙しかった。彼らはなぜ宮殿に来たかを忘れ、最後にはもう帰りなさいと言われたのだ。

食べることや飲むこと、服で着飾ること、音楽を聞くことなどで時間を無駄にしてはならない。全人生をそのようなことで無駄に過ごすこともできる。それがほとんどの人のしていることだ。バランスのとれた生活をしなさい。そして、なぜあなたがここにいるのかを覚えていなさい。シャワーや風呂に入り、良い服装をして、良い食事をすることはできる。だが、王に会うことを忘れてはならない。彼はあなたを待っている。彼はあなたを待っているのだ。彼はあなたが宮殿に入ることを許した。自由への扉は開いている。彼はあなたがそこへ歩いて入ってくるのを待っている。彼は内側で待っているのだ。だが残念なことに、誰もそこへ入ろうとはしない。なぜなら、誰もが外側にあるものに誘惑され、心惑わされてしまったからだ。これではいけない。だが、これが実際に起こっていることなのだ。仏陀が彼の王宮の魅惑をすべて打ち棄て、自由への扉を通って歩き去ったのは、二千六百年前のことだ。彼に従うような人がいるだろうか？　誰もいない。

誰もが食べることや踊ることを楽しんでいる。誰の落ち度だというのだろう？　自由は手を差し伸べてあなたを待っている。だが、あなたは自由があなたに与えたがっている愛の抱擁に応えようともせず、他の物事に没頭している。あなたが理解していないことがある。それは、快楽の対象物から幸福を得ようとしているとき、実際は、あなたは自分自身の真我の幸福を探しているのだ。あなたの探求は、単に方向を間違えただけだ。あなた方は皆幸福を探し求めている。だが、間違った場所で探しているため、けっして見つけられないのだ。もし正しい場所で探せば、即座に見つけるだろう。その瞬間こそ、あなたが王宮の快楽をすべて棄て去り、まっすぐ王座のある部屋に行って王に出会う瞬間なのだ。そうするのにどれほどの時間がいるというのか？　王の招待を受け入れるため、すべての快楽に背を向けることにどれほどの時間がかかるだろうか？　物語では、朝の六時から夜の六時まで、門は十二時間開いていた。あなたの寿命は八十年ある。人生を楽しむのもいい。だが、この生であなたが為《な》すべきことは、王座のある部屋に走り入って王位を得ることだ。先延ばしにしてはならない。後ですればいいなどと考えてはならない。それを最優先させるべきだ。内なる王に出会うため、つかの間のはかない快楽を拒否して内面に向かいなさい。ひとたびそうすれば、王国全体があなたのものになる。

中庭で待っている間、一日中あなたは王の所有物を使えるという特別なはからいを受けた。もし招待を受けてあなたが王になれば、それらは一生あなたのものとなったのだ。浴槽を使っていいかと尋ねる必要もない。それはすべてあなたのものになる。自由を求めることで真我と一つになれば、欲望はすべて消え去る。

なぜなら、すべてがあなたの真我だからだ。望んだり欲しがったりできるような、あなたから分離して存在するものは何もなくなる。王の招待と彼の愛を受け入れなさい。そうすれば、あなたはいつでも幸福だろう。全世界があなたの真我となる。そしてそれを楽しむのだ。

「これは私のものだ」という考えを楽しみながら人生を過ごせば、一生を終えたとき、あなたは送り返されてしまうだろう。なぜなら、あなたは内なる王の招待を受け入れなかったからだ。そしてあなたが去るとき、今まで守ってきた「私のもの」を持っていくことは許されない。快楽や所有物はあなたを欺《あざむ》いているのだ。何であれ、あなたが触れるものはあなたを悩ませる。だが、そうとは気づかずにあなたはもっとを求める。この世の何に触れようとも、それはあなたを棘《とげ》で刺す。バラは美しく見えるが、つかもうとしたとたん隠れた棘に刺されてしまう。何をすべきか、何を嗅ぐべきか、何を使うべきかに対して充分用心しなさい。油断してはならない。

（長い沈黙）

あなたは、あなたに最も近い自分自身の真我に出会おうとしている。あなたの真我以上に親密な存在はない。この真我はあなたの永遠の友、不死不滅の最も美しい友なのだ。だが、正しく見なかったため、それを知ることも讃えることもなかった。あなたの視野を正す必要はない。その近くに行けばいい。それをひと目見なさい。もしそれが永遠のものでないなら、拒否すればいい。自分自身で決めなさい。だが、少なくとも自分自身の目でそれを見なさい。他の者の言葉をただ聞いて、それに頼っていたのではだめだ。それに向かい、それと直面しなさい。

新たな質問者　どうして自分自身の真我を愛せないということがあり得ましょう？

パパジ　誰もが話すことやふるまいを通して、真我を愛していないことを示している。人々は馬鹿げたことを好む。彼らは永遠ではないものを好むのだ。誰も自分自身の真我を好まない。なぜなら、彼らは真我ではないもの、つかの間のはかない物事を好むからだ。このように考え、ふるまうとき、あなたは自分自身の真我から分離している。あなたがそれほどまで価値あると見なしてきたもの、それはあなたとともにとどまるだろうか？　遅かれ早かれ、それらはあなたから離れていく。そしてあなたはふたたび独りになるのだ。誰もがこのような別離を体験する。だが、誰もそれから学ぼうとはしない。いまだにあなたはつかの間のはかない物事の後を追いかけている。何生にもわたって、あなたは同じことを繰り返す。なぜなら、このようにふるまうことに病みつきになっているからだ。

　ではどうすればいいのか？　今私が言ったように、それに向かいなさい。そしてそれと直面するのだ。一生のうちの一瞬をそれに与えなさい。八十年の人生のうちの一瞬でいい、あなたの真我に直面しなさい。この一瞬を除いた他の時間はあなたのためにとっておくがいい。真我を一瞥《いちべつ》するには一瞬で充分だ。そしてもしそれを好まないなら、拒否すればいい。

質問者　どのようにしてそれを見るのでしょうか？

パパジ　これについては明確にしなければならない。まず、あなたは自分自身の真我を見ている。それはあなたから一センチも一ミリも離れていない。あなたはこの質問をその場所から尋ねている。この質問はその場所から起こったのだ。それはあなたに非常に近く、とても親密な場所だ。それはそれほど近いため、その場所があなたから離れているという概念さえ存在しえない。この質問が現れた場所に戻りなさい。それはその質問が見られ、認識されたところではなく、それが湧き起こったその元の場所だ。それは呼吸の起こる以前の場所だ。質問するにも呼吸することが必要だ。そうではないかね？　それゆえ、それは呼吸が起こる以前、質問が起こる以前の場所なのだ。

その場所はあなたの内側にある。それがあなたの真我だ。だが、「どのように」と尋ねた瞬間、それはおのずとあなたから離れたものになってしまう。「どのように」という言葉があなたを真我から切り離す。その言葉には触れないほうがいい。なぜ時間を無駄にするのか？　それらはあなたを混乱させ、その場所からあなたの注意を切り離すばかりだ。この言葉は忘れてしまうがいい。呼吸も言葉も使わずに、その両方が湧き起こるその場所を見いだしなさい。もしそれを得たなら、あなたはそれを得たのだ。それを失ったのなら、あなたは失ったのだ。

17 自由の炎ですべてを焼き尽くしなさい

質問者　それならば、このような質問に何の意味があるのでしょう？　質問することの有益性について何か話してください。

パパジ　質問は役に立つ。それは疑いをぬぐい去り、有益な情報をあなたに与える。もし森で道に迷えば、誰かに尋ねなければならないだろう。質問をしなくともいい二種類の人たちがいる。一つは愚かな者。彼は質問をする必要がない。実際、彼は何を尋ねるべきかも知らないのだ。もう一つは賢者だ。彼はすでに問題を解決し、尋ねる必要がなくなった。その中間に探求者たちがいる。彼らは尋ねなければならない。彼らは探求の助けを必要としているからだ。

質問者　それでもあなたは、どんな探求もすでに私がいるところに導きはしないとはっきり言われているではありませんか？

パパジ　尋ねる必要があるのは、あなたが賢者でも愚か者でもないからだ。あなたはその中間にいる。そして森で道に迷っている。その森から抜け出るために導き手を必要としているのだ。夕闇は近づいている。猛獣に襲われる危険もあって油断はできない。手遅れとならないうちに森から抜け出さなければならないのだ。

それならば、なぜ助けを求めて正しい方角を尋ねないのか?

自分が愚かであることを知らない者は、自分が知らないということさえ知らない。彼のことは放っておくがいい。その人は避けたほうがいい。彼と関わってはならない。第二の範疇《はんちゅう》の人は知らない。だが、彼は自分が知らないということを知っている。第三の範疇の人、賢者は知っている。そして彼は自分が知っているということを知っている。

これが三つの範疇だ。あなたがそのどれになるかは、あなた次第だ。選択するがいい。第一と第三の範疇の人たちは幸せだ。その理由は異なるが。第二の範疇にいる人たちだけが不安なのだ。彼らは困難にあることを知っているからだ。彼らは危険を感じ、それを避けるために何とかしなければならないと決意したのだ。

自分の置かれた環境に満足している者たちは愚か者だ。快楽の森が危険な場所だと知っている者たちは真理の探求者だ。

質問はされる必要がある。質問はあなたの現状を露《あらわ》にする。質問はあなたが何を求め、何をし、何を知る必要があるかを示すからだ。しかしながら、それは的を射たものでなければならない。もし他人のことや外側の物事について尋ねるなら、そのような質問にはきりがなく、最終的には無駄なだけだ。

唯一賢明な問いがある。これこそあなたが自分自身に問いかけなければならないものだ。その問いとは、「私は誰か?」だ。これがあなたに今まで聞いたこともなかった答えを差し出すだろう。これが自分自身に問うべき問いだ。外側の権威に答えを求める必要はない。だが、誰もこの問いを問わない。誰もが他の物事について、他の人について尋ねる。このような本質を離れた質問は過去に関するものだ。心に答えを求める質問はすべて過去のものだ。もし「私は誰か?」と尋ねれば、あなたは過去から連れだされるだろう。この問いの答えは、過去、記憶、体験、知識の中には見いだせないからだ。

誰もこの最も重要な質問をしない。ただ「これは何か、あれは何か?」と尋ねることにばかり忙しい。誰もこの真の問いに直面したことがない。

「私は誰か?」「私とはどこにあるのか?」「この『私』とは何なのか?」。これが根本的な問いだ。もしその答えを見いだしたなら、他のすべての探求は止むだろう。探求が終わるだけではない。すべての現象、すべての苦しみ、すべての世界の現れが終焉《しゅうえん》するのだ。これを問い、答えを得るのに時間はかからない。その答えは時間を超えた一瞬の中に見いだされる。答えは何千キロも離れたところにあるわけではない。この問いはあなたの心を静めるだけではない。それはあなたをすべての質問の起こる源へと導く。それは心を静めるだけではなく、心を完全に消し去るのだ。心は消え、自由が残る。すべての質問、すべての苦しみ、そして繰り返される輪廻《りんね》転生からの自由。これが自由と呼ばれるものだ。これが問われるべき唯一の問いなのだ。

新たな質問者　あなたは、「私」と自己同一化した瞬間にすべての現象が現れると言われました。私は完全に「今」の中に在ると感じられ、まったく想念のない状態を何度か体験しています。しかしその瞬間、世界の現れがなくなった状態に気づいたことは一度もありません。また、「私」が立ち現れ、それ自体を概念や観念に結びつけようとするのを見守ったこともあります。しかし心が静まり、「私」がもはや想念に結びついていないときでも、何も存在していないと感じたことはありません。

パパジ　現象が現れることも現象が現れないことも、ともに概念でしかない。顕現も非顕現もともに消え去る。存在と非存在は消えゆくものなのだ。

質問者　現れることも現れないこともないなら、それらが「私」とともに現れることをどうやって知るのでしょう？

パパジ　存在と非存在は相対的なものであって最終的な体験、究極の知識ではない。それらはともに消え去るからだ。ある学派は究極の実在は虚空だと言う。彼らはこの空《くう》を強調し、そしてその「空」あるいは「無」という概念にしがみつくのだ。だが、それらもまた一つの概念にすぎない。空が現れるならば現れさせればいい。形が現れるならば現れさせればいい。それはすべて心でしかないのだ。

空を生みだしたのは心なのだ。空とは心の投影でしかない。この空の投影はどこから現れたのか？　空という概念に対する執着を避けるためにも、これを明らかにする必要がある。何であれ心はそれが投影したものにしがみつく。空が究極の境地だという考えを抱いていれば、心はその状態をつくりだしてあなたを楽しませるだろう。それはあなたが空の体験を味わって、それに満足できるようにさせる。これはあらかじめ投影された目標でしかない。心が目標を投影し、それから同じ心がその状態に入り、それを味わうのだ。

形が現れようと現れまいと、空が現れようと現れまいと、ありのままにしておきなさい。あなたは顕現にも非顕現にも影響されないのだ。そのような精神的状態はどこに落ち着くのだろうか？　それらはどこに静まりゆくのだろうか？　それはどこか別の場所だ。それは説明も描写もできない、概念に触れられることのない領域、何にも汚《けが》されることのない無垢な領域なのだ。（ひとり静かに微笑む）

質問者　それでも、それは私の肩を叩いて、「私はここにいる」と言うのではないでしょうか？　ある日、この汚れのない無垢な領域が、私にそう宣言するのではないでしょうか？　機が熟せば、それは起こるのではありませんか?

パパジ　その場所からメッセージが届くことはけっしてないだろう。それは手を叩いたり、肩を叩いて自ら名乗りでたりはしない。それは二度と戻ることのないところ、何のメッセージも現れない場所なのだ。しかも、すべてはその上で舞い踊っている。その下に何があるのかも知らず、顕現と虚空の両方がその上で舞い踊るのだ。

新たな質問者　座って心の動きを見守っていると、私は自我があらゆる方向に運び去られていくのを見ます。私は座って、「私はこれについて怒っている」「私はこれが好きだ」「私はあれを覚えている」といった想いを見ています。あるいは、自分自身が何かすべきではないことをしたり、傷つけられたり、辱められたりするのを見ています。これらすべてを見ている意識とはいったい何なのでしょうか?

パパジ　判別だ。

質問者　判別?

パパジ　判別してはならない。物事が現れては去っていくにまかせなさい。

交通の激しい道路の脇に立っている自分を想像してみなさい。車が両方向に走っている。だが、あなたは関心をもたない。なぜなら、それらと何の関係ももっていないからだ。突然、あなたは友人の車が通り過ぎていくのを見る。すると、それはあなたの注意を引くのだ。あなたは車を見て、友人がその中にいるかどうかを確かめようとする。他の多くの車はあなたの興味を引かないまま走りすぎていく。だが、あなたの注意はその車とともに引きずられていく。そうではないかね?　これが判別の働きなのだ。多くの車は無視されたまま過ぎ去っていくなかで、興味をもった車が現れるとともに、あなたは判別し、車をとらえようと注意を道路の彼方へと向けていくのだ。

誰がこのように判別しているのか？　一つの想念を選び、別の想念を無視するのは誰か？　これを問いただしなさい。この問いが心の動きを止める。それがある想念を選び、別の想念は選ばないという過程に歯止めをかけるのだ。

質問者　私は心の奥深くに、あるパターンが存在していることを見ています。私はプログラムされていて、どう考えどうふるまうかという選択は、実際はできないのだと感じています。

かつてあなたは私に言われました、「あなたは罪人《つみびと》だ。なぜなら、罪人としてしつけられてきたからだ。あなたはそれを信じて、そのように生きてきた。それゆえ、あなたは一生の間罪を犯して生きるだろう」と。

そのため、私はちょっとした実験を自分自身にしてみました。静かに座り、この「私」がまだそれ自体に関して何の観念も抱いていないときの状態を見てみたのです。それは非常に難しいことでした。何かをそれに加えないかぎり、「私」という感覚はありえないのです。

パパジ　あなたは自分が罪人だという概念を取り除かなければならない。なぜなら、それはただ困難を与えるだけだからだ。「罪が私に触れることはない。私の中に罪の意識はない。私はすべての罪から自由だ」。これが本当のあなただ。それが真のあなたなのだ。それがあなたの場所、あなたの本性だ。それがあなたの存在だ。それ以外は何もあなたに属さない。それらは外側から集められ、次第に自分のものとして受け入れてきたものなのだ。私はあなたが罪人だと言ったことはない。私は本当のあなたを知っているからだ。あなたは私だ。そしてあなたは自由なのだ。それが私の言っていることだ。それが私があなたに言っていることなのだ。あなたは罪人だと言われつづけてきた。そしてそれを信じてきたのだ。

質問者　それが私が言おうとしていることなのです。昨日、あなたは私が罪人としてしつけられてきたと言われました。人々がそう言うとき、私はそれを信じ、あたかもそれが真実であるかのようにふるまいはじめるのです。あなたがこのことについて語ったとき、それは本当に深く私に影響を与えました。なぜなら、私はそれが真実だと知っているからです。

パパジ　あなただけではない。世界中がそれに影響されているのだ。それは各世代の血の中に流れ、果てしなく続いてきた。だが、それはすべて想像にすぎない。マッチ一本で焼き尽くすことのできるただの藁《わら》の山にすぎないのだ。だが、あなたはあまりにも深く罪や善と悪について考えるようしつけられてきたため、藁の山に火をつけることさえ罪だと考えるようになってしまった。正しさと過ち、善と悪という概念が、あなたにマッチを擦《す》るのを思いととどまらせるのだ。あなたの障害のすべては、一本のマッチで点《とも》された炎で焼き尽くされるだろう。その炎が自由なのだ。この自由の炎ですべてを焼き尽くすがいい。

ほんのわずかな人たちだけがこの道を行く。ほんのわずかな人たちだけが、すべてを焼き尽くすこのマッチに火を点すのだ。

18 真我は呼吸よりも身近にある

質問者　私はまだ何らかの努力が必要だと感じています。そして私が必要だと感じている努力とは、明け渡すことなのです。また真我探求についても考えています。「誰がこの想念を考えているのか？」あるいは「誰がこの感情を感じているのか？」と尋ねるとき、それは努力なのではありませんか？　これを努力と呼ぶことはできますか？

パパジ　自由は永遠なるものだ。解脱《げだつ》、悟りは永遠かつ自然なものであり、それは今、ここに在る。これが自由なのだ。あなたの真の本性は永遠であり、常に実現されている。これを見いだすためにあなたが必要とする唯一の努力とは、想念なしにとどまることだ。何であれ想念が起こったとき、それはあなたをどこか他のところへ連れていく。想念を通して自由に達することはできない。想念はあなたをどこか他のところ、真我ではない対象物へと連れていくのだ。ただ対象物に向かい、それをつかみ取ろうとする心の傾向を止める必要があるだけだ。これを「努力」と呼んでもいいだろう。これが起こらなければ何が起こるか想像してみるがいい。どうなるかね？

質問者　何も起こらないでしょう。ただ静寂があるだけです。

パパジ　そうだ。静寂がある。それ以外は何もない。もし何も起こらなければ、それは何と呼ばれるだろうか？　それは自由ではないだろうか？　もし何も起こらないなら、それは自由とは言えないだろうか？　それがあなたの本性ではないだろうか？　それがあなたの探していた光ではないだろうか？　それが智慧《ちえ》ではないだろうか？　想念があなたを悩ませていたのは、それが感覚的快楽の対象物に向かって走りだすからだ。もしこの傾向を止めることができれば、それが自由と呼ばれるのだ。それを止められなければ、世界と苦しみは現れつづけるだろう。もしこの想念の連鎖を止められなければ、あなたは果てしない輪廻《りんね》転生の輪に囚われたままだろう。どちらでも好きなほうを選ぶがいい。恐れることはない。無想はあなたの本性であり、遅かれ早かれ、あなたはそれに戻らなければならないのだ。

対象物にしがみつくことで、あなたはいったい今まで何を得てきたというのか？　創造のはじまりから現在に至るまで、それから何かを得た人がいるだろうか？　この地球に生まれた人、あるいは他の惑星に生まれた人が、自己の本性から逃げ去ることで何かを得たことがあっただろうか？　それによって何か価値あることが達成されただろうか？　もし幸福を求めるなら、もし平和を望むなら、もしあなた自身の真我である永遠の本性に、自由に、智慧にとどまりたいなら、想念の過程を止めなければならないのだ。

ひとたびこのトリックを知れば、どこへでも想念が行きたいところへ行かせることができる。真我の内に落ち着きなさい。そうすれば、想念がどこへ行こうと問題ではない。その智慧、その知識があれば、あなたの想念は自由に行きたいところをさ迷うことができる。だが、そこには以前とは大きな違いがある。恐れがなくなるのだ。巻かれたロープを蛇と見間違えるとき、そこには恐れがある。だがその過ちがなければ、恐れもまたない。その状態では違いが消え去り、恐れが消え去るのだ。

あなた自身の本性に帰るために、どんな努力が必要だというのだろう？　もし他の場所に行きたければ、何か他のものを得たければ、何か他のことを達成したければ、誰か他の人に会いたければ、そのときには努力も必要だろう。だが、あるがままのあなたでいるために何の努力が必要だというのか？　あなたが持っていないものを獲得するためには、いくらかの努力が必要だろう。あなたが所有していないものを得たいのなら、努力は必要となるだろう。もし車がなく、それを所有したいと思うのなら、努力をしなければならない。仕事をして、収入を得、借金をしなければならない。資金が手に入っても、ショールームまで車を取りに行かなければならない。これらすべては努力だ。あなたから分離した何かを望むなら、このような努力は必要となる。だが、あなたが知りたいと望むものがすでにあなたであるものなら、どんな努力が必要だというのだろう？　すでにあなたであるものになるために、何の努力がいるというのか？

時間は必要ない。努力は必要ない。だが、ほとんどの人にとってはそれが問題となる。欲しいものを手に入れるには努力することが当たり前になっているため、まったく努力なしに、即座に手に入るということを受け入れるのは、多くの人にとって困難なことなのだ。手に入れるのに努力が必要だなどとは考えられないようなものが、あなたのごく身近にきわめて自然なこととしてある。呼吸を例にとってみなさい。呼吸するのに考えたり、計画を立てたりする人はいない。努力して呼吸を蓄えておいて、しばらくしてから呼吸するような人はいない。呼吸はいつも自然に、努力なしに起こっているからだ。

吸ったり吐いたりするのに努力はいらない。それはただ自然に起こる。あなたが若かった頃、どのように呼吸するかを教える人はいなかった。どの子供もどのように吸ったり吐いたりするかを知っているからだ。どんなレッスンも必要ない。だが、成長したとき誰かが言う、「あなたにプラーナーヤーマを教えよう。われわれのアーシュラムに来なさい。正しい呼吸法を教えてあげよう」と。そして突然、ずっと努力なしにしてきたことが、修練を必要とする複雑なことになってしまうのだ。

努力によって真我に達しようとすることは、ちょうどこのようなものだ。いつでも真我は常にそこに存在していた。自然に、努力なしに。だが、あなたの目は他のものを見ることに忙しすぎたのだ。それゆえ、誰かがそれに達するための方法や計画を差し出すと、あなたはそれこそが進むべき道だと思ってしまう。

真我は呼吸よりも身近にある。それはそれを通して呼吸が働くものだ。それは呼吸の中にあるのだ。呼吸を行なうには、わずかだが努力を要する。たとえほとんどの間気づかないほどであっても、胸の筋肉は拡張と収縮を繰り返さなければならない。だが真我に気づくには、この最小の努力さえ必要としない。それは努力を要さず、常にそこにある。あなたがそれを見逃すのは、心が他の方向を向いているからだ。内面を見る代わりに外面ばかりを見ているからだ。

心の目はいつも外側の快楽に向かっている。だが、それらは本当に喜びと呼べるだろうか？　どこに向かおうと心は苦痛を味わう。あなたが快楽と呼ぶものはすべて苦痛に終わる。では、どうすればいいのだろうか？　あなたはそれを棄て去って何か他のものを選ぶが、それもまた苦痛に終わるのだ。これが一生の間続いていく。外側の物事から得た喜びで、永久に満足する人などいない。

あなたは何かを選び取る。そしてそれが満足を与えなければ放棄して、「これではだめだった。別のものを試そう」と考えるのだ。この過程が果てしなく続いていく。選び取っては棄て去る。また選び取っては棄て去る。これがこの地上での人生というものだ。

これが続いていくのは、誰も幸福の源を知らないからだ。誰も源を見いだそうとはしない。誰もそれについて語ったことがない。その代わりに、誰もが外的な快楽を追いかけ、終わりのない苦しみとともに果てるのだ。

幸福はどこから起こるのだろうか？　幸福を求めてそこに心を向けようとする人は誰もいない。幸福が湧き起こるその場所に心を向けなさい。そうすれば、あなたは本当に幸せになる。そして心は解放されるだろう。つかの間のはかない物事を追いかける代わりに、心は幸福の源にとどまり、けっしてそこを離れなくなる。だが、それを試みようとする人がいないのだ。

幸福の源泉とその発見についての話は、幾千年にもわたって続けられてきた。それは古代の聖典すべての中に見られ、今もなお続いている。それを成就した人はごく稀に見られるが、ほとんどの人は幸福についての真理を耳にしても信じようとしない。なぜなら、幸福を得るためにはたいへんな努力をしなければならないと確信しているからだ。だが、努力をすればするほど、それはあなたを自己の外側の何かに、自分の真我の幸福ではない何かに連れていくだけだ。

彼らはあるがままに在ろうとはしない。概念で静寂を乱しておいてから、努力を通していたるところにそれを追い求めようとする。それはそもそも心の乱れではじまった。心の奥底にある静寂を何かが乱し、それから問題が生じたのだ。

ほんのわずかな人だけが幸福の源を見いだし、そこにとどまるという秘密を知るに至った。だが、彼らがいくらそれについて語っても、誰も信じようとしない。サンサーラは続いていく。なぜなら、誰も単純な幸福の真理、無念無想の美しさを信じないからだ。

それはまったく努力を要せず、自然に起こるものなのだ。「今」とは「今」のことだ。これ以前でもこれ以後でもない。誰でもこの湖に飛びこみ、今、それを見いだすことができるのだ。

質問者　パパジ、あなたは想念の起こらない状態を自由と呼びます。想念や欲望が起こったとき、ただそれを心の動きとして見ること、これもまた自由なのでしょうか？

パパジ　今言われたことは矛盾している。自由という想念もまた想念でしかない。心が完全にこの想念に没頭しているなら、どうして同時にそこに他の想念がありえよう？　一つの椅子に二人が同時に座ることはできない。順番を待たなければならないのだ。一人が椅子に座っているとき、もう一人はどこに座るというのか？　想念と想念からの自由が同時に存在することはありえないのだ。

「自由になりたい」という想いに完全に没頭すればそれで充分だ。そうすれば、他の想念が入りこむ隙はない。同時に二つの想念が存在することはできないからだ。ボストンとラクナウについて同時に考えることはできない。やってみなさい。ボストンについての想念からラクナウについての想念へと注意を急速に移し変えることはできるだろう。だが、同時に両方について考えるのは無理なことだ。あなたがボストンについて考えるとき、たとえ身体はラクナウにあろうと、注意はボストンにある。瞑想でもそれは同じことだ。心は想いのあるところにある。心が何かに没頭していれば、あなたはその場にいる。無念無想であれば、あなたは即座に自由の中にいる。だが、もし想念に流されているなら、あなたはどこか他のところ、何か他のことに没頭しているのだ。

心と想念は光のスピードよりも速い。太陽光線が地上に届くまでには数分かかる。だが、太陽のことを考えたとたん、一瞬にしてあなたはそこにいるのだ。数年前、あなたはある愛する人と一緒に時を過ごしていた。心にその想いが起こったとたん、あなたはその人とともにそこにいる。あなたは過去から現在、そして十年後へと一瞬のうちに駆けめぐる。この心の特性を、自由を見いだすために使いなさい。心の源を探すのに、何年も旅する必要はない。そこに行こうとする強い決意を抱きなさい。想念が湧き起こる場所を探しなさい。そうすれば、一瞬にしてあなたはそこにいるのだ。

自由を獲得するために、この強烈な決意を抱きなさい。これがあれば源にたどり着くことはできる。この強烈な決意は一生に一度しか起こらないかもしれない。だが、一度で充分なのだ。何百万年もの間、転生を重ねたあげく、今ようやく人間としての生を得た。そしてこの生で、自由を見いだそうとする稀有《けう》な決意を抱くことができた。それは実に稀なことなのだ。

三千五百万年もの間、あなたは転生を重ね、さまざまな生物の種に生まれ変わり、ついに人間としての誕生にたどり着いた。自由を得るためには、稀有な出来事の結びつきが必要だ。良い国で良い家庭に生まれること、そして自由への欲望を抱くことだ。この自由への欲望があなたをサットサンへと導く。それはあなた自身の真我とのサットサン、あるいは真我を実現し、それを示すことのできる人とのサットサンだ。サットサンは自由の開かれた場所だ。それはただ人々が自由について語りあうところではない。それは師から弟子へと自由が伝達される場なのだ。

この稀有な出来事の結びつきが起こるには、多くの徳と幸運が必要だ。それゆえ、これが起こるには多くのことが起こらなければならない。何生にもわたる功徳があなたをこの地点に導いた。そして自由が達せられたとき、あなたは何生にもわたるこれらすべての誕生が、あなたをこの地点まで導いたことを知る。私はこれが私に起こったのを見た。私がガンジス河の岸辺に座っていたとき、私があらゆる種を通して誕生してきたことを見たのだ。

質問者　あなたは何の動物だったのですか？

パパジ　すべてだ。蛆虫《うじむし》、微生物、すべてだ。それらが私の目の前を移りゆく間に、私は「私ははじめこれとして生きた、それからあれになった」と一つ一つ認識していった。これらすべてが起こっている間、私はガンジス河の岸辺に座っていた。それは夢ではなかった。私は目覚めていたからだ。すべての過去生が私の目の前を通り過ぎていった。そしてその一連の流れの最後に、私は私の師の姿を見たのだ。そこで転生の流れは終焉《しゅうえん》した。

　人々は他の惑星に生命が存在するかどうか不思議に思っている。私は不思議には思わない。実際にそれを見て、体験したからだ。

質問者　すべての人が自由で、しかも自分が自由であることを知っているような惑星がどこか他に存在するのでしょうか？

パパジ　いいや。自由が手に入るのはこの惑星だけだ。もし自由を求めるなら、神をも含めた誰もがここに来なければならない。神でさえもここに来なければならないのだ。自由が起こるのはこの地球だけだ。他の場所はすべて快楽と苦痛のために存在している。最終的には、誰もがここに来なければならない。

　これら何生にもわたる転生の神秘は、ほんの一瞬のうちに起こる。それは長く複雑な物語が一瞬の夢の中に現れるようなものだ。

　これを説明する古《いにしえ》の物語がある。ある王が大きな戦争から凱旋《がいせん》したところだった。隣国が彼の領地に攻めこんできたために、彼は諸将と軍を率いて敵を撃退してきたのだ。王は会議を開いて諸将と話をしていた。彼は疲れ果てていた。そこへ彼の師が入ってきた。そこで彼はすぐさま席を師に譲った。そして宮廷の全員に下がるように告げた。「我が師が来られた。話をするから皆下がりなさい」

宮臣たちがその場を去る間に、王はあまりの疲れからほんの数秒間眠ってしまった。そして彼らが全員立ち去ったとき、王は完全に目を覚ました。ときおり、ほんの数秒の眠りが非常に新鮮な効果をもたらすものだ。

王はグルに言った。「一つ質問があります。私たちはちょうど遠征から戻ってきたばかりで、あなたが宮廷に入ってこられたとき、私たちは戦《いくさ》について話していたところでした。それは大戦だったため、私は完全に疲れ果てていたのです。そのため、皆が立ち去るとき、しばらくうたた寝をしてしまいました。ほんの数秒のことでした。しかしその夢の中で、私は乞食だったのです。私は何年も乞食として生き、森林近くの村の周辺で食を乞うていたのです。

ある日、村の向こう側へ歩いていったとき、一人の乞食に尋ねました。『おまえはどこへ行くのか?』。彼は答えました。『今日、王様のご子息がお生まれになった。それで王様は皆にご馳走するから宮殿に集まるようにと言われたのだ。今日は乞食をしなくてもいい。そのうえ、王様は皆に服をただでくださるそうだ』

宮殿に着くと、誰もが金貨やお菓子や絹の服などを受け取っていました。王がとても寛大だったため、皆は幸せでした。

私は思いました。『私の格好はあまりにも汚い。新しい服を受け取り、王様の食事をいただく前に井戸で身体を洗おう』。ちょうど井戸で桶に水を汲んでいたとき、一匹の犬がやってくると、足元に置いておいた食べ物の袋を盗んでしまったのです。犬を追いかけて走っていたとき、私は岩につまずいて倒れてしまいました。地面に倒れたその瞬間、私は目を覚ましたのです。そして今、宮殿の中であなたとこうして座っているのです。

私はその乞食としてひどく苦しみました。いつも空腹で、食べ物のために犬を追いかけて闘ってでも食べたいほどだったのです。私はその村に何年も暮らし、夢の中で犬を追いかけたときは七十歳でした。私の質問は、『いったいどちらが現実なのか？』ということです。私が乞食だったとき、すべては現実味を帯びていました。私の苦しみも、乞食であったことも現実でした。犬を追いかけたことも現実に見えました。王から施《ほどこ》しを受けることも現実でしたし、乞食の群れの一人としての私もやはり現実だったのです。今、私は王であり、乞食に施しをする立場にいます。この同じ席に座って夢見ていた間、私は七十歳の乞食でした。今、私は王として座っています。いったいどちらが夢でどちらが現実なのでしょうか？」

師は言った。「どちらも現実なのだ。乞食だったとき、あなたは乞食であり、もはや王ではなかった。あなたには王国もなかった。それからあなたはその状態を拒否してこの状態に入ってきた。そして今、あなたは『私は夢を去って現実に戻った』と考えている。だが、今あなたがいる非常に現実味を帯びた状態もやはり夢でしかない。それでも、それが続く間はあなたにとって現実に見える。だが、ある日あなたはこの夢からも目覚めるのだ」

王はうたた寝をして、七十年間乞食として苦しんだ。そしてそれから目を覚ました。その人生は一瞬のうちに起きた。あなたが真我に目覚めるとき、三千五百万年の間に誕生に誕生を重ね、そのたびに際限のない苦しみを味わってきた転生のすべても、やはり一瞬の夢でしかなかったことを知るのだ。「これはみな夢だった。輪廻転生もみな夢だったのだ」と。

賢者はこれを知っている。だが無知な心は何も知らない。それでも、無知が取り除かれれば智慧はそこにある。智慧がすべての無知をぬぐい去り、乞食の状態はあたかも一度も存在しなかったように消え去るのだ。これがすべての人にとって最終的な運命なのだ。遅かれ早かれ誰もが目を覚ます。それが人間としてあなたが生まれながらにもっている権利なのだ。目を覚まして自由になる決意をするために、あなたはこの身体を授かった。だが、あなたはまだ決心がつかずにいる。この決断を下していない。自分を乞食と見なし、夢の中でまだ犬を追いかけている。あなたは自分の王国を見ていない。王座にまだ座っていないのだ。

この身体は寺院だ。あなたの中には神が座っている。だがあなたは彼に会いに行こうとしない。なぜなら、いつも外側の物事に目を奪われているからだ。内なる神に気づかないまま、他者や外側の物事を追いかけまわすばかりだ。人間としての身体、あなたに与えられたこの寺院は、実に稀有な誕生だ。この機会を逃せば途方もない損失となるだろう。次にいつこの機会が訪れるかわかりはしない。誰が知ろう？ 解脱への欲望がふたたび起こるかどうかは誰にもわからないのだ。

あなたの旅を引き延ばしてはならない。これがすべて積み重なって、何生か先の人生で機が熟すだろうなどと考えてはならない。このような好機をふたたび得られる保証はどこにもないのだ。あなたは今、人間の身体で、サットサンにいて、自由への欲望を抱いている。この欲望に最高のチャンスを与えなさい。目的地に向かってまっすぐ進みなさい。それに時間はかからない。私が遅らせているわけではない、あなたが遅らせているのだ。長い旅をして、長い瞑想をしなければならないと言っているのではない。ヒマラヤのアーシュラムに加わなければならないわけではない。私はあなたをどこへも送らないし、生活様式を変えろとも言わない。僧衣に着替えて、頭を剃れとも言わない。良い生活をしなさい。そしてあなたの仕事を続けるがいい。自由を得るために放棄し、逃げだす必要などないことを世界に示すがいい。

私は誰にも家から逃げだして、環境を棄て去ることを勧めはしない。商人はより良い商人になり、兵士はさらに良い兵士になるのだ。私は逃避家を支持したりしない。生活環境を離れても、結果はたいてい望ましいものではない。彼らは堕落するばかりだ。古い生活を楽しめない人には新しい生活も楽しめない。今しているいることを続けるがいい。私が語っていることに時間はかからない。環境を変える必要もない。自由のために僧院生活をするは必要ない。自由は何も要求しないからだ。自由に出合うための物理的条件など何もない。それはいつであれ、どこであれ手に入る。ただそれを切望しなければならないだけだ。

「自由になりたい」と決意しなさい。それだけだ。本当にそれを望むなら、そしてあなたの欲望が他の欲望で汚《けが》され、薄められていなければ達成することは間違いない。誰であれこの強烈な決意をして、それを貫き通す人はそこに到達するだろう。ただ強烈な決意だけが必要なのだ。

19 心は気づきを探し求めるが、気づいている心は何も探し求めない

質問者　『アイ・アム・ザット　私は在る』の中で、ニサルガダッタ・マハラジ[*1]はグルが亡くなる少し前に教えを授かったと伝えています。彼が言うには、教えの中に本当に確立されるまで三年かかったそうです。

パパジ　教えが熟すまでには時間がかかるだろう。成熟が起こらなければならない。ある人にとって理解は即座に起こる。だが、教えをはじめて聞いてから完全にそれに同意するまで葛藤がある場合もある。心の古い習慣が今しばらく続くかもしれない。最終的に落ち着くまで、最終的な同意を得るまで、教えが確立されるまで時間がかかることもある。数回の転生さえ必要な場合もあるだろう。知識を受け取った後でさえ、さらに数回の誕生を繰り返さなければならない人もいるだろう。古い執着心がまだ残っているかもしれないからだ。だが、時間がまったくかからない場合もある。それはどのように教えが受け取られたかによる。しかも、その後も一生の間修練が続けられなければならないのだ。完全に教えの中に確立されるには長い時間がかかる。そのときにこそ、「それ」としてとどまることができるのだ。さもなければ、古い習慣が何度もあなたを引きずりおろすことだろう。

たいていの場合、完全な状態に達することは難しい。彼らは聞くことによって情報を得る。だがこの情報

は間接的な知識でしかない。それから、その教えを何度も何度も熟考することで真理にとどまらなければならない。成功はあなた次第なのだ。

質問者　あなたは私たちに無念無想でいなさい、想念を起こさせてはならないと言われます。私は禅の第三祖僧璨《そうさん》[*2]の素晴らしい詩の一節を想い起こしました。「話すことも考えることもやめなさい。そうすれば知り得ないものは何もなくなる」

パパジ　そのとおりだ。話すことも考えることもやめなさい。それが真の知識への道なのだ。

質問者　私はチベット仏教のさまざまな修練について読んできました。そこには神々や神々の領域について多くの描写が見られます。これらの修練はそのような領域に行って自ら体験するためのものなのです。チベット仏教の階層には、神々や霊魂のさまざまな段階が存在しています。私は一度あなたにこれらの多様な世界について話したことがありました。そのとき、あなたはそれらが実際に存在し、そこを訪れることもできると言われました。しかもそれと同時にそれらはすべて心の投影でしかなく、そのようなものは自由とはまったく何の関係もないとも言われました。

パパジ　もしあなたが考えれば、顕現の全過程がそこに現れる。心は何であろうと構築することができるのだ。たとえ神々や霊魂の領域であろうとも。一見まったくありえないようなものでも、心によって構築することは可能なのだ。

質問者　かつて私がブッダガヤ[*3]にいたとき、師がこう語るのを聞きました。「心を空っぽにしなさい。心を空っぽにしなければならない」と。彼はそれを何度も何度も繰り返しました。そこには一人の風変わりな僧がいて、自分の心は空っぽだといつも言っていたのです。私はこの師に、それが本当のことなのかと尋ねました。なぜなら、この男は非常に奇妙な突拍子もない行動をとっていたからです。

師は私に言いました。「この男は空っぽの心とともに生まれてきた。それはつまり生まれつき愚かだということだ。あなたが心眼を用いて心の中のものを棄て去り、空なる心だけが残ったなら、それが智慧《ちえ》、解脱《げだつ》なのだ。心眼の智慧を用いてそこにあるものを棄て去りなさい」と。

パパジ　心が生まれつき空っぽなら、どうしてそれをまだ「心」と呼べよう？　心が心なのは、そこに想念のあるときだけだ。無念無想とは何か別のことだ。無想の中には空っぽの心という観念さえ存在しない。想念がまだそこにあるなら、「空っぽの心」は単なるもう一つの想念、もう一つの概念にすぎない。

もし私があなたに瞑想するように言い、しかも瞑想中に猫のことを考えてはならないと言えば何が起こるだろうか？　当然、あなたは座って猫のことを考えるだろう。なぜなら、私があなたの心の中にこの考えを植えつけたからだ。もし私が、「心の中のすべての想念を空っぽにしなさい」と言えば、あなたは空っぽの心という概念を抱いて瞑想するだろう。それもまたあなたの想念の一つ、概念の一つとなるのだ。心の状態については話さないほうがいい。特に達成しなければならないと考えているような状態については。なぜなら、これらの状態についての概念は、心の中の余分な想念になってしまうからだ。

心についてはまったく話さないほうがいい。それに触れてはならない。考えれば想念はあなたを悩ますだけだ。想念を使う必要があるなら、使いなさい。だが、不必要にそれを持ち歩いてはならない。必要もないのにポケットにしまっていてはいけない。使わないときは放っておきなさい。

新たな質問者　今朝、私は気づきをもつものは何もないという強烈な感覚を得ました。私は、「私」が気づきをもっている、あるいは過去のある時点で「私」が気づきをもっていたという観念にしがみついていた自分に気づきました。しかし、私がこの観念を見てみると、それが真実ではなかったことを悟ったのです。私の腕は気づきをもっていません。私の足も気づきをもっていません。私の神経、私の筋肉も気づきをもっていません。脳やその想念さえ気づきをもっていないのです。その結論として、気づきをもつものは何もない。気づきはただ存在するだけだということを知ったのです。

パパジ　心は気づきを探し求めている。だが、気づいている心は何も探し求めない。この教えはまだ説明されていない。それは触れられたことも、語られたこともない未開の分野なのだ。誰もその地に到達していない。誰もそれについて教えを説いた者はいない。この教えに触れた者さえいないのだ。これが私の結論だ。どこかで小石を拾い、山の頂上で「私はダイヤモンドを見つけた！」と叫ぶことはできよう。だが、真の教えはいまだに語られず、説明されないままだ。

質問者　つまりダイヤモンドを描写するための言葉は、実際は小石を描写しているだけだという意味でしょうか？

パパジ　どういう意味かね？

質問者　ダイヤモンドを見つけた人は、正確にそれを描写するための語彙《ごい》を見つけられなかったということです。ただ小石を言い表す言葉があるだけなのです。

パパジ　そうだ。あなたは小石についてしか語ることはできない。ダイヤモンドを描写する必要はない。事実、それを言い表すことはできないのだ。それはただそれ自体の光で輝く。それはそれ自体の輝きの中に在る。それについて描写する必要はない。それがダイヤモンドだ。瞑想、教師、聖典、心、修練といった媒介を通さない直接の気づき、それが真の知識なのだ。自由を得るためには、媒介を通さず、描写不可能な真の実在に対する気づきが必要となる。それ以外の教えや修練などは、それに関する間接的な地図にすぎない。地図は実在とは関係ない。それはただの説明、あるいは紙の上に描かれた図でしかない。あなたは多くの地図や方角を示す情報をもつこともできる。それでも、まだそれが示すものについての知識は無に等しい。

この知識はあなたから分離してはいない。それゆえ、実際は地図など必要ないのだ。何であれあなたが語ること、それはあなたから分離したものだ。「真我」という言葉でさえ、あなたが語ることのできる一つの概念にすぎず、実在ではない。あなたはあなたから離れたものについてだけ語ることができる。だが、それはそれほどにも近くにあるため、あなたは見ることも語ることもできない。私が指し示すもの、それはあなたの呼吸よりも近くにある。それはあなたがそれを通して見る網膜の背後にあるのだ。それはすべての想念が起こる以前に存在している。もしできるなら見てみるがいい。あなたは自由への欲望を抱いている。だが私の語っているのは、その欲望が起こる以前から存在するものなのだ。どんな教えがそこに到達できるというのか？　自由についての教えは、自由への欲望が起こった後にのみ現れるのだ。

質問者　最近あなたが話された成熟の過程についてと、目覚めの体験をしながらも、のちに転落してしまった人たちについてお尋ねします。前回イギリスに戻ったとき、「私は自由だ、これらの問題は私に影響を与えられない」という姿勢を保ちながらも、まだ私は多くの問題に直面しなければなりませんでした。つまりその姿勢は問題の解決には導かなかったのです。最終的に、私は世間に巻きこまれ、自分のつくりだした物語に没頭し、「この問題をなんとかしなければならない」という昔と変わらない気持ちでそれに対処しなければならなかったのです。

パパジ　時が来れば、あなたは行動しなければならない。あなたのダルマ[*4]が何であれ、源を忘れてはならない。瞑想しようと、祈りを捧げようと、仕事をしようと、その源は同じだ。いつであれ源に気づいていなさい。そして源から来る指示を仰ぎなさい。それが為《な》すべきことをあなたにさせる。源に気づいていて、それが命ずるままに行為すれば、何の問題も起こらない。いつも源からの指示に気づいていなさい。高次の力があなたに命じている。もしそれを受け入れ、その指示どおりに行為が起こることを許せば、自ら行為をすることなどなくなる。あなたはただ高次の力が命じることをするだけだ。起こるべきことは起こるだろう。行為するか無為にとどまるかを決めたところで、物事の流れを変えることはできない。その選択はあなたの手の内にはないからだ。

新たな質問者　しばらく前に、自由は自由への欲望以前に存在しているとあなたは言われました。

パパジ　そうだ。

質問者　あなたがそう言った瞬間、何かが私の胸を打ちました。そして思ったのです、「どうして自由と自由への欲望の間に分離がありうるだろうか?」と。

パパジ　そのとおりだ。自由そのものは自由への欲望が起こる以前から存在している。自由への欲望が起こったということは、つまりあなたは、以前は自由であることを知っていた自己本来の状態を離れてしまい、今はそれに戻ることを望んでいるということだ。もし自由への欲望が起こったなら、一生をかけてその欲望が湧きあがった源を探し求めなさい。そして最終的に自由に到達したとき、この自由はあなたがすでに知っていたものだったと即座に理解するだろう。それはあなたが常にもっていたものなのだ。この自由への欲望はあなたが見過ごしてきたもの、すでにそこにあることに気づかなかったものなのだ。

自由が発見されたとき、あなたはそれが自然で自発的な、自分自身の真我の本性への帰還であることを知る。それに到達したとき、あなたは、「私はこれをすでに知っていた。それはいつもそこに在った。ただ注意を払わなかっただけだ」と即座に理解するのだ。

私は最近、あなたに私が子供だった頃の話をした。私はマンゴー・ジュースを差し出されたのに、それを飲むことができなかった。なぜなら、全身が麻痺したまま美と幸福の状態に没入してしまったからだ。これは私が自由や自由への欲望という知識を得るずっと以前に起こった。私が通常の意識状態に戻ったとき、そこにはその状態にふたたび戻ってそれを体験し、理解したいという抵抗しがたい衝動があった。当時の私はそれを自由への欲望とは名づけなかった。そのような概念をもっていなかったからだ。ただその状態に戻りたいという圧倒的な衝動があっただけだ。

「この幸福はいったい何なのか？　これほど美しく、愛すべきものはこの世の中で見たことがない」

この探求が私を虜《とりこ》にし、この美の中に没入するよう私を駆りたてた。何度も同じ体験を取り戻しはしたが、私はけっして「理解」することはなかった。説明することやそれについて語ることは不可能だ。だからこそ、私はときどきそれを「触れられないもの」「描写できないもの」と呼ぶのだ。それを説明し、それについて語ろうとする衝動はまだそこにある。だからこそ、人々がそれを言い表そうとするのを聞きたいのだ。

私は人々に言う、「言いなさい！　言い表してみなさい！　ヒントでもいい。私はあなたが表現しようとするのを聞きたいのだ。そばに来なさい。あなたの描写を楽しませてほしい」と。

誰一人それを言い表したものはいない。それでも、私は人々が試みるのを聞きたいのだ。

質問者　ときおり体験をしながらも、私たちはあなたがそれについて語るまで知らずにいることさえあります。それはあなたにも起こりましたか？　ラマナ・マハルシ[*5]はあなたにこの体験の確証を与えたのでしょうか？　あなたもまた告げられる必要があったのでしょうか？

パパジ　それは言葉によるものではなかった。だが、確証は与えられた。彼の臨在の中で、私は私が子供のときに自発的に得た美と幸福の中に没入した。そのとき、私はそれが同じ状態であること、そしてそれが私自身の真我であることを悟ったのだ。何か新しいことが起こったのではない。それはすでに知っていた真理の再確認、再認識だった。だが、それでもまだそれは言い表せず、定義できないまま在る。

　さまざまな人々がさまざまな方法で、それについて語ってきた。仏陀はそれを空《くう》と呼んだ。それもまた真実の描写とはいえない。ラマナはそれを「アルナーチャラ」[*6]（不動なる光の山）と呼んだ。それがアルナーチャラの意味するところだ。「アチャラ」とは「不動」と「山」の両方を意味する。「アルナ」は「光」を意味する。これがけっして揺らぐことのない智慧なのだ。それが彼の描写、説明だった。だが、これもまた説明や描写を真に超えた何かを指し示す指でしかない。私にとってそれにふさわしい言葉は「幸福」と「美」だ。だが、それでさえ定義不可能なものを示唆する単なる言葉にすぎないのだ。

＊訳注1　ニサルガダッタ・マハラジ Nisargadatta Maharaji　（一八九七～一九八一）　インド、マハーラーシュトラ州の大都市ボンベイ（現ムンバイ）の貧しい地区で雑貨屋を営みながら、不二一元論を根本としたジュニャーナ・ヨーガを説いた偉大な覚者。『アイ・アム・ザット 私は在る』（ナチュラルスピリット）を参照されたい。マハラジとプンジャジはボンベイで遭遇し、互いの境地を認めあっている。

＊訳注2　僧璨（そうさん） Seng-ts'an　（?～六〇六）　禅宗の第三祖僧璨鑑智（そうさんかんち）禅師。北周の破仏から隋の興仏までの波瀾万丈の時代に、舒州皖公山において二祖の慧可から嗣法し、四祖道心に禅を伝えた。『信心銘』の作者。

＊訳注3　ブッダガヤ　Buddha Gaya　北インドにある釈迦が悟りを開いた聖地。ボードガヤ。

＊訳注4　ダルマ　Dharma　仏教では真理、法、習慣、宗教、教え、または存在、現象世界などを意味するが、ヒンドゥー教では人生において人それぞれに定められた義務あるいは役割を意味する。

＊訳注5　ラマナ・マハルシ Ramana Maharshi　（一八七九～一九五〇）　二十世紀インドが生んだ偉大な賢者。南インドのティルヴァンナーマライにある聖なる山アルナーチャラの麓にてその半生を送った。プンジャジの師。

＊訳注6　アルナーチャラ Arunachala　シヴァ神が山として姿を現したと伝えられる聖山。ラマナ・マハルシはアルナーチャラを自分の師と見なし、生涯この山の麓を離れなかった。

20 グルとはあなた自身の真我に他ならない

質問者　グルの役割とは何でしょうか？

パパジ　ある人がグルのもとへ行き、こう言う。「私は苦しんでいます。もう何度も何度も異なる種の子宮の中に入ることに疲れ果てました。私は燃えています。どうか助けてください。この火から私を救ってください」

グルとはこの苦しみからあなたを解放できる人だ。それが彼の役割だ。グルという言葉は「暗闇をはらい去る者」を意味する。自分は束縛されていると信じる人々の心の暗闇をはらい去る人、それがグルだ。苦しみと疑いを一掃し、自分は自由だという揺るぎない確信を抱かせる人、それがグルだ。これが彼の役割なのだ。

新たな質問者　グルの役割は外側のレベルでは起こらないのではありませんか？　外側のグルはただ私たちの内なる真理を想い起こさせるために存在するだけなのではないでしょうか？

パパジ　グルは真我について語る。そしてあなたの外面にではなく、あなたの真我に向かって語る。彼は身体、感覚、心に向かっては語らない。グルの役割はすでに自由である内なる真我に向かって語ることなのだ。

人々はただこの真我を知らないだけだ。

質問者　私たちはグルが外側に存在するものだという夢を見ているだけなのです。

パパジ　そのとおりだ。外側のグルは、あなたの夢の中で、彼はあなたの中にいると告げる。それ以外彼に何が言えよう？　もし彼を外側に見るなら、あなたはあなたの夢の中に彼の姿を投影したということだ。その夢の中のグルの姿があなたに、実際は、彼はあなたの中にあなた自身の真我として存在していると告げるのだ。

質問者　驚きです！

パパジ　グルとはあなた自身の真我に他ならない。あなた自身の真我があなたのグルなのだ。真のグルは常にあなたをあなた自身の真我へと連れ戻す。彼はあなたの外側へ向かう傾向を抑え、内面へと向かわせるのだ。

物事を外側に投影してはならない。その傾向がどこへ向かおうとも、源へ、真我へと連れ戻しなさい。その傾向がすべて源へと引き戻されたとき、あなたはあなた自身の真我を知るだろう。外側へ向かう傾向が心を占有すれば、あなたに自分自身の真我を見る時間はない。心が外側に向かっていないとき、それが物事や想念や欲望に占有されていないとき、外交的な傾向は引き戻され、あなたはあなた自身の真我として輝くのだ。その境地で、何か他に輝くものがあるだろうか？　あなたは常に「それ」なのだ。

新たな質問者　ここでの質問は、すべて同じ答えを得ているようです。

パパジ　森で道に迷ったとき、あなたは多くの質問をしなければならない。そのような状況では、導き手や地図が必要となるだろう。

夕闇は近づいている。どうすれば森から抜け出せるだろうか？　どうすれば家に戻れるだろうか？　もしあなたがすでに我が家にいるなら、地図や導き手の必要はなく、何の問題もない。

だが、今あなたは森にいて、どうするべきか悩んでいる。本当の森では、まず現在自分がどこにいるかを知ることが最も重要だ。それを知らなければ正しい方向に進むことはできない。心の森の中でさ迷う探求者にとって最も重要な問いは、「誰」であって「どこ」ではない。あなたは誰なのか？　私はどこから来たのか？　この森から逃れたいなら、この問題を解かなければならない。自分自身で解けないなら、それをすでに解いた人を見つけだして助けを求めることだ。

この問いに専心して、あなた自身の真我を見いだしなさい。あなたは今まで一度もこの問いをしたことがなかった。ただ「あれは何か？」「これは何か？」と尋ねまわって人生を送ってきただけだ。「私は誰か？」という問いが問われたことはけっしてなかった。一生のうちのたった五分間でさえ、この最も重要な問いをしなかった。五分間で充分だ。まったく充分だ。いつでも、どこでも、これを問うことはできる。そのためには吉日も、聖地も、聖なる川も、特別な場所や環境も必要ない。あなたがどこにいようと、ただ「私は誰か？」と尋ねなさい。

誰もこれに対して真剣になる者はいない。これは今、この時に解かれるべき問いなのだ。けっして後まわしにできるようなものではない。

誰もがこの問題を解決しようとして、間接的に幸福、愛、美を探し求めている。幸福への欲求とは、実は真我の幸福への欲求なのだ。だが人々はこれを知ろうとも理解しようともせず、間違った場所を探しつづけている。

「いいや、これが私の欲しいものではない。別のことを試みてみよう」。この姿勢が一生の間続いていく。一つのものが選び取られては棄てられ、また別のものが選ばれる。なぜなら、誰も真の幸福の場所を知らずにいるからだ。

「どこを探せばいいのか？　どこでそれは見つかるのか？」。幸福を見いだすための正しい場所は未知のままだ。それゆえ、誰もが間違った場所を探求しつづけている。それは眼鏡をかけながら眼鏡を探しているようなものだ。探し求められている真我は、その探求している同じ真我だということを私たちは知らずにいる。私たちにこの無駄な外的な探求をすることを可能にさせている同じ力、同じ意識、同じ気づきが、実際のところ私たちの探求の目標なのだ。

誰も、「意識を探求している私の探求を可能にさせているこの意識とは何なのか？」と尋ねる者はない。

意識はすべてにとって必要だ。気づきはすべてにとって必要だ。あなたが必要とするこの気づきとは何なのか？　それが何であり、どこから来たのかと注意を向ける者は誰もいないのだ。

21 すべてを忘れなさい

パパジ　対象物が存在すると、意識はそれに占有されてしまう。そしてそれが分離をもたらすのだ。それは知覚された対象物にとらわれて、意識の源への気づきを失ってしまう。その分割された状態のなかで、意識は意識そのものに気づかず、また対象物と関わることで気づきを妨げられていることにも気づかないのだ。

意識せずに対象物を見ることはできない。ただ意識を通してのみ、対象物を見ることができる。あなたは対象を見ていることを意識している。だが、見るという過程が進むにつれて、あなたは対象に魅せられ、それに執着するようになるのだ。そうなると、その対象物は感覚的な楽しみをもたらすものとして認識される。なぜなら、対象物は感覚を通して意識に記憶されるからだ。心は対象物を楽しむことでそれに執着し、意識あるいは空であるそれ自体の源を忘れてしまう。対象物が取り除かれたとき、心は空の状態に戻る。対象物がなければ、本来の自然なあるがままの状態だけが残る。この自然な本来の状態への気づきを妨げるのは、対象物への執着心なのだ。これが起こると単一の意識は分割され、限定されてしまう。この分裂した状態の中で気づきは失われ、意識はもはや単一の全体として体験されなくなるのだ。

この意識の分割と限定の過程は無限に続いていき、それが顕現（世界の現れ）と呼ばれるものとなる。だが、ひとたび対象物は意識の中に存在し、意識から分離していないことを知れば問題はなくなる。意識はその中に対象物をもっても影響を受けることはない。対象物をつかもうとつかむまいと、意識にとっては同じことなのだ。もしあなたが対象物の代わりに意識と同一化すれば、問題が起こることはない。あなたはこのトリックを学ばなければならないのだ。

もし対象物が意識の中の現れにすぎないことを知っていれば、しがみつくことなしにそれと戯《たわむ》れることができる。だが、たいていの場合そうはいかない。たいがいは欲望が起こり、快楽が続き、そしてその記憶が続く。問題はこうして起こる。快楽自体に問題はない。ただその後でそれを回想することが問題をもたらすのだ。快楽は終わっても、記憶は残る。その残された記憶が同じ対象物から快楽を求めようとする欲望を起こさせるのだ。そのようにして、それは無限に続いていく。

快楽に耽溺《たんでき》することは、何度も繰り返しそれを楽しもうとする欲望を生みだす。これがあなたの問題なのだ。これがあなたに苦しみをもたらす。快楽が不在のとき、苦しみが起こる。なぜなら、その楽しみに戻ろうとする満たされない欲望がまだそこにあるからだ。対象物を来させるがいい。それを楽しみなさい。そして忘れてしまいなさい。ひとたびそれを楽しんだなら、心から棄て去るがいい。それはもはや必要ないからだ。

レストランに行くとき、あなたは食べ、それからそのレストランを出ていく。あなたの空腹、食べ物の必要性は満たされたのだ。なぜその後で食べ物のことやその楽しみについて考える必要があるのか？　精神的に快楽の体験を想い起こすことは、同じものをもっと得たいという欲望をもたらす。記憶が心に足跡を残すことが問題をつくりだす。これが起こってはならない。それは欲望と苦しみをもたらすだけだ。

あなたが求めるそれらの対象物はどこから現れるのか？　それは意識の中に存在するあなた自身の投影なのだ。対象物の名前や形は異なるかもしれない。だが、それでもそれらは海なのだ。海がその部分と争うことはない。それを所有したり、使い果たしたりすることもない。対象物が現れ、とどまり、消え去っていくにまかせなさい。それが海にとってどんな違いをもたらすというのか？

ひとたびすべての対象物はあなた自身の意識の中に存在し、すべてはあなた自身であり、あなた自身の投影であることを知れば問題はなくなる。その姿勢と視点をもてば、対象物を楽しむこともできるのだ。だが、後になってその快楽について想い起こしてはならない。それは記憶に足跡を残すだけだからだ。

ひとたび記憶に足跡を残せば、あなたの行為は欲望と恐れに動機づけられてしまう。これらの足跡が過去の体験に基づいたあなたの行為を選択する。過去に基づいた想念や体験が、あなたの未来の行為を選びだすのだ。

二十年ほど前、私はバルセロナで恐怖について語ったことがあった。そのとき、サン・セバスチャン出身の一人の教授がその場にいた。私は彼に言った、「恐れは常に過去に属するものだ」と。彼は私に同意しなかった。

「いいえ。それは現在の中にも存在しています。それは未来の中にさえ存在するのです。仮に、今日の授業が終わって家へ帰る路上で警察官に出会うとします。この警察官に出会ったことが、何か間違ったことをしてしまったのではないか、という恐れを起こさせます。この恐れは現在に起こります。それは警察官を見たその瞬間に起こるのです。その警察官が私に何をするかが私にはわかります。そしてそれが未来に起こる出来事への恐れを生みだします。それは未来の領域にさえ恐れをもたらすのです」

私は彼に同意しなかった。「その瞬間あなたの中に恐れが起こったのは、過去の体験と警察官が何をするかという過去の知識によるのだ。警察官はスピード違反や信号無視などのささいな違反であなたを引き止めることができるという過去の体験があなたにはある。それゆえ、あなたの恐れは過去の想念、過去の記憶から来るのだ」

眠りの状態では、あなたは過去の想念のない現在に在る。その状態に恐れはない。この眠りの状態に入るとともに、過去の記憶や蓄積されてきた恐れはすべて消え去る。恐れを眠りの状態にもちこむことはできない。なぜなら、恐れは過去についての想念だからだ。そのような想念は眠りの状態に入る前に落とされなければならない。現在の瞬間に恐れはない。あなたの心が過去の想念や体験に連れ戻されたときだけ恐れは存在する。そしてそれらを基準にして未来の行為の流れを判断するのだ。

彼は私の論点を理解した。現在の中にとどまり、過去の想念を避ければ恐れはないのだ。

一九六八年に、私はリシケーシで暮らしていた。近くには一組のカップルがいた。彼らは後にその町に浸透していくことになるヒッピーの最初の一員だった。彼らにはまだよちよち歩きの子供がいた。私は彼らの近くに住んでいたため、彼らは私が料理しているところを訪ねてきては、よく一緒に食事をしたものだった。その子が私が何をしているかを見にくると、私は少しばかり食べ物を与えたりした。あるとき、この子が手にサソリをつかんでいた。

私は言った。「これはサソリだ。猛毒があって、刺されるとたいへんな痛みをもたらす。私がなんとかしよう」

母親はこう言って私を驚かせた。「いいえ、それが刺してもかまいません。それが彼女を刺してはじめて、この類《たぐい》の生き物は刺すのだということを知るのです。そうすれば彼女はもうそれに触れないでしょう。これが私たちの学んできたことなのです」

それは子供の成長のための興味深い説ではあったが、私の目には母親はサソリの一突きがいかに最悪の結果をもたらすか理解していないように見えた。特に非常に小さな子供にとっては。私はそっと彼女の手を開かせた。

子供は現在の瞬間に生きていた。彼女にはサソリを恐れるような記憶はなかったからだ。すべての恐れは過去から、以前の体験との関わりから、私たちが聞いたことや読んだことから起こる。そのような関わりや過去の記憶がなければ恐れはありえないのだ。

質問者　そもそも、どうやって足跡をつけずにいられるのでしょうか？　あるいは、どうすればそれらの影響から逃れられるのでしょうか？

パパジ　空を飛ぶ鳥は足跡を残さない。そうではないかね？

質問者　はい。

パパジ　魚は水の中に棲む。それらは泳いだ後に痕跡を残すだろうか？　あなたが何かをするときは、ただそれをしなさい。そして次に進みなさい。何が起こったか、自分が何をしたかについては忘れてしまいなさい。そして次に何をすべきかを考えてはならない。明日何が起こるかについて想いをめぐらせてはならない。すべて忘れてしまいなさい。

数日前、私は一人の師にかつがれて溢れかえる川を渡った娼婦と、その出来事に心とらわれた弟子の話をした。師はその女性を降ろしたとたん、その出来事を忘れてしまった。だが弟子は彼女のことを何キロも先まで頭の中にかついでいた。足跡を残すのは行為の中にもそれを楽しむことの中にもない。それは行為について考えたこと、行為についてのあなたの肯定的あるいは否定的な反応にあるのだ。

師はするべきことをし、その行為についてすぐに忘れてしまった。彼は行為の影響を受けなかった。彼はただ必要なことをしただけだ。その人は助けを必要としていた。彼は彼女を助けた。彼にとって物語はそこで終わったのだ。だが弟子はその出来事についての考えや批判を抱《いだ》いていたため、足跡を残してしまった。このような足跡が記憶に残り、判断をくだし、未来への欲望をつくりだす。そして最終的には、それがあなたに転生をもたらすのだ。これがサンサーラ、誕生と死の終わることのない循環の輪なのだ。この足跡があなたを何百万年も輪廻《りんね》転生の輪の中にとどめる。

これは避けられないことではない。この世界の現れから、たった今自由になる能力はあなたに備わっている。そうでなければ、ただそれを先延ばしにするだけだ。足跡がなければ、どうして転生できよう？　いったい何をもとに、何の目的で？　足跡がなければ印象もない。あなたは何も引きずっていないということだ。あなたに荷物がなければ、何が起こるだろう？　荷物とはあなたが積み重ねてきた徳や罪の行為とそれについての想いなのだ。あなたに何が起こるのだろうか？　何も起こりはしない。これがサンサーラの終焉《しゅうえん》だ。これこそ私が「すべてを忘れなさい」という理由なのだ。

もしあなたが人々を助けられる状況にいるなら、善い行ないをしなさい。慈悲深く在りなさい。だが、あなたが行なったことは忘れてしまうがいい。朝にした善い行ないを昼になるまで覚えていてはならない。あなたの記憶を空っぽできれいにしておきなさい。過去に関しては目を閉じておくことだ。そしてあなたが適切な立場にいるなら助けを差し出すがいい。だが、後々まで覚えていてはならない。印象を蓄えずにいなさい。

22 あなたはすでに「それ」だ

質問者　今朝、私はとても早く、三時半頃に目を覚ましました。私は夫のことを考えていました。今日が私たちの結婚三周年記念の日だからです。以前、あなたに夫の写真を見せたとき、夫をインドに招いたほうがいいかどうかと私は尋ねました。あなたはそのほうが私にとって楽になるだろうと言われました。私は今朝、夫に電話して、こちらに来るように言おうと考えていたのです。涼しかったので外に出ると、地平線近くに流れ星が見えました。最近、私はよく、そのときあなたに言われたことを想い出すのです。

パパジ　どこへ行こうと、あなたは胸の中にあなたにとって最も愛しい人を連れていく。だが、私は以前あなたに誰も連れていくことのできない場所があることを話したはずだ。

質問者　ええ、その場所へは誰も連れていく必要がないのです。

パパジ　（笑いながら）そうだ、その必要がないのだ。誰もそこには連れていけない。たとえ最も親しく、最も愛しい人であっても。その場所自体が最も愛しく、最も親しい永遠の地なのだ。だが、誰もそれについて知らずにいる。誰もこの関係について知らない。どんな宗教書もそれについて述べていない。どんな賢者もそれについて語らない。誰も語らないため、それを見いだすのはあなた次第なのだ。彼らが語ることはすでに知られていることだけだ。あなたの知るさまざまな関係性について語ることはできる。私が語るのはすべての関係性の土台となる関係性のことなのだ。このすべての関係性の土台となる関係性はまだ発見されていない。これは偉大なる神秘だ。そしてただ稀有《けう》な人、幸運な人だけがそれを見いだすのだ。稀有な宝石、コイヌールのような人だけがそれを見いだす。それは大衆のためのものではない。ほとんどの人たちはそれについて考えることさえない。

瞑想センター、アーシュラム、共同体、僧院はどれもみな羊の群れでしかない。彼らはただそこで「メーメー」と鳴くばかりだ。そこに賢明な言葉は存在しない。私たちが話しているこのことについて語る者など誰もいない。すべてのダルマを棄て去って、あなたの真我に戻りなさい。

質問者　私の中には私が誰なのかという気づきがあります。ほとんどの場合、私の注意はそこに中心を置いています。それでもときおり、この気づきはこの個人から移行し、ただ気づきだけに気づいているのです。これが起こるとき、私は何かを失ったような感覚をもちます。それはあたかも私が一生の間知りつづけてきた誰かを置き去りにしたような気持ちなのです。それは幸福なものではありません。ときにはまったく悲しい気持ちになります。ときには、死んでいくような感覚さえ抱《いだ》きます。

パパジ　第一に、気づきの中心はけっして動くことがない。それはけっして動かないものなのだ。あなたが語る中心とは、社会によって中心として受け入れられてきたものだ。それは「私」という自我の中心だ。その中心から自我の概念や自分は身体だという概念が現れ出る。この偽りの中心から真の中心である気づきに進めば、すべては崩壊し、消え去る。そのため、あなたは恐れを体験するのだ。

「私」という城は浜辺の砂でできている。それは確固とした土台をもたない。いつ波がやってきてそれを崩し、洗い去っていくかしれないのだ。誰も真の気づきの中心を知らない。それを知る誰がそこに存在するというのか？　個人はただ浜辺の砂の城の一部でしかない。真の気づきについての記録は存在しない。そこには誰も記録する人が存在しないからだ。そこでは恐れを含めたすべてが消え去る。その場所で恐れが起こる可能性はない。恐れは差し迫った崩壊に「私」という自我が反応するために起こるのだ。それは真の気づきの体験ではない。気づきの中で、身体という概念、感覚、心、知性、自我は消え去る。すべては崩壊し、あなたは永遠に自由になるのだ。

質問者　私の問題は、どこか二つの間にとどまったままいることなのです。私は個人としての「私」を放棄した空間の中にいるように感じます。ですが、まだ「私」と恐れが完全に消え去った気づきの中には確立されていないのです。ある種の存在の感覚は強烈に感じられます。荒波が来て以前にあったものを洗い流していくのですが、それでも完全にではありません。私に明確に安全性を与えてくれるような真の存在は感じられないのです。

パパジ　あなたは安全性について語っている。それは我が家にいないことに気づいている感覚だ。まだ家にたどり着いていないため、安全性を求めるのだ。あなたはいつも我が家にいる。どこか他のところにいるわけではない。たった今、あなたは真の気づきの中心にいるのだ。今この瞬間、あなたはすべての問題から自由なのだ。どこに行くわけでもない。どこかから戻ってくるわけでもない。何かになる必要もない。あなたはすでに「それ」なのだ。あなたが今いるところからはじめなさい。あなたが今いるところにとどまりなさい。そこから動いてはならない。一つの想念も起こしてはいけない。想念を起こさないまま、ただ源を見なさい。目覚めて、注意深く、油断なく在りなさい。意識していなさい。

23 いかなる教えも真理に触れることはない

質問者　私はあなたが数日前に真我探求の修練について言われたことを考えていました。今、あなたがどこにいるかを見いださなければならないこと、そして目的地を定めること、最終的には、どの道をどの乗り物で行くか決定するということです。自分自身を見つめるとき、そこには距離というものがないように見えます。そのため、どの方法で旅するかわからないと感じるのです。距離がなければ旅の計画を立てること自体が困難だからです。

パパジ　この世界では、誰もがある特定の場所に存在することを決める。その場所は固定されている。それから、宗教がそこには別の地点があり、あなたは死ぬときそこに到着すると宣言する。こうしてあなたは二つの地点を得るのだ。あなたが今いる地点と、旅をして到達しなければならない地点だ。そこには距離がある。それゆえ、宗教は旅のために法則を定める。もしあなたが今いる地点から到達すべきだと考えている地点に旅したいなら、「これをするべきだ」「これはしてはならない」と彼らは言う。そしてもし間違った道を選べば、非常に不快なところに到達すると言うのだ。「もしこれをすれば、あなたは天国に行き、そうしなければ地獄に行くだろう」と。

この状況を見て、あなたは今いるところと到達すべきところの間に距離がないことを見いだした。探求の結果、そこに距離はないことを見いだしたのだ。

質問者　距離がないため、乗り物も必要ないのです。

パパジ　乗り物は必要ない。なぜなら、あなたから離れた場所もなく、到達すべき目的地もなく、距離もないからだ。それゆえ、距離も、乗り物も、場所についても考える必要はない。これを知れば、自由を求めてどこか他のところへ行こうとする想いが起こることはない。到達すべきところに行くための方法も必要ない。あなたはあなたがいるところにいる。そして他のどこに行く必要もないのだ。より望ましい別の場所について考えないため、心の中にこの場所とあの場所という比較は起こらない。そこには相対的な概念がないからだ。

もしあなたがラクナウに住んでいれば、そこがあなたの我が家となる。そして他の国は外国になる。だが、他の国が異国の地だという考えがなければ、母国や我が家という概念もなくなるのだ。場所という概念は常に他の場所との相対関係にある。だが、それもまた一つの概念でしかない。真実は、すべてが空なのだ。場所も目的地も存在しない。何もするべきことなどない。なぜなら、移動すべきところなど存在しないからだ。これは理解すべき重要なことだ。探求を通して、あなたはこれらすべてを放棄した。すべての障害は消え去ったのだ。これらの概念があなたを三千五百万年もの間悩ませてきた。今、それらはもうない。ここで、今あなたは何をしなければならないのか？　この状況にどうやって直面するのか？　これは非常に重要なことだ。

今、ここで言葉を使わずにいなさい。これまでに使われてきた愚かな言葉を口にしてはならない。愚か者は道に沿って歩き、羊のように羊飼いに導かれていく。言葉を使う必要さえない。あなた自身の真我に語りかけることなく自分自身を楽しむことができるのだ。

あなたが喜びを体験するために眠りの状態に入るとき……

質問者　私は夢の状態に真我探求をもたらすことに困難を感じていたのです。

パパジ　夢の状態?

質問者　私は夢の状態では真我探求をしていなかったことに気づいたのです。夢見ている間、真我探求は起こっていません。

パパジ　これは夢見ている間の真我探求だ。

質問者　いいえ、別の夢見のことです。眠りの間に起こる夢です。

パパジ　今でさえあなたは眠っているのだ。眠りの間の夢見と目覚めの間の夢見に何の違いがあるのか?どこであれ名前と形があるところ、それは夢だ。眠りの中で、あなたは名前や形を見るだろうか?　あなたが眠っている間に眠りという概念が存在するだろうか?

眠りの中には名前も形も概念も存在しない。この眠りの状態の中に夢見の状態が現れる。夢は私たちが眠っているときにだけ起こる。だとすれば、私たちが名前や形を見るとき、その根底にある状態とは何なのだろうか?

質問者　根底にある状態?

パパジ　私たちは眠っているときにだけ夢を見る。夢の中で私たちは名前や形――山や川などを見る。名前や形を見るとき、私たちはどの状態にいるのだろうか?

質問者　夢見の状態です。

パパジ　そうだ、夢見の状態だ。夢見の状態に入るには、それ以前に眠っていなければならない。そうではないかね？　私たちは名前も形もない眠りの状態からはじめた。それから、名前や形をともなう夢見の状態が現れた。夢見の状態が終わると、眠りの状態がふたたび現れる。そして名前も形もない状態に戻るのだ。

今、目覚めと呼ばれる状態で、あなたは名前と形を見ている。それらは夢見の状態の名前や形と同じようにあなたを悩ませている。それを避けるため、それから休息を取るために、私たちは夜、名前も形もない眠りにつくのだ。完全に疲れきることなしに、これらの名前や形と十八時間以上戯《たわむ》れることはできない。横になって眠らないわけにはいかない。最終的には、私たちは名前や形の状態を拒絶して、すべてを忘れた状態へと入るのだ。

目覚めた夢見から真我の覚醒へと目覚めるとき、あなたは自分が名前も形もない場所にいることを見いだす。そしてあなたは、あなた自身がその上であらゆる一時的なイメージ、つまり名前や形が来ては去っていく不動の基盤であることを理解する。あなたは自分自身がその上にすべての名前や形が投影されるスクリーンであることを理解するのだ。その場所、その知識の中に確立されれば、もはや名前や形があなたを苦しめることはない。あなたは現れては消え去るつかの間のはかないイメージにではなく、根底にあるスクリーンと自己同一化しなければならないのだ。

もし旅の目的地を定めたなら、克服すべき距離が生まれる。ひとたび距離が生じれば、その距離を埋めるために何の乗り物で旅するか考えなければならない。それは私のやり方ではない。これは私の教えではない。実際、私に教えはない。教えもなければ、師もいない。

もし誰かがあなたに何かを告げたなら、受け入れてはならない。なぜなら、いかなる教えも真理に触れることはないからだ。これだけは確実だ。誰も真理について語った者はいない。いかなる言葉もそれを言い表したことはなかったのだ。

あなたは自分自身で目覚めなければならない。自分自身で見なければならないのだ。そのためには感覚も目も必要ない。目で見ることも、心で理解することも、知性で把握することもできない。それらは助けにならない。これらなしに、あなたは一人にならなければならないのだ。一人で進みなさい。どの五大元素も助けにはならない。ただあなた一人でこの状況に直面しなければならない。しかも、それが何であるのか誰も知らないのだ。

あなたは顕現全体を拒絶することができる。それは可能だ。世界という現れ――そのはじまり、中間、その終わりを心から取り除きなさい。すべてを消し去りなさい。次に、もしあなたの死後に何かが起こり得るなら、それもまた消し去るがいい。それも可能だ。心は顕現全体を理解することができる。それゆえ、死後についての概念も理解できるのだ。これらの概念を生みだした創造者を想像し、理解することもできる。この創造者も拒絶するがいい。これであなたは創造者と彼の全創造、そして死後の状態についての概念も拒絶した。さて、何が今残されているだろうか？　拒絶そのものだ。すべてを拒絶したもの自体も拒絶されるべきだ。拒絶そのものを拒絶しなさい。すると何が残るだろうか？　拒絶という概念はもはやなくなったのだ。

理解しなさい。私が「拒絶という概念もない」と言うとき、それは受容を意味しているのではない。私は拒絶され得るものについて語っているのだ。拒絶され得るものすべてを拒絶しつづけ、最後に拒絶そのものを拒絶しなさい。そしてその状況に直面するがいい。

昔、一人の師がいた――私は彼ほど厳しくはない――師は弟子に言った。「私はこれまで語ってきた。それを超えた彼方について語った者は誰一人いない。もし今一言でも話せば、おまえの首は落ちるだろう」

質問者　最後の言葉が理解できませんでした。私は重要な言葉を聞き逃しました。

パパジ　彼は、「もし一言でも口にするなら、私はおまえの首を切り落とす」と言ったのだ。

ある師は弟子に非常に優しい。彼は深い愛情をもって子供に知識を与える。ある師は非常に強烈だ。

ある師はこう言う。「おまえの道は剃刀《かみそり》の刃を渡るようなものだ。油断なく非常に注意深くありなさい。あちこちに目を向けてはならない。二人が肩を並べて歩くことはできない。その道は狭く、刃先は鋭い。だがその先には自由が待っているのだ。それは遠くはない。ただ油断なく歩きなさい」

別の師はこう言う。「それは手の中のバラの花びらをさするようにやさしい。それに時間はかからない」

カビール*の七歳の娘は、毎日多くの人々が父親を訪れるのを見ていた。一日に五百人もの人が彼に会いに来ていた。彼女の名はカマリといった。

彼女は父のもとに行くとこう言った。「お父さん、大勢の人が毎日会いに来ますが、みんなお父さんを忙しくさせるばかりで、何の成果も見られません。誰も悟りを得たようには思えません。なぜこんな人たちのために時間を無駄にするの？　お父さんは食事の時間さえとれないじゃありませんか？　お母さんが食事の支度をしても、お父さんはただ、『待ってくれ、もう少し待ってくれ』と言うばかり。サットサンのために一日中食べないことだってあるわ。人々は毎日ここにやってくるけれど、誰も恩恵を受けているようには見えません」

「それは違う、カマリ」。カビールは答えた。「おまえはまだ子供だからわからないかもしれないが、これはサットサンなのだ」

カマリは父親の言葉を本当だと思わなかった。彼女は彼に会いに来た人々が皆どれほど真剣なのかテストしてみることにした。翌日、彼女は門の外に立って屠殺用の斧《おの》を砥《と》いでいた。

人々は彼女の近くに来ると、何をしているのかと尋ねた。彼女は答えた。「今日はグル・プールニマーです。父は来た人すべてに自由を与えると言っています。ただその前に、誰にその用意があって、誰がまだふさわしくないかを私に調べるよう頼みました。父は誰が本当に自由を求めてここに来ているのかを知りたいのです。だからここに横になって、頭をこの台の上に置いてください。そうしたら私が首を切り落として、それを父に見せます。あなたが自由を求めてここに来ていると父が見なしたなら、彼はそれをあなたに与えるでしょう」

一人目の女性が言った。「いいえ、今日はサットサンのためにここに来たのではありません。私たちは娘の結婚相手とここで会う約束になっていました。そのため、カビールから結婚の祝福を受けに来たのです。この門に触れるだけで充分な祝福です。今日はこの門に触れるだけで失礼します」

次の男性は言った。「私はサットサンに来たのではありません。今日は裁判があるため、彼の祝福を受けたかっただけなのです」

三人目の人は結婚しようとしている息子のためにここに来たのだと言った。このようにして、一日が過ぎた。誰もが言い訳をしては立ち去っていった。カビールはサットサンの部屋で一人座ったまま待っていた。

しばらくして、妻がカビールを呼んだ。「今日は誰も来ませんね。カマリの姿も見えません。どうしたのか見に行ってくれませんか。きっとあの子がまた何かいたずらをしているに違いありません。カマリを呼んでください。あの子なら知っているはずです」

カビールがやって来るなり、彼女は言った。「お父さん、昨日私は誰も自由のためにここに来る人はいないと言いました。今日、皆のことをテストしたけれど、やっぱり私の言ったとおりでした」

「どうやってテストしたのかい？」とカビールは尋ねた。

「サットサンに来た人すべてに尋ねるようにお父さんに頼まれたと伝えたの。今日、お父さんはただ自由だけを求める人、それ以外の何も求めない人に自由を与えると言いました。それから、自由を求めて来た人の首を切り落として、それを見せ、もしその人が自由のためだけに来たことが受け入れられたなら、お父さんはその人に自由を与えるだろうと言ったのです。斧はとても鋭いから、首を断ち切っても痛みは感じないと安心させたのに、誰もそれを受け入れませんでした。皆が自由のためではなく、何か他の理由でここに来たのだと言い訳するばかりでした。

お父さんはこんな人たちのために大切な時間を無駄にしてきたのです。私に話してください。私の弟に話してください。私たちにサットサンをしてください。他の人たちのために時間を無駄にしないでください」

（沈黙）

ここでは扉は閉ざされている。あなたたちは扉の中に入ったのだ。あなた方はここにやってきた。今、ここで、火は燃えている。この炎が心の潜在的傾向をすべて焼き尽くすだろう。わずかにでも残っているなら、炎が、知識の炎が燃やし尽くすだろう。そうすれば、すべては明らかになるのだ。

＊訳注　カビール Kabir（一四四〇〜一五一八）インド中世の偉大な詩聖。正式な教育を受けず、機織を職業としながら『ビジャーク』をはじめとする数々の宗教詩を残した。『ビジャーク』は今日でもカビールを神として崇める宗派から根本聖典として崇められている。彼はカースト制度、偶像崇拝、儀式などにとらわれず、広くイスラム教徒からもヒンドゥー教徒からも愛された。

24 すべての関係性を棄て去りなさい

質問者 あなたは「私は在る」から想念が起こると言われました。それはつまり私が存在しないとき、すべての想念が止むということです。完全な無念無想の状態は「私は存在しない」という状態であるに違いありません。

パパジ これさえも消えなければならない。この想念さえも消え去らなければならないのだ。

質問者 あなたは最後の壁、最後の障害はエクスタシーの状態にあると言われました。だとすれば、私たちは自由になるために最後の壁であるエクスタシーをも放棄しなければならないのです。つまり壁はエクスタシーにあるということです。その壁はひとりでに崩壊するのでしょうか、それとも私はそれから自由になりたいという欲望を気づきの中で抱くべきなのでしょうか?

パパジ 何からの自由かね?

質問者 エクスタシー、至福です。

パパジ エクスタシーの中では、あなたは消え去っている。それを放棄するかとっておくかという選択肢はあなたにない。完全に酔っ払っている人に、「この酔いを放棄したい」という欲望が起こるだろうか? 彼は何にも気づいていない。ただ酔っ払っているだけだ。完全に。エクスタシーの状態は泥酔状態よりもさらにコントロールを失っている。あなたは何も知らないのだ。

数年前、私はバルセロナにいた。私はあるヨーガ協会で講話をしていた。そこに会員ではない一人の男性が参加していた。サットサンが終わると、彼は私のところにやってきて足元にひれ伏し、「私は神だ！　私は神だ！」と叫んで、その場を立ち去った。

その夜遅く、彼はそこから二百四十キロほど離れた高速道路の上で踊っているところを発見された。警察官が来て彼を逮捕し、財布の中から住所を見つけると、彼の妻に他に二人の人を連れて警察まで来るよう告げた。

彼らは言った。「彼は完全にコントロールを失っています。自分で運転することもできません。他に二人ほど連れてきてください。そうすればあなたが彼の世話をすることができるでしょう」

彼の妻は午前二時に彼を連れ戻しに行かなければならなかったのだ。

質問者　あなたが言っているのはその類《たぐい》のエクスタシーではないと私は確信しています。

パパジ　あなたの言うとおりだ。それは出会いだったのだ。私にとって真のエクスタシーとは何か平和で安定した状態、ふたたび戻ることのできない不動の静寂を意味している。それがエクスタシーだ。だが、ふつう私はその言葉を使わない。「エクスタシー」という言葉は用いないようにしている。

質問者　私は自分自身の内に、何にも関係せず、何にも結びつかない気づきの喜びを見いだしました。

パパジ　何にも関係をもたないということもまだ関係性なのだ。あなたはあなたと関係をもたないというものとの関係性をいまだに保っている。あなたは依然として関係性を保っているのだ。私は関係がないとか、以前の関係すらないと言うとき、まだあなたは自分を何かと関係づけているのだ。

妻と離婚した男性は、「彼女は私の元妻です」と言う。そうではないかね？　「彼は私の元夫です」とか「彼女は私の元妻です」とあなたは言う。「私は今は関係のないものと以前関係性をもっていました」と。これはいまだに関係性なのだ。

質問者　理解できたかどうかわかりません。わかりやすく言っていただけますか？

パパジ　（長い沈黙の後）すべての関係性を棄て去りなさい。あなたが気づくすべての知ったもの、見たもの、嗅いだもの、触れたもの、聞いたものを放棄しなさい。あなたはこれらへの気づき、これらとの関係性を保った結果を見てきたはずだ。あなたが語れることは、すべてこれらのことに関わっている。それがあなたの関係性なのだ。私たちはここから誰も知らない関係性、心によっては描写できず、感じることもできず、見ることもできず、所有することもできないものとの関係性へと進展しなければならないのだ。

質問者　与えることの喜びは、喜びそのものによって受け入れられることだと感じられます。自分自身を与えることの喜びは、喜びそのものによって受け入れられることだと感じられるのです。それは何にも関係していない気づきなのです。

パパジ　与えることとは何か？　私が今語ったことに含まれないようなものを与えるとはどういうことだろうか？　それは見られることも、嗅がれることも、触れられることも、聞かれることもないものだ。いったいそれに何を与えられるというのか？　何もない。あなたには与えるものは何もない。そして何も与えるものがなければ、何を受け取るというのか？

新たな質問者　私はこの対話から何らかの結果が現れることを期待していたようです。ですが、すべてはすでにさまざまな異なった形で語られてきたのです。それでも対話はいまだに続いていきます。

パパジ　いいや。それは終わったのだ。今まで何度もそれは終わりを遂げた。これを言い表す言葉が見つけられるかね？　私はそれを試みてきた。だが成功したことはない。八十年の人生の中で、私は二、三人の人とそれを試みた。彼らはあなたがここに三日いる間に到達した状態に達していた。私はあなたに満足している。これがその場所だ。今こそそれを言い表すときなのだ。一言でいいから言いなさい。すべてを忘れた後で、あなたはこの状態に達した。それゆえ、私はあなたに求めているのだ。

誰がこの状態に出あったのか、誰が今まで起こったすべてのことを忘れたのか、それを知りなさい。すべては忘れられた。三千五百万年もの重荷が目に見えない何かによって完全に焼き尽くされ破壊された。私はそれについての描写をあなたから聞きたいのだ。これまでに数人に試みたが、彼らは何も言うことができなかった。それはいかなる聖典にも書かれていない。誰もそれについて語った人はいない。今まで私が使ってきた言葉でも語られていない。私が語った言葉は真理の表面的な描写にすぎない。私は悟り、解放、モクシャ、解脱《げだつ》といった言葉を用いてきた。だが、どれもそれにふさわしい言葉とは言えない。これらの描写、これらの言葉は役に立たない。あなたには正しい視野がある。もし何か言えるなら、描写できるなら、より良い言葉を用いなさい。

あなたは今まで耳にしてきた言葉で満足できるかね？　もしこれらの言葉で充分なら、聖典を読んでいる人たちは皆悟りを得るだろう。だが、彼らはそれに助けられているとは言えない。描写不可能なもの、触れることのできないもの、見いだすことのできないものに直面したとき、あなたはただ言葉を失う。あなたは今、それに直面している。これが直接見るということだ。あなたがこれまでに見てきたものはすべて間接的な見方だった。あなたは心、物理的身体、知識、知性を通して見てきた。これらの媒介を通してあなたは物事を間接的に見てきたのだ。今起こっているこれは直接の視野だ。今こそ直接的に、顔と顔、目と目、網膜と網膜が直面するときなのだ。

私はあなたに何の媒介もフィルターも通さないところから起こる描写を求めている。間接的な知識を通したものはいらない。いかなる媒介も必要ない。なぜなら、そこにはもはや誰も存在していないからだ。心を用いることはできない。それはもうそこにはない。今こそそれを言い表すときだ。だが、私を含めて、誰も前に出てそれを試みようとする人はいない。私自身どんな言葉も見いだせなかった。何の言葉も見つからなかった。あなたは若い。その一言を私に言えるかね？

質問者　一言ですか？

パパジ　ただその状態の中に存在するだけで、あなたは充分それを言い表している。だが、私は一言が聞きたいのだ。何か言葉に置き換えられたものが欲しいのだ。今、あなたはそれに直面している。それについては私も満足している。だが、今あなたは描写できないものについて言わなければならない。それにふさわしい言葉はない。兆候を見ることはできる。それについて話すことはできる。だが、元の原因には触れられないままだ。

質問者　何ですって？

パパジ　兆候だ。その人は微笑むかもしれない。私はその微笑から、その人がこの知識に直面していることを知るだろう。微笑みは理解できよう。だが、微笑をもたらした原因には触れることも、到達することもできない。それはかすかなさざ波さえない静寂の内に在る。それは裸であることさえ脱ぎ去った。わかるかね？　裸さえも脱いだ状態だ。それを波のない湖と呼ぶこともできる。静寂の境地とはそのようなものだ。
誰がそれを描写できるというのか？

（長い沈黙）

25 サハジャ――自然な状態

質問者（前日最後の質問をした同じ男性）私が見るとき、それについて何を言おうと嘘になってしまいます。なぜなら、それはそれほどまでも空だからです。

パパジ（静かに微笑むと、しばらく沈黙を保った）あなたは何も語ることがないと言う。あなたは話さなければならない。何を話すのかね？

質問者 何も言えることはありません。

パパジ もしそうなら、私にはもう何もあなたに言うことはない。心が静まっているとき、なぜそれを邪魔することがあろう？　ほとんどの人の心はけっして静かになったことがない。あるいは静まったとしても、それが起こるのは非常に稀なことだ。私はここに来る人々に助言を与え、話しかけているが、彼らの心が静かになることはほとんどない。それは稀なことなのだ。そのように稀に心が静まった場合、それは口を開こうとしない。それもまた心の傾向の一つなのだ。それが本当に静まったとき、それは話したくない。何かを聞くことさえ好まない。それは問題ではない。沈黙とはそれを通して語ることのできる言語に絶した言語なのだ。実際、あなたは沈黙の中で他のどの言語よりも良く語ることができる。それは言葉を通してではなく、沈黙を通して何かを知ろうとすることに似ている。

昨日、私はもしあなたがこれについて言い表すことができたら、どんなに素晴らしいことかと言った。私は描写不可能なものがどのように描写されるか聞きたいのだ。これはまだ為《な》されていない。他のすべては成し遂げられた。だがこの仕事はまだ達成されていない。それは語られないままだ。それができればと願うが、今に至るまで一度も起こってはいない。

私はあらゆる賢者の言葉に目を通してきた。だが、同意できるようなものは一つもなかった。だからこそ、私はより良い言葉を探しているのだ。あなたにとっては、それはとても新鮮な、たった今起こっていることだ。体験が新鮮なうちに、それについて何か言いなさい。遅すぎることはない。あなたはそこにいるのだ。言い表しなさい。それは過去でも未来でもない。あなたはたった今それを描写できる。あなたはそれはまったくの空だと言った。その言葉は今までも使われてきた。だが、充分とは言えない。なぜなら、あなたが見たものは空ではないからだ。それは適切な言葉ではない。あなたはただ辞書からこの言葉を借りただけだ。あなたはその言葉を盗んだ。だが、正しい言葉とは言えない。これはそれではないのだ。間違いなくそれではない。あなたは何か他のものを見ている。それは何だろうか?

私はあなたに尋ねている。私がこのように尋ねるのは非常に稀なことなのだ。何年も昔に、私はある教授に尋ねた。そしてもう一人別の人にも尋ねた。あなたで三人目だ。たった三人だけだ。ふつうの人にこの質問をする価値はない。彼らには私が描写するよう求めている体験がないからだ。盲目の人に象の姿を描写するよう頼むわけにはいかない。彼は尻尾を捕まえて、的はずれな描写をするだけだろう。完全に目覚めた人だけがこれについて語ることができる。これは「自然な状態」と呼ばれる。わかるかね? あなたは今、瞑想の中にいない。瞑想から出たわけでもない。これは何か別のことなのだ。これは瞑想でもなければ、ふつうの精神状態でもない。

質問者　それはすべてに存在しています。

パパジ　（笑いながら）「これはすべてに存在している！」「これはすべてに存在している！」。これが正しい言語だ。あなたは別の言葉を見つけた。それは新しい言語だ。これを発見するために瞑想したり、隠遁《いんとん》したりする必要はない。それはすべてに存在している。ある僧が最近私に手紙を送ってきた。「私たちは三年間の隠遁生活に入ります」。これを発見するために瞑想したり、隠遁したりする必要はない。なぜなら、それはすべてに存在しているからだ。それがあなたから離れていくことはない。あなたがそれから離れることもできない。これはあなた自身の自然な状態だからだ。これがあなたなのだ。それから出ることはありえないのだ。

質問者　それはすべてに存在しているため……すべてに……私が何を言おうと充分ではないのです。

パパジ　そうだ。充分ではない。

質問者　それは空なる境界なのです。その中にすべてが現れます。それでも私にはそれについて何も言うことができません。たとえ言うことができても、風の中を漂うただの言葉でしかないのです。ただの……

（長い沈黙）

パパジ　行為は起こりつづける。だが、あなた自身は無為のままとどまる。これがわかるかね？　土台、基盤は無為なのだ。あなたが行為したことは一度もなかった。あなたは活動に触れられないままだ。これが「空なるもの」と呼ばれるものだ。これが無為だ。すべての活動がその上で起こる土台、基盤が無為と呼ばれる。これは素晴らしい体験だ。

この体験を理解する方法があるだろうか？　あなたはそれを体験した。あなたならどう答えるかね？　ふつうの人がこの体験を得る方法があるだろうか？

質問者　誰もがその中にいるのです。皆がすでにその中にいるのです。

パパジ　（大笑いの後で）素晴らしい！　素晴らしい！　あなたが今言った言葉よりいい言葉はない。私もそう言ってきた。だが、誰も私を信じないのだ。私を信じない人たちは皆この状態に達するために何かをしなければならないと言う。誰もがそれに達するために瞑想しなければならないと言うのだ。私は「あなたはすでにその状態の中に、その場所にいる」と言うのだが、誰も信じない。

「あなたはすでに自由だ。何もしなくていいのだ」と私は言う。だが、私を信じる者は誰もいない。

質問者　そうです。もしあなたがそう言ったなら、私も信じなかったでしょう。

パパジ　（もっと大声で笑いながら）では、あなたはもう大丈夫なのだね？

新たな質問者　それでは、私たちは何の修練も必要ないと言われるのですか？　何も働きかける必要はないと言われるのですか？　何の障害もないと？　だからあなたは笑っているのですか？

パパジ　すべての障害は自分で自分に押しつけたものだ。外的な力や権威があなたに束縛を押しつけているわけではない。一頭の牛が通りかかって道に小便をした。牛が歩くにしたがって地面に波打った線を描いた。あなたは夕暮れの薄暗い光の中でそれを見て、目の前に蛇がいると思いこみ、たちまち恐れが起こった。恐れは牛のせいで起こったのではない。ただあなたが目の前に何か恐ろしいものがいると勘違いしただけなのだ。

そのように、日常生活においても「私は束縛されている」や「私は罪人《つみびと》だ。そのために私は地獄へ行くだろう」といった概念があなたにとっての障害となる。あなたは人から言われたり、本で読んだりしてそれを信じてきた。それはあなたの体験ではなく、ただの思いこみにすぎない。あなたはたんなる想像にすぎないものに実在性を与えてしまう。想像の中で生き、真実ではない概念を信じるため、その結果苦しんでいるのだ。考えるのをやめなさい。それが私の与える処方箋だ。考えることがなければ、真実ではないことを想像することもない。ただそうするだけでいいのだ。何も考えずにいなさい。そして何が残るか見てみなさい。

質問者　それでも、考えないようにするために働きかけるべきではないのでしょうか？

パパジ　何が起こるか見てみなさい。たった今、自分で試してみなさい。何も考えずにいなさい。想念を起こしてはならない。そして何が起こるか見てみるがいい。試してみなさい。一つの想念を探してみなさい。何があなたの最初の想念だろうか？

質問者　私が考えないように働きかけると言ったのは正しかったのでしょうか？

パパジ　いや、私たちが今話しているのは別のことだ。すべての想念が依存している最初の想念とは何だろうか？

質問者　わかりません。私にはわかりません。

パパジ　それは「私」という想念だ。人は生きている間、妻、息子、親類などとの関係性をもつ。その人が死ぬと、関係性はもはや消え去る。あなたが生きている間、すべての関係性はこの「私」という想念との関係にある。「私には妻がある。私には息子がある。私には親類がいる」。この「私」という想念が現れるとき、それとともに世界とその中であなたが維持するあらゆる関係性がそこに現れる。この「私」という想念がどこから現れ出るのか見いだしなさい。もしこの答えを見いだすことができれば、あなたは安全になる。そして想像上の問題は解決されるのだ。

もしこの問題に取り組まないなら、他の羊の群れについていかなければならない。あなたは目の前の羊の後に従い、大きな杖を持った羊飼いに見張られることになるのだ。どの羊の群れも羊飼いに見張られている。もしあなたが羊としてとどまるなら、何をすべきか、どこへ行くべきかを告げる羊飼いが必要となるだろう。

質問者　ティム（パパジと話していた男性）は羊飼いだったのです（笑）。

ティム　私は二十五年間も羊飼いとして邪魔ものと向かいあってきたのです（笑）。

パパジ　それなら、彼は良く知っているはずだ。羊の世話の仕方を知っているなら、羊が羊飼いを必要としていることをよく知っているはずだ。羊は別の羊の後ろをついていく。そして特定の方向に導く誰かを必要としているのだ。だが、あなたはライオン番に見張られているライオンの群れを見たことはないだろう。ライオンは自分の道を切り開いていく。ライオンは誰の後にも従わない。誰もライオンにどこへ行くべきか、行くべきでないかと告げる者はいない。自由を見いだしたかったら、羊になってはならない。他の誰もがしていること、信じていることに従ってはならないのだ。

新たな質問者　それなら、この自由は実在です。実在とはこの自由のことなのです。

パパジ　そうだ。

質問者　しかし私たちはそれが実在ではないと信じるように催眠術をかけられてきたのです。違いますか？

師の働きとは、おそらく私たちを催眠から解き放って、ふたたび自由を見いだせるようにすることなのです。私たちがすべきことは、ただここに座って催眠状態から抜け出るだけなのです。そうではありませんか?

パパジ　そのとおりだ。もし誰かがあなたに催眠術をかけて、あなたはロバだと信じさせたなら、あなたにはあなたが本当は誰なのかを見せてくれる誰か他の人が必要となる。もし誰かがあなたの目の前に鏡をかかげ、「見なさい、これが本当のあなただ」と言ったなら、自分がロバだという思いこみは消え去るだろう。本来の自己はけっして変化しない。あなたが自分自身だと信じているもの、それが変化するのだ。そしてあなたが自分自身だと信じこんでいるものは、あなたが仲間とする人たちと、彼らがあなたに告げることによるのだ。もしあなたに他の情報源がなければ、自分をロバだと思いこんだまま成長していくばかりだろう。

誰もが本来同じであり、誰もが本来自由なのだ。もし今自由でなければ、未来に自由がやってくるというのか?　あなたがすでにもっていないものに到達しようとしても価値はない。なぜなら、もし今もっていないのなら、あなたの達成は時間に限定されているからだ。時間の中で達成されたものは、やがて時間の中で失われる。時間を経た後に達成されたことは自然なことではない。それはとどまらず、永続しないものなのだ。それゆえ、私は言う、「今ここで、あなたの手の内にないものを切望してはならない」と。

「私は束縛されている」という概念は偽りの概念だ。それはあなたの真の体験ではない。それは僧侶や牧師や社会からの借りものなのだ。これらの人々が、あなたは束縛され、自由となるためには懸命に努力しなければならないと言ってきた。私はあなたに修練の必要はまったくないと言う。あなたは人間だ。そうではないかね?　もし私があなたに人間になるために修練しなければならないと告げたなら、あなたは何と言うだろうか?　ただ私を笑うだけだろう。それと同じことなのだ。あなたはすでに自由だ。自由になるために、霊的な修練をする必要などまったくないのだ。

質問者　何の訓練も必要ないのでしょうか？

パパジ　訓練？　あなたはすでに訓練されている（笑）。種から種へと生まれ変わる間に、あなたは充分訓練されてきた。すべての生き物の中で人間が最も訓練された存在だ。人類は非常に訓練された生き物なのだ。

どれほどのロバが存在しているだろうか？　どれほどの羊が存在しているだろうか？　どれほどの種の生き物が存在しているだろうか？　人類はたった六十億しかいない。他にどれほどの種の生き物が存在しているだろうか？　蟻、蚊、植物、水中生物を見てみなさい。それらと比べれば、人間の数ははるかに少ない。人間の中でも何人が単に四本足の代わりに二本足で歩くようになっただけの識別心のない動物だろうか？　二本足で歩くだけでなく、識別心と自覚がなければ、あなたは他の動物と何の変わりもないのだ。

何人の人間に「私は誰か？」という問いが起こるだろうか？　何人の人間が、「この『私』とは何だろうか？　それはどこから生じるのだろうか？」と尋ねるだろう？　世界中の何十億という人々の中でも、ほんの一握りの人だけだ。この問いが起こった人の中でも、何人が実際に正しい答えを見いだすだろうか？　何人がこのサンサーラの海を渡りきるだろうか？　そのような人に出会ったことがあるだろうか？　そのような話を聞いたことがあるだろうか？　これを達成した人は実にわずかしかいない。

この問いが尋ねられたとき、私たちの心は二千六百年前の仏陀に遡《さかのぼ》る。人類史全体を見まわしても、それがいかに稀な例であるかがわかる。これを達成した人はけっして多くはない。それはそれほどにも稀有《けう》な現象なのだ。一人の王子に、「自由になりたい」という想いが起こった。王子は妻の横で眠っていた。そして「私は誰なのか？」という想いが起こった。彼は宮殿を去り、この問いの答えを見いだしたのだ。彼がそれを成し遂げたため、私たちは今もなお彼の栄光を讃えている。彼の像や彼の教えに従うことに献身する僧院が世界中に存在する。彼の探求がそれほどの成功をおさめたからだ。彼がこの問いの答えを見いだしたのは二千六百年前のことだ。だが、この人はいまだに生きている。私たちは数百年前の自分の祖先について何も知らないし、その人を覚えて讃えるということはない。だが仏陀の名前は永遠に生きつづけるのだ。

彼の生涯は、この地上でいかに生きるべきかを示す真の模範なのだ。誰もが彼のように生きなければならない。これが最高の慈悲の姿だ。世界のためにできる最高の奉仕は、あなた自身を知ることだ。それで充分だ。あなたがどこにいようと世界はその恩恵を受けるだろう。あなたがどこに暮らしているかは問題ではない。たとえただ静かにしているだけでも、それで充分なのだ。

質問者　これが私たちの真の遺産なのです。

パパジ　遺産？　遺産などない。

質問者　遺産とはつまり私たちが生まれてきた理由ということです。

パパジ　ああ、そのとおりだ。この遺産はあなたの生得権だ。あなたは人間として生まれるだけの徳を積んできた。それ自体が偉大な成就なのだ。そのためにどれほどの種を生まれ変わってきたことか。何百万年もの間、あなたは自分が誰なのか、なぜこれらすべてが起こっているのかも知らず、種から種へと転生を重ねてきた。そして今、あなたは誰かと問うことのできる人間としての稀な生を得たのだ。しかも「自由になりたい」という想いが起こった。これは実に稀な組み合わせなのだ。けっして無駄にしてはならない。

それは難しくない。困難ではない。この自由を得るために修練をする必要はないのだ。

私がまだナーライ（ラクナウの中心地）に暮らしていた頃、スティーヴンという男性が私を訪ねてきた。

午後の散歩に出かける時間だったため、私は彼に一緒に来るように誘った。

歩きながら、彼は最初の質問をした。「サハジャとは何でしょうか？」。サハジャとは自然な状態を意味する。彼はこの自然な状態について聞いていたため、それがどういうものなのか、どうすればそれに到達できるのかを知りたかったのだ。

私は彼に言った。「これは自然な状態だ。周りを見まわしてみなさい。交通が行きかう中に公園がある。片側には郵便局、反対側にはレストラン、病院、動物園がある。たくさんの人がここに座っている。車やバスや人々が行きかう。これがサハジャの状態なのだ」

私が言ったことはそれだけだった。だが、彼は突然非常に興奮しだし、「私は悟った！　私は悟った！　私は悟った！」と叫びだした。彼は他に何も尋ねなかった。そのとき、この人にとってはこれがふさわしい答えだったのだ。

サハジャとは何か？　これがサハジャだ。あなたが今あるところのそれ、それがサハジャだ。あなたは善や悪といった観念、これはすべきだ、これはすべきではないといった想念でそれを覆《おお》い隠してしまう。混乱を招いたのはあなたなのだ。そしてその混乱の一部とは、この自然な状態に達するために何かをしなければならないという概念なのだ。あなたがどこへ行こうと、この状態を去ることはできない。それを家にしまっておいて、外に出ていくことはできない。それは常にあなたとともに在る。そして、それは常にあなたとともに在るだろう。それを得るのは最もたやすいことだ。なぜなら、そのために修練は必要ないからだ。それは自然なもの。すでにそこに在るものなのだ。

26 すべての現象は一瞬のうちに現れる

質問者　強烈な苦しみを体験した人たちが、本当に癒されることはあるのでしょうか?

パパジ　苦しみは過去の問題、人生で体験したショックな出来事が原因となっている。人々はその問題を解決するために、宗教関連のセンターやヨーガ・センター、セラピー・センターなどあらゆるところを訪れる。それが私が西洋で見てきたことだ。誰もが関係性の破局などから生じた問題を解決しようと、センターからセンターへと渡り歩いている。だが、彼らは皆間違った方向を見ているのだ。自由、解放、苦しみの終焉《しゅうえん》をセラピーの類《たぐい》に見いだすことはできない。だからこそ、私は自由への想いを呼び起こすことは実に稀なことだと言うのだ。それは本当に稀なことだ。そのようなセンターに行く人々は問題から逃げだしているだけだ。彼らはそれに直面しようとしない。彼らはふだんと違う身なりをしてヨーガや瞑想をすることで逃避している。これらのセンターに参加している人たちに、なぜそこに来るのかきいてみるがいい。彼らは何かの問題を解決するために来ているだけだ。誰も「私は自由を達成したい」と言う者はいない。自由を求める人は本当に稀だ。実に稀なことなのだ。

質問者　この苦しみは「私」と関わる間違った自己同一化から起こるのでしょうか?

パパジ　そうだ。すべては間違った自己同一化から起こる。苦しみは不運、過去の誤りから起こるとも言えるだろう。だが、主要な原因は身体とその感覚との自己同一化にある。人々が犯す主な過ちは、感覚器官を通して幸福を見いだそうとすることにある。ひとたびこの過ちを犯せば、あなたは一つの関係性から別の関係性へと苦しみつづけるだけだ。このような状態にある人々は、しばしば深刻な問題に巻きこまれる。

ある人は恋愛関係の破局から自殺しようと青酸カリをポケットにひそませて私のもとにやってきた。私はそのような人をたくさん見てきた。

私がスイスで出会った人もそのような人の一人だった。彼は私のことを聞いて、瞑想セッションに参加できるかと尋ねてきた。私は歓迎しますと答えた。それから、彼は少しずつ彼の話をしはじめた。彼はパリの数学教授で、家族と別れたばかりだった。

「私の妻は生後六カ月の息子を連れて、私の生徒の一人と駆け落ちしてしまったのです。私はここに死にに来たのですが、まだそうするだけの勇気がありません。もししばらくここにあなたといれば、勇気を得るかもしれません」

それから、彼は自殺のために用意したものを私に告げた。彼は財産と生命保険の証書を持っていた。それは彼が死んだ後、妻がすべての財産を受け取れるようにしたかったからだ。

彼の話を聞き終わった私はこう告げた。「あなたは愚かな人だ。私とインドに行きましょう。私は最初にパリに行くことになっています。私と一緒にパリに来なさい。それから一緒にインドに旅するのです。自殺などしてはいけない。私があなたに関係性に依存せずに幸福になる方法を教えましょう。あなたが今まで見たこともないような、そのようなふるまいをすることのない、あなたからけっして逃げ去ることのない伴侶を紹介してあげましょう」

彼は私の申し出を受け入れた。だが、彼は打ち明けた。「私にはインドまで行くお金がありません。でも、まだ車があります。それを売ればいくらかになるでしょう」

翌日、地元の新聞に広告を載せたところ、買い手が現れた。

「運転してみてください」と教授は言った。「一日乗ってみて、気に入るかどうか試してください」

「あなたはいくら欲しいのですか？」

「半額でかまいません」

「それは適正な価格とは言えませんね」と買い手が言った。

教授は彼を誤解していた。「走行距離を見てください。ほとんど走っていないのです。私のマンションから大学までの距離しか運転していなかったのですから」

「いいえ、そうではないのです。あなたの売り値が安すぎるのです。この車は半額以上の価値があります。それにほとんど使われていない。なぜそんなに安く売るのですか？」

「私は私の師とインドへ行きたいのです。その資金をつくるには、私にはこれしか残っていないからです。彼と一緒にインドに行くためには、どうしてもそのお金が必要なのです」

その人はその話が気に入ったらしかった。「それは良いことだ。ぜひあなたに計画通りにしてもらいたい。このようにまでしてインドに行くことは素晴らしいことです。新車と同じ額をお支払いしましょう。これは新車同然です。さあ、これであなたの師とインドに行けますよ」

彼は私と一緒に来て、約一年間をインドで過ごした。彼が問題を克服したのを見定めると私は言った。

「これでヨーロッパに帰っても大丈夫です。あなたは数学の教授だ。新しい仕事を得るのに困難はないでしょう。もし望むなら新しい奥さんをもらうのもいい。もう何も問題は起こらないでしょう」

人々は深刻な苦悩に巻きこまれ、どう対処していいかわからずにいる。私はそのような人をたくさん知っている。一人や二人ではない。彼らはアーシュラムやセンターを訪れてみたものの、何の変化も改善も見られなかった。真の変化は、幸福や愛が外側の物事とのやりとりから生じることはないと真に理解することで起こるのだ。

あなたが誰かに恋をしたとしよう。そしてその人は今ロンドンにいる。あなたはロンドンに行かなくてはならない。なぜなら、愛しい人がロンドンにいるからだ。あなたはそこまで旅をしなければならず、そのためにはお金も必要だ。だが、もし愛する人が呼吸よりも近くにいるとすれば何が起こるだろうか？　もしどこかへ走りだしたなら、あなたは彼女のほうへ向かっていくのではなく、彼女から走り去ることになるだろう。もし走れば、あなたは愛する人から逃げだすことになる。いつであれ、何か他のものを探すとき、呼吸よりもあなたに近い彼女以外の何かを求めるとき、あなたは彼女から離れ去ってしまう。これが通常起こることだ。もし自由が欲しいなら、走りだすのをやめなければならない。とどまることを学びなさい。そしてあなたが今いるところに在りなさい。

自由はあなたの内にあり、あなたから分離した物事の中にはないということを理解しなければならない。その場所を確かめたなら、「いつ私は自由が欲しいのか？」ということを定めなければならない。これは大きな決断だ。あなたは何百万年もそれを先延ばしにしてきた。決意しなさい、たった今。

質問者　その決意とは何でしょうか？

パパジ （ニュージーランドから来た人に向かって）あなたはこの決意について私に手紙を書いた。それは核心を突いていた。あなたはこの決意の源とどうしてそれをいままでそれを先延ばしにしてきたかについて書いた。そしてついに決意したのだ、「これは私自身の真我だ」と。それはわずかな言葉でありながら、実に素晴らしい手紙だった。私はあなたに何か書くように頼んだ。そしてあなたは決意したのだ。あのような言葉は源そのものから現れる。私はあなたに言葉が生まれだす場所から書いてほしかった。それをあなたは見いだした。すべての言葉、すべての活動はこの源から現れ出る。

真我、真我実現、悟り、真理、自由——これらは何だろうか？　どこにあるのだろうか？　この問いに時を捧げなさい。そして自分自身で答えを見いだしなさい。私たちは距離という概念からはじめた。あなたは今どこにいるのか？　目的地に着くまでどれほど行く必要があるのか？　それははじまりであり終わりでもある。そして道全体がその中に含まれている。距離も場所も存在しない。つまり道も存在しないのだ。それを知り、理解するとき、すべては終わる。すべてが終焉するのだ。旅するべき距離はもはやない。

あなたは私に言った、「私には言い表せません」と。だが、後で私が描写するようにと説得したとき、あなたはそれを言い得たのだ。それが描写だ。だが、それと同時にそれはあなたの描写ではないのだ。

質問者 それを書いたとき、私はかなりの病気だったのです。

パパジ それは「あなたの」描写ではない。「あなた」が描写したのではない。あなた自身そう言ったはずだ、「私には言い表せません」と。あなたのスートラは「はじまりから終わりまで」だった。それがあなたにとって必要なすべてだったのだ。すべてはこの言葉に含まれていた。これを解くために本の中を探す必要はない。はじまりと終わりが同じ場所であることを、あなた自身で見いださなければならないのだ。

（「スートラ」という言葉は一般に経典を意味する。だが、ここでは簡潔な言葉に表された偉大な霊的真理を意味している）

新たな質問者　世界という幻想に夢中になることから目を覚ますために、苦しみが必要とされるのでしょうか？

パパジ　苦しみとは何だろうか？　「私は源にいない」、これが苦しみだ。それだけだ。「私は今、我が家にいない」が苦しみなのだ。

今、超一流のホテルでとても心地よく眠っていると想像してみなさい。部屋の扉は閉じている。眠りの中であなたは夢を見はじめる。あなたはその夢の中で海外に行き、そこで強盗に襲われようとしている。彼らはあなたを取り囲み、今にも殺そうとしている。それがあなたの置かれた状況だ。この恐ろしい状況で、あなたは「助けて！　助けて！」と叫ぶ。なぜなら、あなたは本当に殺されてしまうと信じているからだ。誰があなたを助けるというのだろう？　いったい誰が？

実際は、あなたは超一流のホテルにいる。部屋の中には電話があり、すぐにでもマネージャーか警備員を呼びだすことができたはずだ。あなたは完全に安全な環境にいる。それにもかかわらず、自分自身の想像による夢の世界でひどく苦しんでいるのだ。あなたは源にいない。あなたは夢見の身体と自己同一化することで源を去ってしまった。ただそれだけがこの苦しみの原因のすべてなのだ。

「私は身体だ」という概念は、あなたを源から連れだした。そしてひとたび源を離れれば、果てしない苦しみが続くことは避けられない。苦しみは常に「私は身体だ」という概念とともにはじまる。誰がこの概念を抱いているのか？　身体は「私は身体だ」とは言わない。自分自身に尋ねてみるがいい。そして身体が何というか見てみるがいい。足から見てみなさい。足は「私は身体だ」とは言わない。「私は足だ」とさえ言わない。それはこの問題とは何も関係ない。「私は身体だ」と言うのはあなたなのだ。

私は身体だという概念への執着は偽りの想像から起こる。想像は、ホテルの中で安全だったにもかかわらず、夢見の身体の中にいたあなたを苦しめた。そして想像は、目覚めの状態で誤って自分が身体だと信じるとき、あなたを苦しめる。真実ではないことを想像するたび、あなたはその結果に苦しまなければならない。それは蛇とロープの物語のようなものだ。ロープを蛇だと想像するとき、あなたは恐怖に苦しむ。だが、それはただのロープにすぎないという真理を知れば、苦しみは消え去るのだ。想像上のものを信じるかどうかはあなたの選択、あなたの決断なのだ。つまり、それを信じないこともできるということだ。想像あるいは概念を信じるかどうかは、あなた自身の決断にかかっている。

私はあなたに強要しているわけではない。だが、いつかはこの決断を下さなければならないときが来る。それはとても静かな過程だ。私はあなた自身の源、あなたの家について語っている。あなたの神は非常に寛大で慈悲深い。あなたはいつでも我が家に、あなたの神に、あなた自身の真我に戻ることができる。それは強制ではない。帰りたいときに帰れば、いつでもあなたは迎え入れられるだろう。もし望むなら、まだ外側で遊ぶこともできる。だが、我が家に帰るという最後の決断をしたなら、あなたは温かく迎え入れられるだろう。

私はあなたの手紙を読んでいた。「長年の探求は終わりました。何百万年もの探求が……」。この何百万年が、実在の見地からどのように見られるかということをあなたに話そう。数日前、私は自分の過去生のすべてを見たという話をあなたにしたはずだ。だが、もう一度詳しくその話をしよう。なぜなら、それはあなたの言葉と深く関係しているからだ。

あるとき、私はガンジス河の岸辺に一人座っていた。そのとき、私は自分の輪廻《りんね》転生の物語すべてを見たのだ。それがどのようにはじまり、異なった種の生命から生命へと転生していくのかを私は見ていた。その中で私はあらゆる種類の海洋生物、魚だけではなく、数知れない海中の生き物の生命を通り抜け、岩石としての生命、植物としての生命、動物としての生命を経て、人間としての生命にたどり着いた。そこには別の惑星での生命さえあった。私はそこで異なった身体と異なった心をもっていた。この過程が流れていく間、私はこれらの身体を通して生きてきたことを知っていた。だが、同時にガンジス河の岸辺に座っている自分にも気づいていたのだ。岸辺に座りながらこれらの生命の流転を見ていた私は、あたかも一つ一つそれぞれの生命の一生を体験しているかのように感じられた。これを説明することは不可能だ。だが、望みさえすれば今でもそのときに見たことを見ることができる。これとは別の機会に、私はより現在に近い人間としての生も見たことがある。

この長い転生の過程の最後に、私は私の師ラマナ・マハルシの姿を見た。そして、あたかもそこにいるように彼が目の前に立って現れた瞬間、誕生の連鎖は終焉したのだ。さて、この出来事全体の奇妙な点は、私がこれらすべての何百万年もかけた生命の流れを再体験している間、ガンジス河の岸辺での時間の経過は一秒にも満たなかったということだ。

真我に帰りついたとき、それまで体験してきた無数の転生における時間の経過は実在ではなかったということを、あなたは即座に理解する。それは一瞬の時のように見える。我が家に帰りついたとき、あなたはこの秘密を直接知って大笑いすることだろう。体験している間、それは非常に長い時間に見える。だが終焉するとともに、それはほんの一瞬の想像がただ拡張されただけにすぎなかったということを知るのだ。

このガンジス河の岸辺での体験以前、私はこの輪廻転生が一瞬のうちに圧縮されているということについて誰に尋ねたことも、語ったこともなかった。その後も私はそれについて人に話さなかった。今まで読んだ本でも、このことについて述べているものはなかった。そのため、私はそれについてただ黙っていた。それから数年後、パリにいたとき、私はある仏典*に仏陀がこれと同じ体験をしたと書かれているのを目にした。実際は、その仏典はフランス語版だったため、ある人が訳して読んでくれたのだ。この似通った記述を聞いたことが、ともかくも私を得心させたのだった。

今、私は自分の直接体験から、すべての現象が一瞬のうちに現れると言うことができる。これがあなたが時間を超えたときに明らかにされる秘密なのだ。それと同じことが夜中に起こる。夢の中で途方もない時間が流れたように感じられる。だが、目を覚ましてみると眠りについてからほんの数分しか経っていないことに気づく。夢の中で一生を過ごすこともできる。そして一生分の苦悩を味わうこともできるのだ。

最終的に真我に帰りついたとき、あなたは自分が誰なのか、自分が何なのかを知る。そして長い間あなたを夢中にさせてきた幻想である世界の現れの真の本性を知る。そしてそれを超越したとき、真の自由とは何かを知るのだ。あなたはその最終的な安息の地で、本当は自分がいままでどこにいたのかを知るだろう。あなたは自分が何かであり、どこか他のところにいると信じることを選んだため、意味もなく苦しんできた。実際、あなたは常に知っていたのだが、それを無視することを選んだのだ。あなたは今もそれを無視している。なぜなら、私の言うことを信じられないからだ。その代わりに、あなたは自分の想像を信じている。そして自由が自分の生得権であること、それは常にここに存在し、常にあなた自身であるということが信じられない。誰もこれを信じようとしない。それゆえ、誰もがすでに安らいでいるはずのその場所に到達しようと努力を重ねるのだ。さまざまな方法やさまざまな道が存在する。だが、それらはすべてあなたが本来のあなたとは異なるものだという想像を強め、維持させるだけなのだ。

質問者　私が手紙に書いた状態は静かな満たされた状態でした。外側に走りだす衝動や人々あるいは物事と結びつこうとする衝動は不在でした。それを説明することは困難です。実際、私はまったく何もしたくないのです。

パパジ　これがそのときだ。この瞬間は楽しむためにある。できるかぎり楽しむがいい。そして何でも好きなことをするがいい。楽しみなさい！

質問者　楽しみですか、それとも死ぬことですか？

パパジ　楽しみなさい！　これは喜びなのだ！

質問者　はじめに、あなたは私が死ななければならないと言われました。そして今、私は楽しむべきだと言われます。

パパジ　それらは同じことだ。異なってはいない。心をコントロールする必要はない。あなたは自分の心をコントロールしなければならないと感じているのかね？

質問者　私にはもうどうやってコントロールするのかわかりません。

パパジ　（笑いながら）上出来だ！　人々はプラーナーヤーマや瞑想で心をコントロールしようと躍起になっている。これが正しい見方だ。なんとシンプルだろう！

私はボンベイにいる一人の高校生を知っている。彼女は私がボンベイにいるとき、母親と一緒によく私を訪ねたものだ。当時、彼女は十八歳か十九歳だったに違いない。

あるとき、彼女は私に言った。「私は必要なときだけ心を使います。そうでなければ放っておきます。必要のないときはどんな思考も起こりません。学校に行き、勉強をし、食べたり寝たりしますが、そのために心を必要とすることはありません。それでも、何かで必要になれば、それはまだそこにあります」

これが正しい態度だ。心を道具として役立てることはできる。だが、それにあなたの人生を支配させたり、破滅させたりしてはならないのだ。

＊訳注　ある仏典　プンジャジがフランスで読んだ仏教聖典は『大般涅槃経』。

27 誰もそれを言い表した者はいなかった。誰もそれを言い表せないだろう

質問者　目覚め、夢見、眠りの三つの状態は幻想の一部なのでしょうか？　そしてもしそうなら、それらがその中に現れる第四の状態トゥリーヤもまた幻想なのでしょうか？　このトゥリーヤはどこから現れるのでしょうか？

パパジ　そこにはもう一つの描写不可能な状態が存在する。トゥリーヤはあなたが拒絶する他の三つの状態との関係において存在している。それはこの拒絶と関係しているのだ。理解できるだろうか？　それが拒絶された状態と関係をもっているため、それ自体もまた一つの状態なのだ。それゆえ、それは拒絶されるに値する。これらすべてを超えた彼方にトゥリーヤーティータ（第四の彼方）がある。それは誰にも理解できないものだ。

ある意味では、トゥリーヤを心で理解することはまだ可能だ。眠りの中にはまだあなたに、「私は良く眠った」と言わせる気づきが残されている。その知識、その気づきは第四の状態との接触から現れるのだ。目覚め、夢見、眠りの三つの状態は、その第四の状態つまりトゥリーヤの中で現れては消え去る。第四の状態から三つの状態の一つに立ち帰ることはできる。例えば、次の目覚めの状態に。

そこにはこれら四つの状態を完全に超えたものがある。何か彼方の、変化や進展のない状態だ。それが原初の基盤、すべての土台、すべての概念を超えたものだ。それは他の四つの状態とは異なる。なぜならそれはすべての状態を超えているからだ。

第四の状態、トゥリーヤはいまだに一つの概念でしかない。それはまだあなたの心で理解できるものだ。心は、三つの他の状態の根底に横たわり、深い眠りの間に継続している気づきについての概念を把握することができる。だが、その残余の気づきの背後にあるもの、その彼方にあるものについては、いかなる観念や概念を抱くこともできないのだ。

鋭敏な知性は多くの物事を理解し、体験することができる。だが、このトゥリーヤーティータは理解することも、それに触れることもできない。人々は体験をもつ。知性はそれを理解し、その体験を「悟り」と呼ぶ。たいていの人がこの過ちを犯す。彼らは明瞭な知的理解と、その中ではいかなる理解も不可能な本来の状態の真の体験とを取り違えるのだ。真の体験は理解とは何の関係もない。トゥリーヤーティータは体験を完全に超えた体験なのだ。いままで誰もそれを言い表した者はいなかった。そして誰もそれを言い表せないだろう。誰もそれを語った者はいないのだ。

質問者　バクタ（帰依《きえ》、愛の道を行く者）の実現とジュニャーニ（知の道を行く者）の実現の違いは何でしょうか？

パパジ　バクティ（帰依）には常に二元性の概念が維持されている。個人的な神への帰依が二元性の要素を不可避なものにするのだ。この二元性が続いているかぎり、それは死後、あなたを神々の領域に連れていくだろう。そのような天上界の描写は多く存在する。だが、それらはみな精神的なものでしかない。概念、心の創造物でしかないのだ。たとえ偉大な聖者であろうと、帰依者たちはそのような概念を信じ、彼らの概念に応じた天国へ行くことになる。彼らが今生のうちに真の自由を切望することはない。なぜなら、死とともにヴァイクンタのような天上界に行くと信じるよう条件づけされているからだ。心の力がこのようなローカ（天国）を創りだす。そして死後にそこへ行き、それを楽しむのだ。死後に行くことのできるさまざまな天国が存在する。そこでは、あなたは絶え間なく楽しい時を過ごしている。だが、それが実在だという意味ではない。私の語る自由は、そのようなさまざまな世界に不必要に現れつづけることからあなたを解放する。それらの世界ではこの自由について語られることはないのだ。

質問者　では、それらの領域に行った人たちは、最終的にふたたび再生しなければならないのでしょうか？　彼らは地上に戻ってまた人生を繰り返すのでしょうか？

パパジ　あらゆる幸福や快楽が手に入り、年老いることもない、一見苦しみが存在しないようなところで自由への欲望を抱くのは非常に難しいことなのだ。それらの神々のローカ（天国）はすべてが実に美しい。人々は考えてしまう、「私にはこれで充分だ。これ以上何が必要だというのか？」と。だからこそ、そのようなところで自由への欲望を抱くことは本当に稀なことなのだ。トゥカーラーム、ナームデーヴ、トゥルシーダース[*1]のような偉大なバクティ（帰依）の聖者でさえ、皆死後に天上界に生まれ変わることを切望していた。彼らは帰依心を通して永久的に神々とともにとどまることを望んでいたのだ。神への強烈な帰依心をもった帰依者たちは神々のローカへ行き、そこに何千年もの間とどまる。だが、もし真の自由を求めているなら、遅かれ早かれ彼らはここに戻ってこなければならないのだ。

質問者　ミーラバイ[*2]はどうなのですか？　彼女もそのようだったのですか？　それとも、最後に彼女は変わったのでしょうか?

パパジ　彼女は最後に彼女の態度と見方を変えたのだ。他にもそのような聖者は何人かいる。ミーラバイははじめ女王だった。そして詩聖でもあった。彼女は王宮の特権を放棄して森で暮らした。彼女があまりにも有名になったため、インドの王は彼女に会うことを望んでいた。

彼は大臣に彼女との会見を整えるように命じた。だが、首相は彼に言った。「もしあなたが王として会いに行ったなら、彼女は受け入れないでしょう。彼女はすでに皇族の特権という罠を棄て去り、ヴリンダーヴァン*3で暮らしているのです。そしてそこで乞食のような生活をし、エクスタシーの境地の中で神への賛歌を歌いつづけています。彼女は神聖な狂気を生きながら、ときには木の洞《ほら》に住み、ときには旅をし、ときには神への賛歌を歌います。私に一つ提案があります。変装してそこへ行くのです。私と一緒に召使の服を着ていきましょう。

王はこの案に同意した。そして二人はミーラの暮らすヴリンダーヴァンの森へと向かった。長い間探しまわったあげく、やっと二人はミーラを見いだした。彼らが近づくと、彼女は目を閉じたままエクスタシーの境地に没入していた。彼らは一時間そこに座り、彼女がその状態から出てくるのを待っていた。ついに彼女が目を開いて彼らを見たとき、王はこのような内面の美を今まで見たことがないことに気づいた。彼は彼女から放たれる純粋な輝きに包まれていた。そして彼女の身体からあふれくる静寂が王を幸福で満たしたのだった。ところで、自分に幸せをもたらした者に報酬を与えるのが王というものだ。彼は召使を装っていることを忘れてしまった。思わず懐《ふところ》を探ると、ダイヤモンドの首飾りを取り出してミーラに手渡そうとした。かつて女王だったミーラは、王にしかそのような宝石を所有できないことを知っていた。

「私はそのような宝石をすべて棄て去ってきたのです」と彼女は言った。「それはいただけません」

こうして、王は彼女の足元にひれ伏すとその場を立ち去ったのだった。

これが彼女の生きた人生だ。何ものにもとらわれることなく、森に暮らし、何であれ彼女のもとへ来た食べ物を食べるだけだった。

私は、彼女が個人的な神への帰依を最終的に放棄したと伝える詩を読んだことがある。その詩はこう詠《うた》っている。「ついに私はベッドを見つけた。私の愛しい人が横たわるベッドを。今、私は眠りにつく」

もう少しこの詩について語ろう。はじめに、私は彼女の人生について説明しなければならない。彼女はクリシュナ神を愛することだけに全人生を捧げた。その愛が起こったのは彼女が七歳のときだった。彼女は道を行く結婚式の行列を宮殿から眺めていた。そして母親に何が起こっているのかと尋ねたのだ。インドでは、花婿は馬の背に乗って花嫁を家まで迎えに行く。それが今彼女が目にしたものだったのだ。

母親は言った。「彼は花婿で、これから花嫁の家へ結婚するために行くところなのですよ」

ミーラは尋ねた。「私の花婿は誰なの？」

母親は答えた。「クリシュナよ」

彼女のクリシュナへの愛は、このとき火を灯《とも》された。そして彼女は生涯他の誰を愛することもなかったのだ。

さて、詩に戻ろう。彼女は詩の中で「ニルグン」という言葉を使っている。ニルグンとは「形なきもの」という意味だ。彼女は彼女の愛しい人がニルグンであり、ベッドもまたニルグンだと詠っている。彼女は言う、「今、私は『形なきもの』とベッドをともにする。そこにはもはや別れはない」と。

これが彼女の言葉だ。そしてこれが物語の終わりなのだ。それが自由と呼ばれるものだ。これを読んで、私はこれこそ彼女のバクティが完結したところだと感じた。

他の聖者たちも詩の中で似たような意味を表している。私はトゥカーラームにも同じようなことが起こったことを示す詩を読んだことがある。だが、その詩はミーラバイの詩ほど明確ではなかった。

カビールの物語もまた興味深い。彼はラーマ神の帰依者だった。なぜなら、彼のグルがラーム・バクタ(ラーマ神の帰依者)だったからだ。彼のグル、ラーマーナンダはブラーフマナ階級[*4]だったため、ブラーフマナ以外の階級の者は誰も弟子として受け入れなかった。ブラーフマナではなかったカビールは、ラーマーナンダ以外に彼のグルとなる人はいないと確信し、彼からディークシャ(イニシエーション)を受けることを決意した。しかしながら、そのイニシエーションをラーマーナンダから受けるためにはある種の策略が必要だった。

ラーマーナンダは早朝まだ暗い頃、ヴァーラーナスィー(ベナレス)のガートに来て沐浴をするのが常だった。カビールはラーマーナンダが通る階段のところで横たわると、彼が偶然にカビールの身体の上に足を降ろすことを期待して待っていた。それは計画通りに成功し、翌朝、暗闇の中でラーマーナンダの足はカビールの身体に触れたのだった。足元にある予期せぬ物体に足を触れたとき、ラーマーナンダは思わず「ラーム、ラーム」と言った。カビールはこれをラーマ神のマントラのイニシエーション(伝授)として受け取ったのだ。そのとき以来、ラーマ神の名が彼の唇を離れたことはなかった。

カビールの職業は機織《はたおり》だった。ときおり、織機の糸が切れることがあった。そんなとき、彼は機《はた》を織る手を止めて、糸を繋《つな》げなければならない。この仕事にはたいへんな集中が必要とされるため、ラームのジャパ

（称名《しょうみょう》）を止める他なかった。この問題を解決するため、彼はラーマ神に祈った。

するとラーマ神が彼の前に姿を現し、「あなたは称名を続けなさい。私が糸を繋ぎ、機を織りましょう」と言ったのだ。

そしてその通りのことが起こった。糸が切れると、カビールはそれを無視して称名を続けた。そしてその間はラーマ神が糸を繋ぎ、機を織ったのだった。カビールの称名は二十四時間自動的に続く境地に達した。この地点に達すると、唱える人が意図することなしに名前がそれ自体の名を唱えはじめる。そしてそれは目覚め、夢見、眠りのすべての状態の根底を流れつづけるのだ。

このようないきさつがありながらも、ラーマ神への二元的な帰依を超越して最終的な解脱《げだつ》を体験したことをほのめかす言葉が、カビールの詩のいくつかに見られる。

ある詩の中で彼は詠《うた》っている。「カビールは言う。ラーマ神の名を忘れたのは良いことだ。それは私の全人生に覆《おお》いかぶさっていた幽霊だったのだ。今、私は自由になった。今、私は自由だ。私は自己の本性に帰りついた。私は今、常に私であったものとして在る」

私の目から見れば、これはきわめて明確に示されている。だが、カビールの詩は私が精通していない古い方言で書かれている。私が数人の西洋人を連れてヴァーラーナスィーにいたとき、カビールの僧院を訪れた。この興味深い詩に新たな光をもたらすことのできる専門家がこの僧院にいるかどうか知りたかったのだ。そこの僧が皆バクタ（帰依者）であることは知っていたが、原典の言葉が何を意味しているのかを忠実に説明できる人がいるはずだと思ったのだ。

僧侶の長老は非常に年老いていた。おそらく九十歳を越えていただろう。彼は私の示す詩のことさえ知らなかったが、僧院には一人のパンディット（神学者）がいるから、彼が助けになるだろうと言った。そこにはヴァーラーナスィー・ヒンドゥー大学の学者もいて、彼が著作中のヒンディー語による本のためカビールの文献を集めて調査しているところだった。

私はパンディットと大学の学者の二人と、この詩について語りあった。すぐに彼らがその詩に二元的な解釈を与えたがっていることが明らかになった。二人ともカビールがラーマ神への帰依を超越して、マントラを棄て去ったことを受け入れようとはしなかったのだ。私にとってその意味は明確だった。だが、彼らは二元的解釈でそれを覆い隠そうとした。その場にいたオーストリア人のグループですら、彼らが自分の好む哲学に適応するように言葉を曲解していることを見抜いた。彼らは学者たちの解釈に対して抗議の議論さえもちかけた。

最終的には、真我に到達しなければならない。そして非二元的な状態にとどまるのだ。礼拝する者と礼拝される者という二つの自己が存在するわけではない。もしも望むなら、真我を「ラーム」と呼んでもいい。もしそれがあなたの目的にかなうなら、あなたを真我に近づけるのなら何と呼ぼうとかまわないだろう。「真我」でさえただの言葉でしかない。それは名前が差し示す実在ではないからだ。この最終の地に名前はない。それについて考えることはできない。それを感じることさえできない。それは想念と感情の彼方に在るからだ。

＊**訳注1　トゥカーラーム Tukaram**　（一六〇八～四九）マハーラーシュトラ州のプーナ近郊に暮らした偉大な詩聖。ラーマ神に捧げる詩を多く残した。

ナームデーヴ Namdev　（一二七〇～一三五〇）仕立屋を職業としたマハーラーシュトラ州の聖者。インド各地を広く遊行しながらジャパ（神の名を称えること）を広めた。

トゥルシーダース Tulsidas　（一五三二～一六二三）ヒンドゥー教文学の最高峰である『ラームチャリトマーナス』を書いた偉大な聖者。ラーマーナンダ、カビールの系統に属する。

＊**訳注2　ミーラバイ Mirabai**　（一四九八～一五四六）王族の生活を放棄してクリシュナ神に生涯を捧げた北インドの高名な詩聖。彼女の詩は現代でもインド中で歌われつづけている。靴職人の聖者ラヴィダースをグルとする。正しくはミーラーバーイー。『ミラバイ訳詩集』（ブイツーソリューション出版）を参照されたい。

＊**訳注3　ヴリンダーヴァン Vrindavan**　美貌の牧童だったクリシュナ神が幼少時を過ごし、魔神カンサを倒して、牧女たち（ゴーピ）と恋に戯れた北インドの聖地。

＊**訳注4　ブラーフマナ階級 Brahmana**　インドのカースト制度の最高位である祭官階級。その下にクシャトリヤ（武人階級）、ヴァイシャ（庶民階級）、シュードラ（隷民階級）が続く。

28 想念と想念の間

パパジ （ある人の住所が書かれている古い日記のページをめくりながら）このページには、パンジャブ地方で出版され、ウルドゥー語で書かれた私に関する記事が書かれている。その記事は何年か前に出版されたのだが、その記事が与えた強烈な印象は、私を探すためにその人をラマナアシュラマムまで来させたのだった。アーシュラムは私の住所を与え、ついに彼は私を捕まえたのだ。これはペルシャの言語だが、私が翻訳しよう。

「この愛の授業にはとても奇妙な規則がある。授業を終えた者は家に帰ることを許されないのだ」

わかるだろうか？　ふつうの学校なら、授業を終えたら家に帰りなさいと教師は言う。この愛、神の愛の学校では、その科目をマスターした後もそこにとどまらなければならない。一生の間、けっしてそこを去ることは許されないのだ。これが愛の授業で真の愛が教えられたときに起こることだ。

質問者 もうそこを離れたくなくなるのですね。

パパジ あなたはもっともっと深くその中に入りこんでいく。そして去ることも、あなたが来たところへ帰ることもけっして許されないのだ。なんと素晴らしいことだろう。

（別の人のほうを振り向いて）あなたは瞑想をしているのかね？　何に瞑想しているのかね？　知覚や想像

を超えたものに瞑想するがいい。

質問者　想像が起こったとき、どうすればいいのでしょうか？

パパジ　それが私の言っていることだ。想像を超えたものに瞑想しなさい。どんな知覚にも想像にもしがみつかないよう心を解き放ちなさい。

質問者　ええ、あなたの言われることがわかります。過去が入りこんできたとき、何が起こるのでしょうか？

パパジ　よろしい、過去がやってきた。あなたが瞑想している間に過去が入りこんできた。それは想念の形で入ってくる。そうではないかね？　一つの想念が入りこみ、次の想念がそれに従う。そして一連の流れが続いていくのだ。一つの想念を選び取りなさい。第一の想念が現れたとき、それを選び取りなさい。私は想像に瞑想してはならないと言った。それでも想像はまだ起こる。その想念が現れたとき、ただそれを見なさい。そして何が起こるか私に言いなさい。

質問者　それは消え去ります。

パパジ　簡単に解決したようだ。そしてそれから？

質問者　別の想念が入れ替わります。

パパジ　私は目の前に現れた想念を見るようにと言ったはずだ。そして見ることで何が起こるか私に言いなさいと言ったのだ。それは消え失せたとあなたは言った。それから、別の想念がとって代わった。さて、はじめの想念が消え失せてから次の想念が現れるまでに、そこにはギャップが、空間があるはずだ。この空間を見なさい。はじめの想念が消え失せ、次の想念はまだ現れていない。この合間を見なさい。今しなさい！　時間を無駄にしてはならない！　すばやく見るのだ。そして何がそこにあるか言いなさい。

質問者　何もありません。

パパジ　それは消え去った。もう一度見なさい。以前の想念は去った。それがどこへ行ったのかを見なさい。その消滅を見極めなさい。あなたはそれを成し遂げなければならない。何度でも試みることだ。あなたがものにするまで。これを確実にやりなさい。そうすれば次の想念は現れないだろう。これらの想念は羊なのだ。屠殺者がそこにいることを知れば、羊はやってきて鳴き声をあげることもない。

質問者　これをすることと想念を抑圧することとの違いは何でしょうか？

パパジ　これは抑圧ではない。

質問者　ですが、抑圧と無との違いは何なのでしょうか？

パパジ　私は抑圧することを許さない。抑圧はヨーギのためのものだ。それは私の教えではない。私は何であれ来るものを受け入れることを教える。もし想念が来るなら、受け入れなさい。想念はあなたの内側に起こる。それを受け入れるがいい。今、この想念は次の想念が入ってくるために場所を空けなければならない。それを行かせなさい。それにしがみついてはならない。抑圧しようとしてはいけない。それが去るにまかせなさい。それが消え去るとともに無想の状態になることに気づいていなさい。この状態に時間を与えなさい。想念と想念の間の無想状態を見いだすのだ。この無想は抑圧ではない。抑圧の方法に従えば、あなたは想念に押し殺されてしまう。想念が去り、次の想念が現れる前にギャップが存在する。それが真のあなたなのだ。それは抑圧ではない。それがあなた自身の真我に帰りつくことなのだ。

質問者　それでは、この方法では誰があるいは何が思考しているのかを見いだそうとはしないのですか？

パパジ　私は、もし想念が来るなら来させなさい、それが何であれ来させればいいと言っているのだ。

質問者　それが来るかどうか、それが何であるかは問題ではないのですね？

パパジ　それが何であろうとも、来るにまかせなさい。想念はあなたと戯《たわむ》れに来たのだ。それが何なのかは問題ではない。それに来させて遊ばせるがいい。サッカーやテニスをするとき、あなたはただそれをするだけだ。しばらくの間走りまわり、ボールの動きを楽しんで、それで終わりだ。ゲームが終わっても帰らずに残る人は誰もいない。勝者も敗者も家に帰るのだ。

誰もが空に戻らなければならない。これが安息の地、これがあなたの本性だからだ。それを忘れてはならない。ゲームを楽しむのもいい。楽しんだ後で家に帰るがいい。誰がそれを楽しんではならないと言ったのかね？　あなたから楽しみを取り上げてはならない。それを楽しむがいい。ただそれらにあなたを楽しませてはならないだけだ。

質問者　私のようなふつうの生活をしている人間に、毎日一定の時間、このような瞑想をするようあなたは勧めますか？

パパジ　瞑想はいつもするべきだ。一瞬一瞬、一つ一つの呼吸ごとに瞑想しなさい。

質問者　歩いているときも、座っているときも……

パパジ　そうだ。何が起こっていようと、座っていようと、生きていようと、死に際であろうと。さて、あなたは次に来るべき質問、「なぜか」を問わなければならない。だが、あなたが尋ねる前に私が答えよう。「これがあなたの本性だからだ。これがあなたの本性なのだ」。それゆえ、一瞬一瞬、一秒ごとに瞑想は続いていかなければならない。それはあなたの自然な状態なのだ。あなたはいつも自然な瞑想状態にある。だが、問題はあなたがそれを否定していることだ。

質問者　なぜでしょう？

パパジ　あなたが「私」を見るとき、あなたは瞑想の中にいる。あなたが「私」を見ていないとき、あなたは瞑想の中にいることを否定するのだ。誰が否定しているのか？　この「私」をつかまえなさい。そうすれば、それは否定することも受容することもできない。「私」が「私」でないときがあるだろうか？

質問者　それが私に問題をもたらさないときです。「私」が存在しないとき、それは私に問題をもたらしません。

パパジ　「私」はいつもそこにある。この「私」はあなたの真の本性だからだ。「私」に戻るために瞑想する必要はない。あなたは「私」そのものだからだ。

質問者　しかし苦しみをもたらすのは自己（self）ではありませんか？

パパジ　真我（Self）が苦しみをもたらすのではない。苦しみをもたらすのは自我なのだ。「私は誰それだ」という概念を抱いたとき、自我が自分は某《なにがし》だと決めたとき、苦しみははじまる。あなたがただ「私」だけのとき、苦しみはない。「私」が「ティム」になったとき、苦しみははじまるのだ。あなたは朝目覚める。誰が目を覚ますのか？　ティムが目覚めるのだ。朝の最初の呼吸でティムは目を覚ます。そして世界が現れ、それと同時に苦しみが現れる。「私」をそのままにとどまらせなさい。苦しみはいつも過去に関わる他の物事、他の環境と関係している。苦しみは過去とつながっているのだ。

会話のはじめに戻ろう。一つの想念が消え去った。そして次の想念はまだ来ていない。もし想念の合間に現れるギャップを見てその中にとどまれば、どんな苦しみもありえない。どんな苦しみもそこに入りこめない。ただそれを見なさい。私たちが苦しむのは、これに注意を払わないからなのだ。

29 測り知れない海、底なしの海

質問者　自由とは無欲の状態です。しかしひとたび自由を体験したら、ときおりそれをより完全に実現したいという欲望が起こる、と何度かあなたは言われました。

パパジ　ああ、それは良い論題だ。私たちの誰もそれについて討論できる者はいない。だが、それでもそれは良い論題だ。それは討論するにはあまりにも神聖なことだ。だが、それでも私はそれを好む。

（沈黙）

私は言葉を探している。ある言葉を探す間、しばらく待っていてほしい。

（長い沈黙）

あなたの言うとおりだ。欲望はそこにある。いつも、いつのときも、そこには絶えざる欲望がある。自由に達した後でさえ、それはまだ続いていく。自由は顕現（世界の現れ）を消し去ることを可能にする。その瞬間、あなたは非顕現に入る。非顕現からこの欲望は起こるのだ。それはその彼方を探し求めようとする衝動だ。これは測り知れない海、底なしの海だ。それはすべての概念を超えている。それは意識そのもの。そしてその深さを測った者は誰もいない。空の中でさえ、この「非顕現」と呼ばれる状態の中でさえ、この「非顕現」、この自由を超えていこうとする衝動が起こるのだ。

あなたが自由を得たとき、あなたが束縛からの自由を勝ちとったとき、あるいはむしろ、束縛という概念からの自由と言うべきだろう。なぜなら、束縛はまったくの想像でしかないからだ。ある人が自分は束縛されていると想像し、終わりのない誕生と死のサンサーラに捕われていると考える。それゆえ、自由への欲望が起こる。自由が束縛を破壊するわけではない。束縛は実際に存在しないからだ。それは束縛という概念を破壊するだけだ。束縛が概念であるため、あなたがそれを信じている間は、束縛からの自由もそれに関連したもう一つの概念でしかない。自由とは、その両方の概念から自由になることなのだ。だが、サンサーラという概念から自分自身を解き放つことだけでは充分ではない。これがあなたの質問だろうか？　あなたの質問はこのことだろうか？　あなたはどうやって自由の彼方へジャンプするかを尋ねていたのかね？

質問者　わかりません、パパジ。私の質問はもっとシンプルなところから起こったものなのです。

パパジ　そうだ。私が語っているのはそのシンプルな場所のことだ。そこでは何もすることがない。あなたが今いるところでは、ある概念をつかんでいるために何らかの努力が必要となる。あなたは「自由」をつかんでいるかもしれない。もししっかり守らなければ、それを失ってしまうと考えているかもしれない。「私はこれをしなければならない」あるいは「修練を続けないとこの自由を失ってしまう」と考えているかもしれない。この状態では、あなたは恐れや想念に巻きこまれている。だが、ひとたび自然な状態に戻れば、失うことへの恐れや、それ以上を得ようという考えは起こらない。その自発的な状態は「サハジャ・スティティ」と呼ばれる。「サハジャ」とは「自然」を意味し、「スティティ」は「状態」を意味する。

自由への欲望はあなたに自由を与えるかもしれない。だが、ひとたび自由を手にすれば、「あなた」はそこにいない。そこに個人が存在しないとき、欲望を抱くことのできる人もいない。それゆえ、自由の状態の中にこの欲望が起こったとき、あなたをさらにその彼方へ連れていこうとするこの欲望は、個人の欲望ではない。あなたはその中に含まれていないからだ。それは内側から、それ自体の内側から起こる。それはそれ自体の中で、それ自体のために、それ自体に起こる啓示なのだ。それを「啓示」と呼ぶこともできるが、私にはそれにふさわしい言葉をどうしても見いだせない。その啓示の中で、すべては明かされる。あなたは隠された秘密を発見する。この欲望が秘密を暴き、それをあなたに見せるのだ。

新たな質問者　私はここに来たばかりです。この貴重な瞬間にどうすれば最善の過ごし方ができるでしょうか？

パパジ　質問を起こさないことが最善の時間の使い方だ。「貴重な瞬間」のことは忘れてしまいなさい。心の中に何も起こさずにいなさい。それはまったく汚《けが》れのない、清らかなものだ。何であれ概念を押しつけることでそれを汚してはならない。それは「こうする」ことでも「ああする」ことでもない。それはまったく汚れのない、純粋で清らかなものだ。そこに足を踏み入れてはならない。それに触れてはならない。

それはあなた自身の真我なのだ。見知らぬ人ではない。それはあなた自身の存在、あなた自身の真我だ。もしも助言が欲しいなら与えよう。その中に潜りなさい。その中に潜りこみ、永遠に溶け去るのだ。

たった今、助言した人も助言を受けた人も川の岸辺で話をしている。二人とも川の中に飛びこませるがいい。これをするには、断固とした、誠実で、真剣な欲望があればそれで充分だ。

質問者　断固とした？

パパジ　断固だ。この言葉はニュージーランドでは使われないのかね？

質問者　もちろん使われています（笑）。ですが、そのアイデアはあまり好きになれません。「断固とした」とは「規律の厳しい」という意味でしょうか？

パパジ　あなたがこれを求めるとき、それに達しようとする断固とした欲望をもたなければならない。すべての規律を棄て去りなさい。規律は私が語っていることとは反対のことだ。内面に向かいなさい。他の誰にもきいてはならない。あなたの心はそれ以外のあらゆることでいっぱいだ。あなたのすべての計画を破棄しなさい。この断固とした欲望を抱きなさい。一度でいい。それがあなたに必要なすべてだ。どの生でもかまわない。一度その欲望を抱きなさい。今、この質問をしている地点に到達するまでに、あなたはすでに三千五百万年を生きてきたのだ。もう充分だ！　充分すぎる！　あなたはこの幸運な欲望が起こる人間としての生に達したのだ。そしてこの欲望を抱くことが許される国に、恵まれた環境に生まれてきたのだ。この欲望を抱くことが許されない国は数多く存在している。このような話をするだけで石を投げつけられるところもある。世界には、公《おおやけ》の場で、「自由になりたい」と言うことが禁じられているところもある。それを許さない国だけではなく、それを許さない宗教さえある。あなたは幸運だ。独立した国家、このように考えることを許す社会から来たのだから。あなたの両親もそれを許した。そしてあなたも自分自身がこの欲望に従うことを許したのだ。なんという幸運な出来事の重なりがあなたをここに連れてきたのだろう！　あなたは山のような徳を積んできた。もう他には何も必要ない。それで充分だ！

この自由への欲望は、あなたが山のような徳を積んではじめて起こる。この欲望が起こったなら、静かにしていなさい。そして見守りなさい。それだけだ。それを修練とするがいい。この欲望が起こったなら、待ちなさい。そして見守り、注意深く在りなさい。あなたがすべきことは、ただそれだけだ。自分自身で試し、結果を私に伝えなさい。心惑わされてはならない。数秒の間待ちなさい。ほんの数秒でいい、見守りなさい。すべきことはそれだけだ。

自由とはあらゆる道徳や規律を棄て去ったものだ。道徳や規律は天国や地獄を約束する宗教に属し、あなたを恐れの中に生きるようにさせる。規律に従わなければ、あなたは地獄に行き、規律を守れば天国へ行くと。しかもどのような天国が約束されているか——ワイン、女などだ。このような約束を用いて、彼らはあなたを信じさせようとするのだ。

30 集中や瞑想は足跡を残す

質問者　私は仏教徒として修行してきました。あなたは仏陀の教えを宗教と呼ばれますか？

パパジ　仏教とは、実際には「悟り」を意味している。

質問者　それでは、あなたはある意味で仏教が堕落してきたと思われますか？

パパジ　私はそう見なす。仏陀自身悟りを教えとした。彼はそれを得るために何年も修行をし、多くの規律や戒律に従ってきた。最終的に、彼はすべての規律を拒絶して自分自身の内にそれを見いだしたのだ。彼は規律を守らなければならない多くのアーシュラムを訪れ、その一つ一つを拒絶してきた。「これは違う。これは私が探し求めているものではない」と。こうして出合ったすべてを拒絶していった結果、最後には木の下に座り、自分自身でそれを見いだしたのだ。そこで彼はどんな規律に従ったのだろうか？　ただ真剣な自由への欲望を抱いただけだ。それ以外にない。もしも望むなら、それを規律と呼んでもかまわない。私はただそれを強烈な自由への願望と呼んでいるだけだ。

現在を過去に邪魔させてはならない。この今の瞬間を見なさい。いかなる過去の想念も入りこませず、その中に在りなさい。

質問者　過去が過ぎ去るにまかせればいいのでしょうか？

パパジ　昨日、私たちはこれについて語った。私は言った、「想念を見なさい。あなたの目の前に現れるいかなる想念も見守りなさい。そして何が起こるか見なさい」と。想念は過去から起こる。想念が過去から起こるにまかせなさい。それを見なさい。そうすれば、それは消え去る。それを試したとき、あなたは自分でもそれが起こったと言ったはずだ。過去が消え去るとき、その消滅はとどまる。今、この消滅を見なさい。

質問者　ありがとうございます。

パパジ　あなたに必要なことはそれだけだ。それは簡単なことだ。想念が来たなら、それを見なさい。最後に現れた想念を見なさい。あなたはそれをした。そしてそれが消え去ったと言った。ここまでは明らかだろう。さて、今残っているのは何だろうか？　消滅だ。なぜなら、もはや想念は見当たらないからだ。想念が消え去り、空がそこにある。今、あなたは空を見なければならない。今、対象物の不在がそこにある。その不在を見なさい。空そのものを見るのだ。次の想念は訪れない。なぜなら、空がそこにあるだけだからだ。

質問者　そこには一時的な気づきがあります。

パパジ　よろしい、あなたはそれを「一時的」と呼んだ。「一時的」とは気に入った。さて、そこには一時的な気づきがある。ただの気づきだ。この気づきを見てみなさい。想念は消え去った。空も消え去った。そして気づきだけがそこにある。気づきが今そこに在る。

質問者　そして別の想念が入りこんできます。

パパジ　いいや、そうではない！　それでは初めからやり直しになってしまう。際限なくこれを繰り返してはならない。想念が現れ、あなたはそれを見た。そしてそれは消え去った。そしてあなたはその消滅を見た。

それから、あなたは「そこには一時的な気づきがある」と言ったのだ。今から私たちはこの一時的な気づきに働きかける。気づきがあるとき、どうして他の想念が入りこめよう？

質問者　私に言えることは、「継続的な自己同一化によって」ということです。しかし、私は本当は知らないのです。

パパジ　「私は知らない」とあなたは言う。そこに気づきを知る者はありえないのだ。気づきを知るための別の気づきというものはありえない。一つの気づきで充分だ。気づきは他の気づきによって観照されるだろうか？　それはありえない。太陽を見るのに別の太陽が必要だろうか？　太陽を見るのにロウソクをかかげる必要があるだろうか？　その必要はない。なぜなら、太陽が光そのものだからだ。何か他のものを見るためには、太陽の光あるいは何か人工的な光が必要だろう。だが、太陽そのものを見るために他の光は必要ない。それは光そのものなのだ。気づきも同じことだ。気づきに気づくために必要なものは何もない。気づき以外に気づきに気づけるものはないからだ。

質問者　気づくために努力は必要ではないのですか？

パパジ　気づくためにどんな努力が必要だというのかね？

質問者　それに集中しなければならないのではありませんか？　何らかの方法でそれに注意を向けなければならないのではありませんか？

パパジ　集中が必要となるのは、あなたが想像上の何かを知る必要があるときだけだ。あなたが何かを想像するとき、集中は必要となる。たった今、私はあなたの前に座っている。あなたの目は私を見ている。あなたは努力も集中もなしにその目を通して私を見ることができる。ただ私を見なさい。それにどれほどの努力が必要だというのだろう？

質問者　なるほど、わかりました。

パパジ　あなたが私を見るとき、どれほどの集中を必要とするだろうか？

質問者　そこには気づきから来る集中があります。

パパジ　そうではない。見なさい。私は今、この対象物を見ている。私の眼鏡だ。この眼鏡をただ見るためにどれほどの集中が必要だろうか？

質問者　眼鏡を見たいという欲望と意図が必要です。見ることが起こる前に、何らかの想念が起こらなければなりません。

パパジ　眼鏡を見ようという意図はもうそこにはない。そこにはただ気づきがあるだけだ。今はただ目が眼鏡を見ているだけなのだ。私の目はそこにあり、ただ物事を見ている。ただ見るためにどんな瞑想が必要だというのだろう？　何の瞑想が必要だろう？　どんな集中が必要だというのか？　もしあなたが何かを見たくてそれを想像するなら、そのときには集中が必要となる。目を閉じて、見たいと願うものに精神的なエネルギーを集中させなければならないからだ。だが、ただ直接見るには、そのようなことは必要ない。あなたはただ見るだけだ。

　この気づきは見られる必要さえない。あなたの目をその方向に向ける必要さえない。この気づきは見るという行為以前に存在しているからだ。事実、見るため、目を機能させ対象物を記憶させるためには気づきが必要とされる。目を通して見るためにさえこの気づきが必要とされる。なぜなら、見ることは心と感覚の活動だからだ。そこには心と感覚の間、「私」と対象物の間に相互作用が存在する。そのためには、わずかばかりの努力が必要とされる。だが、ただ気づくだけなら努力はまったく必要ないのだ。

あなたはこの気づきを知るため、あるいは見つけだすために集中が必要だと言う。あなたは、「私は集中を通してこの気づきを知るだろう」と考えている。もしあなたがこの気づきに集中したいとするなら、そのとき、あなたは焦点を絞るために気づき自体を用いる。気づきが心を機能させ、特定の方向に向けてあなたの瞑想する対象物に焦点を絞るのだ。

あなたは、「私はこの世界であらゆる活動を行なっている」と考えている。だが真実は、この気づきがすべての活動を維持しているのだ。ひとたびすべては気づきの中で起こり、気づきによって維持されていると理解すれば、あなたはこの世のすべての活動から自由になる。あたかもあなたが物事をしているように見えるかもしれない。だが、あなたは何もしていない。そしてあなたはそのことを知っている。あなたはすべてが気づきによって行なわれていることを知っているのだ。

すべての活動を行なうのは「あなた」ではなく気づきであることを知れば、記憶に足跡は残らず、プラーラブダ・カルマを蓄積することもなくなる。次の誕生を生みだすカルマはもはや存在しなくなり、こうしてサンサーラは終焉《しゅうえん》するのだ。

あなたの集中や瞑想の行為は足跡を残す。あなたはそれらを記憶にとどめる。そしてその記憶がサンサーラになる。あなたはカルマを蓄積し、このカルマがあなたに再生という結果をもたらす。それは果てしない循環の輪だ。それはすべてあなたの創造なのだ。だが、もしあなたが気づけば、いつであれそれを止めることができる。なぜなら、その気づきの中ですべては火のように燃え尽きるからだ。

あなたは本来のあなたに戻らなければならない。「私は気づきだ」に戻りさえすれば、すべては崩壊する。

顕現とサンサーラというゲーム全体が崩れ去る。これが起こるときが自由と呼ばれるのだ。それゆえ、私はあなたに言う、「それを達成するために努力は要らない」と。それは常にそこに在り、あなたが行なうこと、あなたが為《な》すことのすべてを支えているのだ。

非常に鋭敏な理解力をもつ人がそれを得るだろう。ある人は理解するが、ある人にはけっして理解できない。ある人は一瞬のうちに理解する。その瞬間は時を超えている。一秒の十六分の一ほどもかからない。気づきは常にそこに在る。だが、誰がそれを見るというのか？　このために時間は必要ない。気づきを知るためにどうして時間が必要だろうか？　ある人は一瞬のうちにそれを見る。ある人は何年もかかるだろう。ある人は一生かかるかもしれない。ある人は三千五百万年努力しつづけるかもしれないのだ。

ある人は師の言葉を聞いただけで理解し、一瞬のうちにそれを見る。師からの一言ですべては終わるのだ。これがどのように起こるのか、それが何に依るものなのか、私は知らない。それゆえ、私は何の条件も求めないのだ。私は道徳的な規律をあなたに与えない。それは宗教のすることだ。私は言う、規律もヨーガも要らないと。あなたが行くべきところなどないのだ。教会や巡礼に行くことも、聖なる河で沐浴することもない。それらは助けにはならない。あなたはヒマラヤへ行くかもしれない。どこかの寺院へ行くかもしれない。だが、そのようなことは助けにならない。それは間違いない。あなたは自分自身の真我に直面しなければならないのだ。

もしこれを無視して天上界のブラフマー神に会いに行ったとしても、彼にあなたを助けることはできない。なぜなら、彼自身が束縛されているからだ。彼自身が解脱《げだつ》を求めている。すべての神々は解脱を待ち望んでいる。最高の神、最高の教会、最高の寺院はすべてあなたの内側にあるのだ。ただそれが見えないため問題が起こる。それが内面にあるため、あなたは注意を向けずにいる。それはあなたには簡単すぎる。あなたは困難なほうを好むのだ。あなたは探求が困難なものであってほしい。だが、あなたが探しているものは常にそこに在る。それはあなたの呼吸の背後にある。今、それを見てみなさい。どこに呼吸は位置しているだろう？　あなたの呼吸はあなたからどれほど離れているだろうか？　それはあなたの網膜の背後にある。ただ内側を向きなさい。網膜の背後を見なさい。そして目に光と見る力を与えるその場所を見るのだ。誰もこのことについて語ってこなかった。誰もあなたにこのことを話さなかった。網膜の背後に一つの場所があり、網膜はその場所から顕現全体を見る力を得ている。ただそれを知るだけでいい。ただそこを見なさい。ヨーガによっても、ヤグニャによっても、祈りによっても、慈善によっても、巡礼によっても、沐浴によってもそれを達成することはできない。私が語るこの場所は、神聖な中でも最も神聖な場所だ。ひとたびその中で沐浴すれば、それで充分だ。その沐浴とは何か？　この神聖な沐浴とは、汚《けが》れなき無想の境地のことだ。このガンジス河で、この聖なる水の中で、この想念の起こらない場所で沐浴しなさい。

新たな質問者　あなたは仏陀から何を学んだのですか？　彼は何をあなたに教えたのでしょうか？

パパジ　彼は私に何も教えなかった。私はただ歴史の教科書で彼について読んだだけだ。私は第八学級で十三歳だった。彼の写真を見て、たちまち恋に落ちてしまったのだ。こんなに美しい人は見たことがなかった。私が魅せられたのはその美しさだった。それは伝統的な仏陀の像ではなかった。なぜなら、それは彼が断食をしている姿だったからだ。彼は骨と皮だけになり、骨の数を数えられるほどだった。これが当時の私にとって美しいもの、私を魅惑するものだったのだ。

「この人は美しい。この人はとても美しい」と私は一人思った。だが、私には彼が何をしているのかわからなかった。どうして彼が足を組み、彼の骨が浮き出ているのか思いもよらなかった。その身体は死んでいるかのようだった。

私はあまりにもこの彼の姿を愛していたため、それを真似ることで彼のようになろうと決意した。彼が何をし、なぜそれをしているのかわからなかったので、私に真似ることができたのは、彼のようにやせ細ることだけだった。私は食べるのをやめた。母から食事を受け取ると、通りに持っていって犬に食べさせた。私は私が愛する人のようにやせ細りたかったのだ。私はこれを二、三カ月間続け、みるみる痩せていった。私の突き出た骨に気づいた同級生たちは、私を「仏陀」というあだ名で呼びはじめた。なぜなら、彼らも歴史の本でこの写真を見ていたからだ。

痩せることに成功した私は、仏陀を真似る別の方法を探した。彼は足を組んで座っていたので、私もそれをしはじめた。瞑想が何なのかも知らずに。私は瞑想や集中や解脱などについて何も学んでいなかった。ただ足を組み、目を閉じて、仏陀と同じことをはじめたのだ。

その後、私は仏陀と同じ服を着ることを決意した。彼はローブを着ていたため、私は母のサリーを一枚盗むと、それを新聞の間に隠し、誰も見ていないところでそれを着た。この頃、私は仏陀がどのように生きたかについて少し知るようになっていた。彼が托鉢《たくはつ》をし、公《おおやけ》の場で説教をしていたことを私は知った。そこで、私は母のサリーを身に纏《まと》い、町の集会が開かれるライヤルプールの時計台で講話をするようになった。

近隣の人が私の姿を認め、私が何をしているかを母に告げた。母はそれまで私がしていることなど何も知らずにいた。彼女に知られてしまったために、私はサリーを返し、仏陀の真似をすることをやめなければならなかったのだ。

いったいどうしてこのような欲望や活動が起こったのか？　誰も私に仏陀について話したことはなかった。どうしてそのような想いが私に起こったのだろうか？　私は何の規律も修練もしなかった。ただ自然にこれらの出来事がひとりでに起こったのだ。このようなことをすることで、何かを達成しようという欲望さえなかった。私はただこの人を愛してしまった。それだけだ。

31 意識の中で意識として生きる

質問者　特定の確信や感情に働きかけることは有益でしょうか？　「誰がそれを信じるのか？」や「誰がこれを考えているのか？」と問う代わりに、それらを理解し、分析することは役に立つでしょうか？

パパジ　あなたの確信はすべて「私は行為者だ」という概念に依存している。その概念が存在するかぎり、あなたは確信や感情を抱くだろう。この行為者とは自我のことだ。自我が、「私はこれをする。私はこれを考えている。私はそれを信じている」と言うのだ。

最初に起こる確信は「私は身体だ」という概念だ。それは単なる確信、一つの概念でしかない。誰も「私は気づきだ」と考える人はいない。誰もが「私は身体だ」と言う。すべてはこの概念からはじまる。あなたが「私」と言うとき、それはいつも気づきではなく、この身体を示している。あなたが、「私はあれをした。私はこれをしている。私はそれをするだろう」と言うとき、それは身体の活動を意味している。そして、「これは私の関係性だ」や「この人は私と関係している」と考えるとき、あなたは自分が身体だと仮定したうえで考えている。あなたが自分自身や世界について抱いているすべての概念は、自分が身体だという思いこみを根底にしているのだ。ひとたびこの思いこみが確立され、何の疑いもなく受け入れられると、あなたはこの偽りの概念を基盤にして生きはじめる。これが無知だ。あなたが語る「特定の思いこみ」の分析は、この無知を土台として為《な》されるのだ。

これらの自己同一化やそれにまつわるすべてのことは、無知な人のためにある。すべての聖典や経典は、賢者ではなく無知な人のためのものだ。規律や戒律も同様だ。ひとたびあなたが真の自己を悟れば、ひとたび「私は身体ではない。私は気づきだ」という正しい自己認識が確立されれば、それ以外のすべては消え去るだろう。それはただ崩壊するのだ。

この偽りの自己同一化は途方もない苦しみをもたらす。「私は身体だ」という概念があなたの想念と行為の基盤となるとともに世界は現れ、世界が存在する間は、それがあなたにとっての実在となる。そしてそこには地獄が、天国が、神々や宗教が存在するだろう。自分を身体だと考えるかぎり、あなたにとってはこれらすべてが実在となるのだ。

あらゆる思いこみを抱いている自我を調査の主体としているかぎり、思いこみを調べ、分析したところであなたの役には立たないだろう。この自我を見なさい。それがあなたのために宇宙全体を紡ぎだすのを許してはならない。「私は身体だ」と考える代わりに「私は意識だ」と自分に言いなさい。この二つのうちの一つを選びなさい。そのどちらであなたは人生を生きるのか？　自我か、意識か？

人生においてあらゆることを行なうには、意識が必要とされる。あなたは自我が人生をとりしきり、自我が決定したことを行動に移すと考えている。これが無知と呼ばれるものだ。それはスクリーンの上に投影された画像との自己同一化であって、画像が映しだされているスクリーンとの自己同一化ではない。あなたはスクリーンに投影された画像を見て、「これは私だ。これが『私』だ」と考える。スクリーン、意識はすべての画像の根底にある。あなたはそのスクリーンであって、現れては消え去るイメージではないのだ。あなたはそれらの画像の中の一つと自己同一化して、「これが私だ」と言う。そのため、映しだされた画像のドラマに巻きこまれて苦しむことになるのだ。

戦争が起こっている、ロマンスが起こっている、舞が舞われている。これらはすべてスクリーン上に投影されているだけだ。もし「私は身体だ」と考えるなら、あなたはスクリーン上の画像の身体が体験していることと自己同一化するだろう。だが、あなたはスクリーンであり、その中にすべての画像が現れる気づきだと知れば、二度と苦しむことはないのだ。

この気づきである光は画像の影響を受けない。画像が存在するかしないかは、気づきにとっては何の違いももたらさない。気づきは画像の中の行為に影響されず、画像が投影されていないときでも影響されない。私たちは瞑想するだろう。だが、光はそれに影響されない。私たちは話をするだろう。だが、光はその影響を受けない。私たちは眠るだろう。だが、光はその影響を受けない。この光、この意識は常にそこにある。意識こそが画像を生みだし、それに生命を与える力であり、画面上の登場人物を互いに結びつけ、関わりあわせる力なのだ。あなたはそれに気づかない。なぜなら、「私はこれらの行為をする身体だ。私はこの身体が何をすべきかを決定する個人だ」という執拗な信念を抱いているからだ。

私たちは太陽の光を通して互いを見ている。だが、お互い相手を見ることに忙しく、太陽の存在がそれを可能にしているということを忘れてしまう。それと同じように、この顕現というドラマ全体が起こる背景には、常に気づきが存在している。私たちはけっしてそれが何なのか、どこから現れるのかを見いだそうとはしてこなかった。気づきが何かを見いだす代わりに、それを不当に評価し、身体が行なうすべての行為の責任は、身体の中に生きる想像上の「私」にあると見なしてきたのだ。

この想像上の「私」に人生を管理させるなら、あなたは身体が行なうすべての行為の責任をとり、あなたが為していると想像するすべての行ないの報いを受けなければならないだろう。すべてはあなたの肩に負わされる。そしてたいへんな重荷を何生にもわたってかついで生きていかなければならなくなる。だが、もしあなたに生命を与え、すべての行為を為すのはこの気づきであることが理解されれば、もはや身体の行為に対する個人的責任はなくなるのだ。ただあなたを通して仕事をしているこの意識の道具として在りなさい。意識が命令するままに身体に行為させなさい。あなたは単なる道具でしかないことを知りなさい。もし「身体は私のものだ」などと主張せず、意識の中で意識として生きるなら、あなたは本当に自由な生を生きることだろう。あなたは自由そのものとなるだろう。自分が根底に横たわる意識であり、その中に現れるささいなドラマとは何の関わりもないことを知れば、あなたはとても幸福な人生を生きるだろう。苦しみはあるかもしれない。幸福はあるかもしれない。それらが訪れようと、あるいは去ろうと、悩むこともなければ得意になることもない。なぜなら、あなたは根底に横たわる意識であることを知り、その中でそれとして生きるからだ。

（部屋の中ではパパジと数人の帰依者《きえ》が集い、一人の西洋人女性についての会話が交わされていた。その女性はラクナウを訪れていて、ある種の精神障害に苦しんでいた。彼女は支離滅裂な精神状態と激烈な欝状態の間を行き来していた。パパジは息子のスレンドラに彼女を訪ねて状態を調べるようにと頼んだ）

パパジ　私は深刻な状態だとは思わない。彼女の心にある問題が起こったのだ。私が話したとき、彼女はいろいろ脈絡のないことを話していた。

質問者　ときおり彼女は周囲で起こっていることに気づいているようでしたが、他のときには気づいていないようでした。

パパジ　そうだ。彼女は支離滅裂な状態だった。心が散乱しているのだ。

質問者　ときおり、彼女は自分が何を話しているのかはっきりとわかっているようでした。彼女は自分の心に何か奇妙なことが起こったことを知っています。しばらくの間ははっきり物事を考えるのですが、次の瞬間、表情が変化し、自分がどのような状態にいるのかもはや気づいていないのです。

パパジ　私はヨーロッパでこのような例をたくさん見てきた。こういうことが起きると、たいてい私は浜辺に散歩に行くように人々に勧めた。望ましくない想念が注意を呼び起こしているのだ。そして最も単純な解決方法は、新しい印象が古い想念を追いだしてしまうような景色の変化を与えることだ。このような人々は古い想念に取りつかれ、それを忘れることができずにいるのだ。

（スレンドラに向かって）彼女を市民病院に連れていきなさい。おまえは病院の多くの人たちと知りあいだ。そこで処方してもらうよう頼みなさい。

（皆に向かって）私はこのような状態に陥った十三歳の少女を知っている。彼女の兄が私のサットサンに来ていて、私に助けを求めたのだ。

彼は、「妹は精神病院にいます。私がここに連れてきます。妹は閉じこめられているわけではありません」と言った。

私は答えた。「もし攻撃的なふるまいをしないなら、彼女をサットサンに連れてくるがいい。だが、私はここで起こっていることを彼女に邪魔してもらいたくはない」

彼は言った。「ときどき、妹はとても興奮し、攻撃的になってしまいます。ここに来たらどうふるまうか保証できません」

「それならば、サットサンがはじまる前にここに連れてきなさい。個人的に彼女に会おう」

こうして彼女は私のもとに連れてこられた。私の第一印象は、健康的な幼い少女だった。

彼女は英語に堪能だった。だが、非常に動揺していた。彼女が私を見たとたんにしたことはこう叫ぶことだった。「あいつは私を騙《だま》したんです！　あいつが私を騙したんです！」

私は即座に状況を理解した。恋愛関係を絶たれた少年のことが、彼女の頭から離れなかったのだ。

私は彼女の兄に告げた。「彼女が病院にいる必要はない。浜辺で散歩をさせなさい。その少年を探しだして彼女と話をさせなさい。彼女の脳の機能は負担をかけられすぎた。少年との出来事で生じた思考の処理ができなくなっているのだ」

彼女の兄はその少年が誰か知っていた。だが、彼はすでに新しいガールフレンドを見つけていた。兄は少年に妹を訪ねるよう説得した。少年が訪れると、少女の脳の中で激怒していたエネルギーは数分後に静まった。彼女は彼を認識し、彼の姿を目にした衝撃が、彼女をそれまでいた状態から揺すぶり出したのだ。

私はこのような問題を抱えた人にニューヨークで会ったことがある。ニューヨークから川底のトンネルを通っていく場所は何と言ったかな？

質問者　ニュージャージーですか？

パパジ　そうだ、そこだ。彼は体格の大きい強健な十九歳の若者だった。私はジムで胸部を発達させるために重量挙げをしている彼に出会った。彼の両親は私の知りあいだったのだ。当時、彼は身体的にも精神的にも健康だった。だが一年後、恋愛関係のドラマに巻きこまれ、川に身投げしてしまったのだ。彼の両親は私にそのことを手紙で知らせてきた。

ときには、このような若者特有の強迫観念を、より良い目的に集中させることも可能だ。私はリシケーシで一人の少女に出会った。彼女はまだ学生のときに家を出、悟りを得るためにインドにやってきた。彼女は両親に言った。「私は悟りを得るためインドに行きます。どうしても今行かなければなりません。なぜなら、学校が終わったら、私はすぐに大学へ送られてしまうでしょうから。一年間休学させてください。帰ってきたら学校に戻ります」。彼女は弱冠十六歳だった。それにもかかわらず、西洋からインドまでたった一人で旅してきたのだ。それは彼女の悟りを得ようとする欲望がそれほど強烈だったからだ。いったい何人の人がまだ学生時代にそれほどの勇気と願望を抱くだろうか?

彼女はラクシュマン・ジュラ・ホテルに滞在していた。だが、ひとたび私に出会って以来、私のところにやってきては、一日中私と座ったものだ。このようなことはどうして起こるのだろうか? それは古いサンスカーラ、過去生からの習慣と精神的傾向が残っていたからだ。さもなければ、なぜこれほど年若い少女が西洋での生活を放棄してインドまで来るだろうか?

32 束縛も、解脱《げだつ》も、解脱を求める人も存在しない。これが究極の真理だ

質問者 記憶についてお尋ねしたいのですが、ときおりあなたは心の中に残された印象、足跡について話されます。それらの足跡は私たちがどのようにふるまい、どのように状況に反応するかについての決定要因になるとあなたは言われました。私たちがしたことやしなかったことの印象を記憶に蓄えないようにするために、何かできることがあるのでしょうか？　例えば、私が道を歩いているとします。そして道端でお茶を売っている人を見ます。私は彼に気づき、私の脳裏にはその印象が蓄積されます。もし私がその特定の記憶を想い出したければ、それはそこにあるのです。もし私が完全な自己想起を維持すれば、そのような出来事は記憶に残らないということなのでしょうか、つまり、それは脳に足跡を残さないということでしょうか？

パパジ あることは記憶に入りこみ、あることは記憶に入らない。記憶に入ったことは印象を残していく。これが私の語っていた足跡だ。これらすべての足跡（印象）があなたの未来の行為や反応を総合的に決定するのだ。過去生で蓄積されたすべての足跡の結果として、あなたの身体は生まれてきた。これらの足跡が、あなたに満たすべき運命の脚本を与えるのだ。あなたの身体は、蓄積されてきた膨大な足跡の集合によって決定された特定の出来事を体験するために誕生しなければならなかった。そこには慣性の法則が存在し、そ

れを止めることはできないのだ。あなたの行為や想念の責任はあなた自身にある。そしてそれらの行為や想念が、あなたの未来の行為や想念を決定づけるのだ。過去に蓄積したすべての足跡の結果である出来事を体験している間に、あなたは新しい足跡をつくりだし、それは記憶の倉庫に蓄積されていく。そしてこれがまた未来の新しい身体で体験されることになる。こうして、それは果てしなく続いていくのだ。

三つの種類のカルマが存在すると言われている。第一はすべての過去生で蓄積されたカルマ全体だ。その膨大な貯蔵の中のある部分が身体を顕現させる。そしてその身体は過去生の印象の中のある特定の一部分を体験する。その特定の生の運命が第二のカルマなのだ。それは全体の中のわずかな一片を占めているにすぎない。それゆえこの生を通して、あなたはこの未完のカルマの非常に小さな部分に働きかけていることになる。そしてこのカルマの小さな部分に働きかける間に、より多くの印象があなたの未体験のカルマの貯蔵庫に蓄積される。そしてその印象はさらなる誕生を未来にもたらすのだ。これらの足跡（印象）が第三のカルマだ。その新しい印象はすでに存在している印象の貯蔵庫に加えられていく。

さてあなたの質問は、「道端でお茶を売っている人の印象を、完全な気づきを維持することで消し去ることができるか？」ということだった。

あなたがこの完全な気づき、この知識、この悟りを得たとき、火は灯《とも》されたのだ。この気づきは炎となる。そしてこの炎があなたの記憶に蓄積された足跡の貯蔵庫全体を焼き尽くす。これから現れて問題を起こそうと待ち受けていた貯蔵庫の中の何百万ものサンスカーラ（性癖、心の潜在的傾向）は、すべて焼き尽くされ破壊される。この完全な気づき、この知識がなければ、一つ一つのサンスカーラが実を結んでいくことになる。だが、完全な気づきが現れるとともに、それらはすべて炎の中で灰と化す。この大いなる炎は、あなたの未来と過去をすべて消滅させるのだ。

解脱した人は新しい足跡を蓄積せずに生を生きていく。覚醒の炎が彼の貯蔵庫を焼き尽くしたからだ。彼の悟りは新しいカルマが彼にとりつくことを妨げる。彼にとって、過去と未来はともに消え去ったのだ。そのような人の行為は未来の報酬という概念に動機づけされない。「私がこれをすれば、これが起こるだろう」と考えて行為することはない。行為は起こるだろう。だが、行為をしているという感覚はそこにないのだ。彼は為《な》されたことに特別な興味を示さない。そしてそれに対する執着もない。

あなたにこの最終の誕生と特定の脚本を備えた身体を与えたカルマが、運命づけられたさまざまな活動に身体を従事させつづけるだろう。だが、そこには身体との同一化も、計画することも、あれはすべきでこれはすべきではないという観念も存在しない。あなたはそれを通して夢の中の登場人物のように生きていく。そしてこれまで足跡が生みだしてきた終わりのない転生と苦しみの全過程を理解するだろう。そしてあなたはそれらが今、永遠に終わったこと、そしてけっしてふたたび繰り返すことはないと理解するのだ。

あなたは世界の創造者がけっして存在しなかったことを理解し、それを直接知るだろう。創造者も、創造も存在しない。これが究極の真理だ。もし足跡が残されない場所にたどり着きたければ、創造者も創造も存在しないことを直接知る場所に到達しなければならない。そこで、あなたはけっして誰も束縛されていなかったこと、けっして誰も解放されなかったこと、誰も真理を求める人はいなかったことを知るだろう。

もう一度繰り返そう。なぜなら、これが究極の真理だからだ。束縛は存在しない。解脱も存在しない。解脱を求める人も存在しないのだ。

質問者　それはとてもシンプルに聞こえます。ただこの現在の瞬間に生きるだけです。この現在の瞬間、すべての足跡、私がつくりだしたすべての過去の記憶を実際に消し去ることはできるのでしょうか?

パパジ　こんな話がある。自由を求めている人がいた。彼は真理に導いてくれる道に入門したかったのだ。ある人が彼にこう言った。「このグルのところへ行きなさい。彼が助けてくれるだろう」

彼はそのグルのもとに行った。だがこのグルは言った。「この神のところへ行きなさい」

このようにして、彼はいくつかの神を訪れ、ついに最高神のもとにたどり着いた。

彼はこの神に言った。「私はグルから神へ、神から別の神へと送られ、ついにあなたのところにたどり着きました。誰もがどこか他のところへ私を差し向けたのです。あなたは私の最後の頼みです。どうか自由へと導いてください」

最高神は言った。「ガンジス河に行って、朝一番に沐浴しなさい。そこで最初にあなたが出会う人があなたのグルなのだ」

沐浴をするため川に来たとき、最初に彼が見たのはオウムを捕まえようとして網を広げている猟師だった。彼はその人のほうへ歩きながら、「この人が私のグルだ」と考えた。だが、そばに近づこうとしたとき、その猟師は言った。「待て！　近寄ってはいけない！　鳥が網に入ろうとしているんだ！」

彼は教えを聞かなかった。猟師に歩み寄った瞬間、捕まえかけていた鳥は飛び去ってしまった。

猟師は怒鳴りつけた。「近寄るなと言ったはずだ。おまえはここで何をしているんだ?　なぜここに来た?」

「私は解脱に達するためグルを探しているのです」と彼は言った。「最高神が私に告げたのです。朝一番に沐浴のときに見た人が私のグルになると。あなたがその人なのです。どうか私のグルになってください。私にマントラを授けてください」

怒りのおさまらない猟師は怒鳴り返した。「グルだって？　入門だって？　マントラだって？　解脱だって？　そんなものわしは知らん！　わしは鳥を捕まえているんだ。そしておまえはわしの仕事を台無しにしたんだ！　帰れ、わしを一人にさせてくれ！」

男は考えた。「これは何かの間違いに違いない。もう一度最高神のところに戻って教えを受けよう」

彼が戻ると、その神はすぐに尋ねた。「私が送ったグルに出会ったかね？」

「鳥を捕まえている人を見つけましたが、彼は悟りについて何も知らないと言ったのです。彼はグルではありませんでした。彼はただの猟師で、仕事の邪魔をするなと言って私を追い返したのです」

「待ちなさい！　待ちなさい！」。神は大声を上げた。

「そのようにグルを批判してはならない。このために、私はおまえに呪いをかけなければならない。私が送ったグルを批判したため、おまえは今からさらなる輪廻《りんね》転生を体験しなければならない。八百四十万種の生き物が存在している。人間として誕生して解脱に達するまで、おまえはその一つ一つの種の生を体験しなければならないだろう」

彼は絶望し、途方にくれた。

彼は考えた。「私ははじめ自由を求めていた。未来の転生から自由になりたかったのだ。ところが、神々のもとをつぎつぎと訪ねたあげく、今、さらなる転生という呪いをかけられてしまった。あの猟師は本物のグルだったのかもしれない。もはや神々は助けにならない。ただ呪いをかけられるだけだ。もう一度猟師のところへ行って助けてもらおう」

彼は川岸に戻ると、同じ男がまだ鳥を捕まえようとしているのを目にした。

「私は今朝あなたのところに来ました。しかし、あなたは私を怒鳴りつけて追い返しました。あなたは自分がグルではなく、解脱のことなど何も知らないと言われたため、私はそれを信じたのです。それから神のところに戻ると、私はあなたのことをただの無知な猟師でしかないと伝えました。そのために、私は八百四十万種もの誕生を体験しなければならないと宣告されてしまったのです」

猟師は話を聞いていたが、まだ霊的知識を備えた人のようには見えなかった。

「八百四十万種？　わしはそのようなことは聞いたこともない」

彼らは川岸にいた。そこで、彼は猟師に八百四十万種がどういうことを意味しているのか説明するために砂浜の砂を指差した。

「あれがカブトムシ、あれが蟻です。それぞれの異なった生き物は種《しゅ》と呼ばれます。私は解脱に達するまでに八百四十万種もの生をふたたび生きなければならないのです。最高神が私に呪いをかけたのですから、それを免《まぬが》れることはできません。しかしながら、私は今あなたが私のグルであることを悟りました。それはつまり、この恐ろしい運命から私を救うことができるのはただあなただけなのです。あなたの前にひれ伏します。どうかこの呪いから私を解放してください」

猟師は大笑いするとこう言った。「自由になるのは簡単なことだ。神には神の好きなようにさせるがいい。この最高神は世界の創造主だ。すべての責任は彼にある。もしおまえが彼の世界で生きたいなら、彼の法則、転生、呪いに従わなければならない。だが、おまえはこの世界という現れを去り、彼の影響を受けないところで生きることができる。わしは一瞬のうちにおまえをこの世界全体から連れだすことができるのだ。神がおまえに言った非難の言葉をちょっとここに書いてみなさい」

彼は呪いの言葉を砂の上に書いた。すると猟師はそれを彼の指でたどり、それから手でかき消してしまった。

「さあ、これでおまえは終わりだ」。彼は言った。「おまえは解脱した。これで本当に幸福に生きられるのだ」

彼は何をしたのか？　それをどのようにしたのだろうか？　彼は「八百四十万種」と砂の上に書かせた。それからそれを手でかき消した。八百四十万種の誕生とは、心の中のただの概念でしかなかったのだ。それ以上の何ものでもない。手でそれをかき消したことで、グルは転生がただの概念でしかなく、真の効力をもたないことを男に確信させたのだ。男は八百四十万種の誕生という呪いをかけた最高神が存在するという概念も抱いていた。そのため、グルはその神という概念もかき消したのだ。何百万もの転生やあなたを非難する神々は心の中の単なる概念にすぎない。これらの概念は非常に堅固な思いこみとなってあなたを支配しつづける。そのため、最終的にあなたがそれらを信じるのをやめるまで、繰り返し体験しなければならなくなるのだ。このグルはただ単に彼の心から転生という概念を消し去った。そしてその概念が消え去ったとき、彼の輪廻転生は終焉《しゅうえん》したのだ。

これは起こりうることだ。これをただの物語だと思ってはならない。無数の種が存在し、それらすべてを体験しなければならないという考えは、消し去ることの可能な単なる概念でしかないのだ。足跡は消し去ることができる。自分が行為者だと考えている人も消し去ることができるのだ。

「私は行為者だ」という概念は、あなたをせわしく物事に夢中にさせる。あなたは常に何かをし、「私はこれをしている」と考える。あるいは次に何をしようかと考えている。あなたはさまざまな活動を通して他の人たちを助けていると考えるかもしれない。だが、「私は行為者だ」という頑固な概念を楽しんでいるかぎり、あなたは自分自身も他の誰をも助けてはいないのだ。もし自由になりたいのなら、あなたの時間のわずかな部分を真我に注意を払うことに捧げなさい。そしてそれを正しく行なうためには、「私は行為者だ」という概念を棄て去らなければならないのだ。あなたは他者のために働き、他者をハートの中に保ち、他者について考え、他者との関係性を通して人生を生きている。わずかでいい、ほんのわずかな時間をあなた自身の真我に注意を払うことに捧げなさい。全人生で、わずか五分間でさえ自分自身の真我に完全な注意を払う人は一人もいない。他の想念が注意を妨げないようにして、たった五分間でいい、あなた自身の真我に完全な注意を捧げなさい。

新たな質問者　以前あなたが仏陀の姿を本で見たとき、どのようにそれに反応されたかについて話されました。それは執着だったのですか？　それはあなたが語っていることと同じ類《たぐい》のことなのでしょうか？

パパジ　あなたが執着するとき、ある想念やイメージと結びつくとき、あなたの注意が特定の概念やイメージに与えられるとき、あなたはあなたと結びついたその対象物から何かを得る。サットサンsatsangの「サン」sangという言葉は「結びつき、交際、交わり」を意味している。あなたは真理satと結びつくのだ。その結びつきがあなたの一部になるのを許しなさい。あるいは、あなたはガラクタと結びつくこともできる。そしてそれがあなたの一部になるのを許し、あなたの人生を破滅させることもできるのだ。あなたが自分自身の真我と結びついたとき、あなたがただ真我だけについて話し、真我だけについて考えるとき、あなたはサットサンにいる。どこにいようと、真我をあなたの心の中に保ちなさい。これが最高のサットサンだ。神々や人間の世界において、このサットサンに匹敵するものはない。

感覚はサットサンにいることを望まない。感覚は常にあなたの注意をどこか他のところへ逸《そ》らそうとする。感覚に注意を払って、それを助長させてはならない。あなたが感覚に与える興味が、その活動を維持するのだ。感覚への関心を遠ざけなさい。そうすれば、それはあなたを捕らえられない。内面に集中しつづけなさい。

もしそれ以上の助けが必要なら、もし幸運があなたに微笑んでいるなら、真理を体現した人とのサットサンを見いだすことだろう。それは起こるかもしれないし、起こらないかもしれない。それが起こる保証はない。もしそのような人を見つけたと思ったなら用心しなさい。あなたの感覚が与える印象を信頼してはならない。感覚の印象は当てにならないからだ。もし善き師とサットサンをもつ善き場所を見いだしたと思ったなら、あなたはその師が真正であることに満足するまでよく確かめる必要がある。純金を買うとき、純正かどうかテストしなければならないように、師も注意深くテストしなければならない。もしあなたが満足したなら、そこにとどまり、その師のサットサンに参加するがいい。もしそのような師を見いだせなければ、独りでいたほうがいいのだ。自由は次の生まで待つこともできる。だが、あなたを導く資格のない愚かな教師に自分を明け渡すことは、あなたの霊的な将来を非常に長い間傷つけてしまう。あなたは自由を達成しないまま死ぬだろう。そしてその後何生にもわたってサットサンに出合わない誕生を通り抜けることだろう。もしあなた自身をゆだねることのできる真正な師に出会えないなら、独りでいたほうがいい。サットとは「真理」を意味し、「真理」とは真我を意味している。真我に注意を払うことで道を踏みはずすことはけっしてない。あなた自身の真我を頼りにすることが常に最高の道なのだ。そうすれば、けっして道に迷うことはない。

新たな質問者　もし私が執着や記憶の中の印象をすべて棄て去るなら、それはつまり私の友人や家族への愛を失うことを意味しています。彼らは依然として私の目の前にいるでしょうが、私はもはや彼らのことを気にかけなくなるということです。あなたは過去の友情をもはや抱くことのできない状態、以前興味を抱いていた物事にふたたび影響されなくなる状態について話しているのですね。

パパジ　私たちはプラーラブダ、満たすべき運命とともにこの生を授かった。そこには私たちが生きていく中で関わりあっていかなければならない特定の人々がいる。これらの交流は避けられないものだ。だが、私たちに運命づけられた関係性から影響を受けずに人々と関わりあうことはできる。もしそれが私たちに影響を与え、心を動かすなら、自分自身に新しいカルマを加えることになる。そしてそのカルマは私たちを何度も何度もこの世界に連れ戻すだろう。

　誰もが過去生での出来事や、関係性や、欲望や、嫌悪感によって決定された活動が書き記された脚本を手にしてこの世界に生まれてくる。非常に強烈な自由への欲望を抱いてこの生を授かる人もいる。この自由が達成された後も、身体的存在は続いていく。そしてそれは過去生の執着と欲望の結果のすべてを体験することになるのだ。解脱した人の真我はまったくカルマを体験しない。だが身体は過去生の関わりや執着によって決められた脚本に従って地上での一生を終えなければならない。ラマナ・マハルシは癌だった。ラーマクリシュナ[*1]も癌だった。ヨガナンダ[*2]も癌を患《わずら》っていた。身体は過去の行為の結果を体験しつづけるだろう。だが、真我実現した人がそれらを気にかけることはない。彼は自分が病気で苦痛を体験している身体ではないことを知っている。あるいは自分が身体を動かしている個人ではないことを知っている。彼はただ身体を通してプラーラブダが完結されていくのを超然と見守るだけなのだ。

　今生で自由を獲得した人がふたたび生まれ変わることはない。それはつまり最後の人生で未完の身体的カルマをすべて結実させなければならないことを意味しているのだ。そのため、解脱した人は、ときおり非常に病んだ身体で最後を迎えることになる。すべての顕著なカルマが彼らの身体に入りこむからだ。

新たな質問者　以前の質問に戻りますが、あなたを仏陀に執着させた印象はあなたにとって有益だったと言われるのでしょうか？

パパジ　私には言えない。本当に言えないのだ。それはただ私の内側から湧き上がってきただけだ。それがどこから来たのかも言えない。誰も私に仏陀について語った人はいなかった。私はただ歴史の教科書で読んだだけだ。他にも多くのことがその教科書に書かれていた。だが、それらは私に何の興味も与えなかった。私は仏陀の座る姿を見て、彼に恋してしまっただけだ。

質問者　あなたも数々の恐ろしい出来事を人生で見てきたはずです。

パパジ　そのとおりだ。

質問者　あなたはまだそれを覚えています。もしまだそれを見ることができるなら、なぜそれはあなたを執着をもたらす過去に連れ戻さないのでしょうか？

パパジ　解脱を得た人は岩のような存在ではない。記憶はそこにある。だが、記憶に蓄積された出来事に対する執着がないのだ。記憶が表層に現れても、彼はその後を追いかけたりはしない。それが彼の中に欲望や嫌悪感を生みださないからだ。記憶が新しいカルマをつくりだすような場所へと彼を連れていくことはない。記憶と記憶への執着は、その執着を体験させる新たな誕生へとあなたを引きずりこむのだ。

古代インドに、長年王国を支配した一人の王がいた。ある日、彼は妻に言った、「私の髪は白くなりはじめた。私には他に成し遂げなければならない重要なことがある。私はおまえと別れ、王国を去り、国政を離れて森に行かなければならない。私はそこで瞑想をして解脱を得るのだ。私は真我を探求したい。おまえは大臣たちの助けを借りて王国を統治しなさい。どうか私を追わないでほしい」

彼は森の奥深くに入ると、簡素な小屋を建て、そこで瞑想をはじめた。彼がそこで暮らしているとき、ある猟師が妊娠中の鹿を射止めた。鹿は死んだが、子鹿は母親の胎内から出て死を免れた。今やサンニャーシン（遊行僧）となっていた王は、鳴き叫ぶ子鹿を哀れに想って連れ帰った。そして彼の小屋で子鹿にミルクを与えて面倒を見たのだった。彼は新来のペットにすっかり恋してしまった。女王と別れながらも、真我に瞑想する代わりに鹿との恋に落ちたのだ。これが足跡（印象）がどのように現れ、どのようにあなたの未来のカルマを形作っていくかを示す物語だ。この人には二つの強い熱情があった。苦行によって解脱を達成しようという欲望、そして鹿への強い愛情だ。

彼が死を迎えようとしていたそのとき、最後の想いは子鹿のことだった。「もし私が死んだら虎が鹿を食べてしまうだろう」

これは慈悲の心ではある。だが、執着心でもあるのだ。次の生で、彼は鹿として生まれた。それでも過去生で多くの瞑想をしてきたため、バーラトと呼ばれるリシ（賢者）のアーシュラムに鹿として生まれたのだった。彼はそのアーシュラムで生を送り、サードゥのように暮らしていた。彼は他の動物と交わることなく、サードゥとともに座り、彼らの聖典の詠唱に耳を傾けていた。

再生はこのようにして起こる。この王は瞑想への欲望と鹿への執着を抱いていた。そして次の生では鹿として生まれ変わり、森で瞑想するサードゥの仲間になったのだ。

（沈黙が続く）

ある人が最近私に質問した。「自由から転落しないようにするにはどうすればいいのでしょうか？」。私は今、そのときとは別の答えを与えよう。「もしいかなる足跡（印象）もつくらなければ転落はありえない」。あなたの全焦点を真我に合わせなさい。これがあなたのしなければならない仕事だ。しばらくすれば、それも自動的になる。

私は最近フランス人女性からの手紙を読んだ。彼女もまたこのことについて語っている。彼女は言う。「今、これ以外にするべきことはありません」

私の真我である師よ、今この瞬間ニコルにとって、何であれ一日のうちに起こることを完結させるためには、ただ一つのことをするだけでいいと深く感じています。私は私が触れ、見、感じるすべての中に生きる唯一の存在の本質であることを忘れないこと、私がいまだに他者と呼ぶものを通してそれ自体を見ている存在の本質として人生を生きること、そしてもしそれを忘れたなら、ただそれだけが存在するのだから、忘れることもまた存在の本質であることを忘れないことです。存在の本質、空、沈黙は、今同じものとなりました。それらに違いはないからです。

深い敬意と誠実な愛とともに

ニコル

新たな質問者　自由への欲望は足跡を残しますか？　その足跡は良いものなのでしょうか？　それは自由への欲望について何かできるような環境に私たちを導くのでしょうか？

パパジ　自由を得ようと決意した人に足跡を残すような足はない。自由を得ようと決意した人とは誰なのか？　これは明確に理解されなければならないことだ。誰がこの自由を得ようとしているのだろうか？

質問者　それは私の選択です。

パパジ　確かにそれはあなたの想念かもしれない。だが、この想念はいかなる足跡も残さないのだ。どういうわけか、この自由への想いは記憶にとどまらない。幸運なことに、それは突然現れ、あなたの注意を捕らえる。だが、それはいかなる足跡も残さない。それは現れ、向こう岸から、自由の側から答えが来るのを待つ。この想いを湧き上がらせなさい。それは、実際は想念ではない。それは自由そのものがあなたを家へと呼び戻しているのだ。もし望むなら、それを想念と呼ぶこともできよう。この想いを湧き起こさせなさい。なぜなら、それは祝福を受けた想念だからだ。それが湧き起こるのを許しなさい。そして、彼方から呼び声が返ってくるのを待ちなさい。この想念のこだまに耳を傾けなさい。そのこだまは自由そのものの声なのだ。

＊**訳注1**　**ラーマクリシュナ Ramakrishna Paramahansa**　（一八三六〜八六）ベンガル地方出身の偉大なる聖者。ヴィジョンによる直接体験を通して、世界中の主要な宗教が本質において一つであることを説き明かした。スワミ・ヴィヴェーカーナンダの師でもある。

＊**訳注2**　**ヨガナンダ Yogananda Paramahansa**　（一八九三〜一九五二）『あるヨギの自叙伝』（森北出版）を通して西洋にインドの精神性を伝え広めたベンガル地方出身のヨーギ。ババジを開祖とするクリヤ・ヨーガの伝統を継承した。正しくは、ヨーガーナンダ・パラマハンサ。

33 二元性という概念を棄て去ったとき、一なるものも消え去る

（本書におけるサットサンの記録は、一九九一年の一連のテープ録音をもとに編纂されたものである。このシリーズの中の一本のテープが消失している。パパジの会話のはじめの言葉は、どうやら消失したテープの会話の続きらしい。会話のはじまりの様子からして、パパジは彼の臨在のもとで得た体験を描写するよう訪問者に誘いかけているようだ）

パパジ　いままでに耳にしてきたどの実在の描写にも私は賛成できない。それを言い表すために、多くの言葉が用いられてきた。だが、そのどれも正確だとは言えない。人々は「空」「虚空」「充満」など無数の言葉で語ってきた。私は長い間、ある言葉、ある表現でそれを言い表そうと試みてきたが、失敗に終わっている。誰かその状態に目覚めたばかりの人を見たとき、私はたいてい彼らにそれを言い表すよう求める。誰かが私を満足させるようなことを言うのではないかといつも期待するのだが、どれもかなわないものばかりだった。

あなたはわずかしかまだ私に語っていない。これは他の人にも起きたことだ。何人かはここに来て、私が語ること、私が指し示すことを直接体験するが、一対一で会話したことはなかった。彼らにとっては私から

一言か二言を聞くだけで充分だった。その後、私は彼らにも同じように試してみた。あるときは彼らとともに何日か過ごしたが、たいていはただ静かに座っていただけだった。私たちはただ互いの臨在を楽しんだだけだ。愛、美、理解、歓喜はそこにあった。だが、それは私たちの誰もが語ることのできないものだったのだ。私はあなたに話すよう求めている。なぜなら、あなたが今それを見ているのがわかるからだ。

質問者　私にできることは何もありません。

パパジ　わかっている。だからこそ、あなたに尋ねているのだ。私は尋ねている。だが、答えを求めているわけではない。それはどうでもいい。私はあなたに満足している。私は嬉しい。だが、それはどうでもいいのだ。

（長い沈黙の後で、パパジは笑う）

すべての疑いをなくしなさい。すべてを棄てなさい。

新たな質問者　興味深いことに、今の私には何の疑いもないことを見いだしました。疑いは私の主要な障害だったのです。

パパジ　疑いを抱くこと、何が起こっているのかを理解しようとすることは非常に良いことだ。

質問者　それでもこの五日間、私にはまったく疑いがなかったのです。

パパジ　もう一度言おう。疑いを抱くことは良いことだ。

質問者　はい。あなたの言われることは理解しています。疑いを抱くことは良いことです。そうすることで、それを取り除くことができるからです。

パパジ　疑いが最初になければならない。あなたと自由との間に立ちふさがる疑いがなければならないのだ。ある人々はまったく疑うということがない。彼らは完全な暗闇の中にいる。完全な無知の中ではまったく疑いは起こらない。だが、その状態にいても何の益もないのだ。もし無知にとどまることに完全に満足しているなら、疑いはけっして起こらないだろう。疑いが起こるのは、あなたがそれから出る可能性を一瞥《いちべつ》したときだけだ。

質問者　だからこそ私は尋ねたのです。私はあまりに楽な人生を過ごしてきました。何の心配をすることもなかったのです。しばらくの間は楽しく過ごしました。しかし今、この状態にとどまるべきかどうか疑いはじめたのです。別の状態に移るために、もっと多くの質問、もっと多くの疑いをもつべきかどうかと。

パパジ　いつも疑いを抱くがいい。そして疑いを晴らしなさい。疑いは障害だ。疑いはあなたと自由の間に立ちはだかる、越えられるべきハードルなのだ。完全に無知な心に疑いは生じない。そのような人は体験している無知の状態のレベルにまったく満足している。自由への最初の段階は疑いを抱くことだ。自分は本当にこの無知とともに生きたいのかと問うことだ。この疑いが起こったなら、疑いを取り除くことのできる人のもとに行きなさい。

質問者　私は過去にたいへん多くの疑いをもっていました。あなたはそれを知っているはずです。なぜなら、私はそれを抱えてここまで来たのですから。しかしこの五日間というもの、いつもの疑いが心に現れなくなったのです。疑いの多くは、聖典を読んだときに私にとってどうしても意味をなさなかったことを中心としていました。ところが、あなたの教えを聞いた数日後、私は聖典から離れ去ったように感じています。どういうわけか、私はそれらを手放したのだと感じていたのです。聖典を放棄したこと、ダルマ（法）とは何か、そしてそれはどのようにあるべきかといった概念を放棄したことは、私にとって大きな解放だったのです。今では、そのような概念が私を悩ませることはもはやありません。

パパジ　素晴らしい！

質問者　これらの概念についての疑いはなくなりました。それはもう現れなくなったのです。

パパジ　雲一つなく晴れわたった。ただ航海を続けなさい。

質問者　今はいいでしょうが、家に帰ったら、それらについて何も考えないことに満足していられるかどうかわかりません（笑）。

パパジ　この「ダルマ」が私にあることを想い出させた。誰かが私に送ってきた短い文章はどこかね？　その中に疑いについてあることが書かれている。

（誰かがその文章を見つけてパパジに手渡した。それはリチャード・クラークが翻訳した僧璨鑑智《そうさんかんち》禅師の『信心銘《しんじんめい》』＊だった。僧璨は中国禅の三祖である。パパジはときおり止まって解釈を入れながら全文を読みあげた。また何行かを繰り返し読んだ。彼が二度読みあげた行には傍線を入れてある）

大いなる道は難しくない
選り好みをせず
愛することも憎むこともなければ
すべてははっきりと明らかになる

だがわずかでも分別をすれば
天と地は遙かに隔《へだ》たる
真理を実現したければ
賛成や反対の見解を抱いてはならない

一つを嫌い一つを好むことは
心の病だ
物事の本質を理解しないとき
心の平和は徒《いたずら》に乱される

道は大いなる虚空のように完全で
欠けたところも、余分なところもない
ただ取捨選択するために
物事の本質を見極められないだけだ

外界に巻きこまれてはならない
空という概念にもとらわれてはならない
物事と一つになって、ただ静かにしていなさい

そうすれば誤った見解はひとりでに消え去る

心の活動を止めようと努力しても
その努力がさらなる活動をもたらす
対極の一方を選んでとどまるかぎり
一なるものを知ることはできない

一なるものを知らなければ
静動、正否ともにその自由な働きを失う
物事の現実性を否定すればその現実性を見失い
空の概念にしがみつけば空の原理を見失う

話せば話すほど、考えれば考えるほど
ますます真理から遠ざかるばかり
話すことも考えることもやめなさい
そうすれば知り得ないものは何もない

根源に帰れば本質を会得する

だが現れを追いかければ源を見失ってしまう
一瞬にして悟れば
現れも空もともに超越される

(パパジは一人笑いながら言った、「素晴らしい!」)

一瞬にして悟れば
現れも空もともに超越される

空の世界に起こる変転変化を
無知ゆえに人は実在と呼ぶ
真理を追い求めてはいけない
ただ相対的な見方をやめなさい

二元的な分別にとらわれて
現れを追ってはならない
わずかでも是非を区別すれば
心の本質は失われてしまう

すべての二元対立は一元から生じるが
その一元にさえ執着してはならない

パパジ　（最後に質問した人に向かって）あなたはこの詩句を理解しなければならない。

質問者　私には理解しがたいことです。

パパジ　だから私はここで止めたのだ。「その一元にさえ執着してはならない」とそれは言う。完全に理解していないようだから説明しよう。二元性から自分自身を切り離すということは、つまり以前は二元性の正当性を受け入れていたということだ。受け入れることも受け入れないことも、ともに結論だ。あなたが二元性を拒否したとき、後に残るのは一なるものだ。それが真実だ。そうではないかね？　二元性という概念は一なるものから現れる。それゆえ、二元性が放棄されたとき、一なるものが後に残る。そのとき、彼は言う、「その一元にさえ執着してはならない」と。ここまではあなたもはっきりと理解したはずだ。だが、今私がこの詩句の意味を説明しよう。彼は概念としての「一なるもの」に執着してはならないと言っているのだ。「一なるもの」と「二なるもの」という二つの概念は相互関係にある。「一」という概念なしに「二」について語ることができるだろうか？　いいや、できない。そうではないかね？

質問者　私には正直に「できない」と言うことができません。

パパジ　「二」は一たす一だ。このようにそれを見るとき、一なるものは二元性の中にある。少なくともあなたの概念の中では。一なるものがいまだに概念であるとき、二は常に一との関係性を保っている。だが、二元性が失われたとき、どこに「一」があるというのか？

質問者　二の中にですか？　二に戻るのですか？　私には本当にわかりません。

パパジ　あなたが二元性という概念を棄て去ったとき、一なるものも消え去る。

質問者　そのとおりです。

パパジ　あなたが一なるものの中で独り在るとき、あなたは自分自身を「一」と数えることはない。なぜなら、そこに「一」と関係する「二」が存在していないからだ。「一」が「一」として存在できるのは、そこに関係性をもつ「二」が存在するからなのだ。もし「二」がまったく存在しなければ、「一」も存在することはできない。

私たちが眠るとき、何が起こるのだろうか？　すべての人を拒絶するのだ。目覚めの間、多くの人があなたを訪れる。あなたは自分自身の結婚式にいるかもしれない。そこで、あなたは多くの友人や親類と交わっている。一人ずつ皆が「さようなら」と言って去っていく。今、あなたは花嫁と二人きりだ。あなた方二人だけが残り、眠りにつくときが来た。あなた方二人は同じ部屋の同じベッドにいる。あなたが花嫁に「おやすみ」と言うとき、「二」は消え去る。そしてあなたが眠りに入る瞬間、「一」もまた消え去るのだ。あなたは「一」も「二」も存在できない場所に入った。「一」が消え去るとき、それとともにすべてが消え去る。そこでは「一」や「二」という概念は存在できない。あなたが「一」以外の何かについて考えないかぎり、「一」についてさえ考えることもできないのだ。

すべての二元対立は一元から生じるが

その一元にさえ執着してはならない

私は以前あなたに、拒絶できるものはすべて拒絶しなければならないと言ったはずだ。この「一」はあなたが拒絶しなければならないものの一つだ。すべてを「私ではないもの」として拒絶しなさい。「私は多数ではない」「私は両親ではない」「私は兄弟ではない」「私は息子ではない」と。そのとき、あなたは「一」として在るところ、「私は在る」に帰りつく。それもまた拒絶するがいい。あなたが、「私は心ではない」「私は身体ではない」「私は知性ではない」と自分自身に言った後で、「私は一ではない」とつけ加えなさい。それもまた拒絶しなさい。そして後に残された静寂の中に安らぐがいい。そうすれば、あなたに啓示されたものを見るだろう。

心が生じなければ
世界が背《そむ》くことはない
何も背くことがなければ
それは以前のようには存在しなくなる

「それは以前のようには存在しなくなる」。山は違った山になるだろう。木は違った木になるだろう。人は違った人になるだろう。物事は同じままだ。だが、あなたの見方が変わるのだ。

分別心が起こらなければ
心は存在をやめる

心が消えれば、対象も消え去るように
想いの対象が消えれば、想う主体も消え去る

「想いの対象が消えれば」。あなたは想いの対象から探求をはじめる。「私は身体だ」と言うとき、身体はあなたの想いの対象となる。そこからはじめなさい。「私はティムだ」。この想いが消え去るとき、私はティムだと考えていた「私」も消え去る。その想いの対象を抱いた心が消え去るとき、対象そのものも消え去るのだ。あなたが眠りにつくときのことを考えてみなさい。心は消え去り、それまで知覚していたすべての対象物も消え去る。

物事（対象）は主体（心）が存在するために対象となる
心（主体）は物事（対象）が在るためにそのように在る

物事が対象として存在するのは、主体（心）がそれらを知覚しているためだ。心がそのようにあるのは、それが知覚する物事がそのようにあるからだ。心が主体なのは、それが見ている対象がそこに存在するからだ。それらはともに現れともに消え去る。一方がなければどちらも存在できないのだ。

その二つの相関関係を理解しなさい
その根底にある実在は一つの空なのだ

この空の中で二つは一つであり
それぞれがその中に全世界を包含している
粗雑と精妙を区別せずにいなさい
そうすれば偏見に陥ることはない

大いなる道に生きることは
易しくも難しくもない
だが視野の狭い人は恐れ疑い
急げば急ぐほど遅れてしまう

執着には限りがない
悟りという概念にさえ囚われて道を見失う

ああ、これだ！「悟りという概念にさえ囚われて道を見失う」（笑）。私たちは瞑想や概念や決意について語っていた。これがダルマ（法）だ！　これがダルマなのだ！

すべてを放てば自然となり
来ることも去ることもなくなる

あるがままにまかせなさい
そうすれば悠々自適に生きていける
想いを働かせば、真理は隠され
想いを止めれば、暗く澱《よど》んでしまう

有念も無念も徒《いたずら》に精神を疲れさせるばかり
そのどちらを好んでも避けてもならない
一なるものを求めるなら
感覚や思考さえ嫌ってはならない

感覚や思考を完全に受け入れることは
真の悟りと同じなのだ
賢者は目的を求めて努力しない
愚者は目的を求めるために己《おのれ》を縛る

法《ダルマ》（存在、現象）は一つであって多数ではない
区別は無知の愛着から生じる
心をもって真我を求めることは
最大の過ちだ

迷えば安心や不安が生じ
悟れば好きも嫌いもなくなる
すべての二元対立は
自己中心の分別から生じる

それらは夢まぼろし、空中の花
つかもうとするだけ愚かなこと
得も失も、是も非も
すべて一度に放り出してしまえ

もし心眼が眠らなければ
すべての夢は自然に止む

心が分別をしなければ
万法は一なるものとしてあるがままに在る

この深遠な神秘を理解すれば
すべてのもつれは解きほどかれる
千差万別の存在が平等に見られれば
あるがままの自然の姿に帰りつく

この原因も関係性もない状態では
比較も類比もできない

（パパジは最後の句を繰り返す前に笑った）この原因も関係性もない状態では、比較も類比もできない。

動を静と見なし、静の中に動を見なさい
すると動も静も消え去る

二元性が存在しなければ……

ああ、これが今話していたことだ。これが私が説明していたことだ。だが、彼自身が次の行で説明している。

二元性が存在しなければ
一なるものも在りえない

これだ！　彼がそれを説明してくれた。私は彼がこれについて語らないと思っていたから、先に自分で説明したのだ。これはとてもいい、いい詩だ。これを読むのははじめてだ。もしこれを彼自身が語ると知っていたなら、私はその手前で中断したりはしなかっただろう。

質問者　本当ですか！　これをいままで知らなかったのですか？　これはかなり有名な詩です。

パパジ　そうだ、私はこれをはじめて読んでいる。そして他の何にも依らずにこれについて語っているのだ。これはたいへん良い詩だ。いいや、それ以上だ。これは卓越している。

この究極の境地には
どんな法も描写もあてはまらない

ここでは法則も、描写もあてはまらない。何も適さない。この状態とは何か？　これこそあなたが知り、体験しなければならないものだ。

道と一つになった平等な心に
自己中心的な努力はない
疑いも恐れも消え
真理を信頼して生きるのだ

束縛を一撃で断ち切り自由になれば
足跡を残さず、記憶すべきこともない
すべては空、明らかにして自ずと輝き
心を用いることもない

想念、感情、知識で推《お》し量れない
このあるがままの世界には
自己もなければ他己もない

この実在と調和のうちに在るには
ただ「不二」と言うがいい
この「不二」の中ですべては等しく

すべては包みこまれる

世界中の賢者たちは
この根源的真理を体得している
真理は時空を超えて在る
そこでは一つの想いが万年となる

（笑いながら）これは私たちが話していたことだ。「そこでは一つの想いが万年となる」。

ここも空、そこも空
だが無限の宇宙は常にあなたの目の前に在る
極大と極小は異ならない
境界を忘れ去り、区別を消し去れば
存在も非存在も同じこと
疑いや議論で時間を無駄にしてはならない
それは悟りとは何の関係もない

（パパジが読んでいたリチャード・クラークの翻訳では、「これとは何の関係もない」とある。だが、パパジは

それを「悟り」と読んだ。そしてその二行を読み返した）

すべては一つ、一つはすべてだ
分別なしに生き、活動しなさい
このように悟るなら、不完全を思い煩うこともない
この真理を信頼し生きることが不二の道である
不二と信頼とは一体なのだから

道は言語に絶している
そこには昨日も明日も今日もないのだ

パパジ　あなたはこれが気に入ったかね？
質問者　はい、本当に素晴らしいと想います。
パパジ　そうだ、本当に素晴らしい。なんという教えだ！　これよりも良い教えにであうことはないだろう。これを聞けば、あなたは何にも執着できなくなる。それがその美しさだ。自由を与えようとするいかなる詩句にも、言葉にも、教えにもしがみつくことはできないのだ。

＊訳注　『信心銘』（しんじんめい）Hsin Hsin Ming　禅宗の三祖、僧璨鑑智禅師は頭陀禅定を常とし、残された文記はこの『信心銘』のみとされている。しかしながら、日本において『信心銘』は『永嘉証道歌』『十牛図』『坐禅儀』と合わせて『四部録』に収められ、初期の祖師禅の要旨をもっとも簡潔に詩形式で詠った代表的な作品として高く評価されてきた。本書巻末に収録した『信心銘』の原典と、原典の漢文に忠実な邦訳を参照されたい。

34 「私」が消え去るその場所、それが智慧《ちえ》だ

質問者　今日、私は疑いに取り囲まれています。途方もなく広大な疑いです。どこを見渡しても疑いしか見えません。

パパジ　疑いはあなたが何をしているか、何を考え、何をすべきかということに関係している。あなたはある雄大な険《けわ》しい山を登っている自分を想像する。その想像の中であなたは鋭く切り立った岩や氷河や氷を想い描く。そのとき、あなたは自分が滑り落ちて死んでしまうところを想像する。ところが私は、「あなたは山を登った」と告げるのだ。あなたは困難をなし終えたのだ。あなたはあと数歩で頂上に届く高台に立っている。あなたは山を登ってまでして出会いに来たその存在と直面しているのだ。これ以上何もすべきことはない。もはや何も必要ないのだ。

質問者　どうすれば努力せずにこの疑いを克服できるのでしょうか?

パパジ　あなたがしている努力は、すべてあなたの想像の中で起こっている。あなたは頂上までの距離を測定し、そこに達するための途方もない努力をしていると想像している。それほどまでも想像上のシナリオにこだわっているため、すでに頂上に立っていることに気づかないのだ。どこにも登る必要はなかった。だが、

想像の中であなたは険しい崖を登り、墜落の危険に襲われていると考えていた。自分自身に言いなさい、「私はその存在に直面している」と。努力を忘れ去りなさい。すべてを忘れなさい。努力が障害なのだ。

質問者　私にはあなたが言われる場所にいる自分が見えません。今、私がいるところから見えるのは、すべて想像だけなのです。

パパジ　あなたは見る者にならなければならない。想像上の物事や奮闘を見ている個人ではなく、その他すべてを見ている見る者だ。あなたはすでにその見る者なのだ。その場所、その視野に達するためにはどんな努力も必要ない。あなたはただそれが真実ではないと想像しているだけなのだ。

質問者　昨日、あなたはあなた自身の体験について語られました。体験、真我実現が最初に起こり、理解はその後で起こったのだと。

パパジ　そのとおりだ。はじめに体験が起こった。だがそれが起こるための前後の脈絡はなかったのだ。私自身何が起こったのか説明のしようがない。私は理解はその後で起こったと言った。だが、それでさえ正確な真実とは言えない。体験は今もここにある。だが、それを理解したことはけっしてなかったのだ。

質問者　私の体験はその逆のようです。そこにはある理解があって、それから体験が起こったのです。

パパジ　「逆」とは「後戻りする」ことも意味している。あなたは理解を得るためにあなた自身を去った。それから後戻りした。つまり体験を得るために来た道を戻ったのだ。理解を得るために真我を離れ、一度も起こらなかった体験をしたと宣言するために真我に戻ったのだ。あなたはどこへも行ってはいない。ただ夢の中で旅をしただけだ。夢の中でニューヨークへ行き、夢の中で好きなときに旅からベッドに戻ることができる。だが、目覚めたとき、あなたは実際どこへも行かなかったことを知るのだ。まったく動くことなく、ただ部屋の中で眠っていただけなのだ。
　あなたが努力やサーダナについて夢見ている間、自分はこれらのことをしていると装っている間、真我はまったく何もしていない。真我は真我でしかない。それはけっしてどこへも行かず、何もしない。それは何の努力もしない。どこかへ行き、それから戻ってくるということはありえない。これらはすべてあなたの想像なのだ。非真我が真我になることはけっしてない。真我が自分は目的地に達するために困難に立ち向かっていると想像することなどない。どれほどの努力をしようとも、非真我が真我になることはないのだ。真我があるがままにとどまるために努力は要らない。それはただ在るのだ。

質問者　ええ、それは理解できます。そのためには油断なくあり、湧き起こる想念を見守るという私側の努力を必要とするのです。もし私が油断なく見守る努力をしなければ、想念に巻きこまれて存在を忘れてしまうでしょう。

パパジ　存在とはあなたのことだ。存在とは真我だ。真我とはあなたであり、あなたであるものになるために油断なく見守る必要はない。あなたはすでに「それ」なのだ。もしあなたが真我ではないと感じるなら、想念が起こるとともに警戒しなければならない。なぜなら、それらの想念はあなたを真我から想像である非真我の世界に連れ去ってしまうからだ。そこにいるかぎり、どうやって我が家に帰り着くかということを考えはじめなければならない。もしあなたがこの道を行くなら、どのようにこの非真我の想念が起こるかを見るために警戒をしつづける必要があるだろう。それはどこかから現れる。もしあなたがその場所を見いだせば、非真我の想念はそこに戻り、そして消え去るだろう。

質問者　それが昨日、私が困惑していたことなのです。私は以前よりも想念に巻きこまれるようになったと感じています。この問題を解決するために努力という言葉を使いたくはないのですが、それでも、それと同時に油断なく見守りつづけるためには、ある程度の努力が必要だと感じています。私は湧き起こる想念に気づいていたいのです。そうすることで、想念に巻きこまれず現在にとどまることができるように。しかし、私が意図的に努力をしないようにすると、もっと心の中身に引きこまれてしまうのです。

パパジ　努力という概念が起こるには、それについての想いがそこになければならない。そうではないかね？　湧き起こった想念があなたに、「私は努力しなければならない」と言うのだ。この想いが起こった後にだけ、あなたは努力をすると決めるか、この想いを無視するのだ。だが、それでさえ最初の想念とは言えない。「私は努力しなければならない」という想いが起こるには、そこにまず「私」がなければならない。その「私」そのものが想念なのだ。それゆえ、最初に起こる想念はこの「私」であり、それが後に努力するかどうかを決めるのだ。

　この「私」という想念がそこにある。それがどこから起こるのか見てみなさい。この数日間、何度かこのような状況が起こった。このような質問をする人が何人かいたからだ。私はその答えとして「私」が最初に現れる場所を見いだし、そこに戻りなさいと勧めた。これがいままで私が語ってきたことだ。「私」がどこから現れたのかを見いだすため、その源まで戻りなさい。もし「私」という想念が現れる源を見いだすことができれば、その「私」という想念は消え去るだろう。

　その最初の「私」という想念が源に帰りついて消え去れば、それとともにすべては消え去る。その瞬間、あなたはあなたが語っていた「現在」として在るだろう。そのとき、あなたは真我として在る。もしその場所にとどまり、自分自身でそれを知ったなら、それが真我だ。それが自由だ。いったいそこからどこに行かなければならないというのか？　何を達成しなければならないというのか？「私」が消え去るその場所、それが智慧だ。それは描写不可能だ。それが何なのかを実際に言い表した者はいない。その場所では、何の努力も必要ない。いったいどんな努力ができるというのか？

これは努力も想念も起こらない場所だ。なぜ自分を選択や行為に駆りたて、真我からあなたを引き離してしまうような想念を起こさなければならないのか？

その場所を去るとき、何が起こるのだろう？「私」という想念が起こる。感覚は情報を収集し、「私」という想念に送る。そしてあなたは「私」という想念に関わる知覚や概念についての選択や行為をしはじめるのだ。この過程全体があなたを困難に巻きこむ。なぜ「私」という想念を起こす必要があるのか？努力や非努力という想念の起こらない場所、「私」という想念さえ起こらないその場所にとどまりなさい。そこではすべてが静かだ。それはそれほどにも静かなため、言葉は妨げとなる。私たちが話すと言葉が現れ、真我の沈黙の流れを妨げてしまう。自然な智慧の流れは言葉によって妨げられてしまうのだ。

質問者　心にはそれ自体の慣性があると思えます。私たちはあなたが言われることにすべて賛成します。しかしだからといって、それが絶えずせわしい心を止めることはないのです。

パパジ　心は過去だ。もしあなたが現在に在れば、心というものを見ることはない。現在の瞬間に心を見ることはできない。この存在を言い表す言葉は存在しない。もしあなたが過去を見なければ、それはただそこに在るのだ。

質問者　心はそれ自身の言葉で物事に対処したいのです。それは思考や行為によって問題を解決することが好きなのです。

パパジ　これは新婚旅行の前にする話のようなものだ。そのような考えは忘れてしまいなさい。すべて忘れ去るがいい。あなたが新婚初夜の部屋に入るとき、他の人たちは皆そこを去る。あなたはそこへ一人で入るのだ。言葉の世界を離れて花嫁に会いなさい。話すことは終わったのだ。花嫁を見なさい。そこには他に誰もいないのだ。

35 これは何かあなたが「すること」だという盲信を棄てなさい

質問者 私はここに中国禅の三祖の詩を手にしています。ここに私には理解できない一節があるのです。

パパジ 昨日私たちが読んだのと同じものかね？

質問者 はい、同じものです。この句が理解できないのです。

（彼はその句をパパジに見せ、パパジはそれを読みあげた）

パパジ 「ただ取捨選択するために、物事の本質を見極められないだけだ」

この部分が理解できないのかね？　この詩句だけかね？

質問者 私にはどうしてもその意味が理解できません。

パパジ あなたには物事を受け入れるか拒否するかという選択権がある。もし好きならあなたはそれを受け入れ、もし嫌いなら拒否する。起こり得ることはこの二つだ。

さて、あなたが眠っているところを想像してみなさい。一人の美しく好ましい女性が部屋の中に入ってきて、あなたのベッドに座るとしよう。だが、あなたは彼女を好ましいと思わない。彼女を望みもしない。なぜなら、あなたは眠っているからだ。彼女は立ち上がって部屋を去っていく。彼女がそこにいる間、あなたは彼女を受け入れることも拒否することもなかった。彼女はあなたに何の印象も与えなかったのだ。それはあなたの心が彼女の影響を受けず、彼女が好ましいかどうかという選択をしなかったからだ。

次に、ある男がやってきて、あなたに喧嘩を売りつけようとする。彼はあなたに対して怒っていて、喧嘩をするつもりで来た。彼はあなたがベッドで眠っているのを見て、しばらく待ってからそこを立ち去る。「戻ってきて、彼が目を覚ましたときに、思っていることを告げよう」と考えながら。

あなたはこの人を受け入れることも拒否することもなかった。「私は彼を受け入れる」あるいは「私は彼を拒絶する」という考えは起こらなかった。なぜなら、あなたの心がそこになかったからだ。あなたはただ眠っていただけだ。

もしあなたが目覚めたとき、心をのけておけば、同じように生きることができる。誰かが来て、「ああ、あなたはなんといい人だ！」と言ったとしても、飛び上がってその言葉に浮かれることなしに聞きなさい。あるいはその同じ人が、「おまえなど嫌いだ！」と言ったとしても、同じように反応せずにいなさい。私は、「心の中では傷つき腹を立てても、その屈辱を無視しなさい」と言っているのではない。私は、屈辱の言葉が心に届かず、それに反応することもない状態について話しているのだ。もしその状態にとどまれるなら、あなたは褒《ほ》められても微笑み、屈辱を受けても微笑むことだろう。

これが目覚めた眠りの状態だ。心が不在だという点では、それは眠りと同じだが、世界を見てそれに対処しているという点では目覚めている。

月は空にある。私はそれに叫びかけ、唾を吐きかけることもできる。私はそれを礼拝し、花を投げかけ、賛歌を歌うこともできる。私の行為によって月は影響を受けただろうか？　いいやまったく受けなかった。

それはただ輝きつづけるばかりだ。私たちが良いふるまいをしようと悪いふるまいをしようと、喧嘩をしようと瞑想をしようと、月は何の影響も受けない。それは空《くう》についても同じことだ。私たちは空の中に座っている。四つの壁の中には空がある。私たちは瞑想しているかもしれない。あるいは何か他のことをしているかもしれない。私たちが何をしようと、あるいはしなかろうと、空は影響されないままだ。私たちが存在しようと不在であろうと、空にとっては何の違いもない。これが四つの壁の中にある空間なのだ。

あなたはすべての物事が現れては消え去るその空なのだ。物事があなたなのではない。あなたは世界の活動にも無活動にも影響されない。物事が存在しようと不在だろうと、あなたにとっては何の違いもない。あなたは常に空なのだ。

質問者　あなたがこのように説明されたことで、今私は完全に理解できました。

パパジ　そこにはけっして何も入りこまない。何一つ入りこめないのだ。私は「私」という想念さえ入ることのできない場所について話している。受容や拒絶をするには「私」が必要とされる。そこに「私」という想念がないかぎり、受容も拒絶もありえない。これが「私」が存在できない場所なのだ。

この「私」は心の源だけではなく、世界とその創造者の源でもある。その場所では、「私」も創造も創造者も存在できない。受容や拒絶をする創造物はそこにいないのだ。創造も創造者も「私」が現れた後にのみ起こる。もし「私」が現れなければ、創造者が現れることもない。

「はじめに言葉ありき。その言葉は神なりき」と言われている。その言葉、その名前は、私の語っているこの空から現れるのだ。真我の空は、神や言葉以前に存在している。そこは静寂の地なのだ。

質問者　実際的な質問をしてもいいでしょうか？　突然コブラが目の前に飛びだし、私にとって逃げようのない場所に立ちふさがったとします。私は逃げ場を失ったのです。その瞬間私には、それを殺すかそれに殺されるかという選択しか残されていません。哲学的な見解は役に立ちません。今この瞬間に選択しなければならないのです。この詩はこのような状況について何と言っているのでしょうか？　私はただ静かにそこに立ち、次の展開を待たなければならないのでしょうか？　生と死の選択は私には許されないのでしょうか？

パパジ　このような状況では、論理的な思考から選択することはできない。そこに立って、「もし私が何もしなければ、それは私を殺すだろう」あるいは「それが私を攻撃する前に私が攻撃しなければならない」と考えることはできない。そのような状況では、自発的な行為が起こるだけだ。

質問者　なるほど、あなたの言われるとおりです。

パパジ　想念と行為の間に起こる思考過程はまったく愚かなものでしかない。それはサンサーラ、カルマに属している。人々はサンサーラの中で考え、それから行為する。そして後になってから、彼らがしたことを心配したり悔やんだりするのだ。もしあなたが真我として生きるなら、あなたはただ行為し、そして忘れる。想念が行為を促すのではない。行為の後でそれを分析したり判断したりする想念はない。これが違いだ。行為して、忘れなさい。キスをして、忘れなさい。平手打ちして、忘れなさい。これはあなたが自己の本性を知ったときにのみ起こるのだ。

　物事の真の本性を知るには、まずあなた自身の真の本性を知らなければならない。自己の真の本性を知ることは実に簡単だ。「私は身体ではない」と自分に言いなさい。何があなたの真の本性であり、何が一時的なものなのかを見いだしなさい。

　自己の真の本性とは何か？　それは放棄できるようなものではない。来ては去っていくものではない。私たちは「私の家、私の車、私の妻、私の身体」などと言う。それらはすべて来ては去っていく所有物あるいは関係性だ。それらはしばらくの間あなたと関わり、そしてあなたから去っていく。それは永久的でも持続的でもない。それは永遠不変の自己の本性ではないのだ。あなたの真の本性は飽きたら棄てて新しいものに変えられるようなものではない。それはあなたの所有物ではない。それはあるがままのあなたなのだ。

いずれはすべてのもの、すべての人が放棄されなければならない。すべての所有物、すべての関係性はやがてあなたを去っていくのだ。どれほどあなたがその人を愛そうとも、どれほどその人に執着していようとも、その人あるいはその関係性は、ある日あなたを去っていく。なぜなら、それは真のあなたではないからだ。真のあなたはけっして来ることも去ることもない。あるインドの王はタージ・マハールを建立し、その中に妻の亡骸《なきがら》と彼女への愛を納めた。彼女は彼の生涯の愛だったのだ。だが関係性は終わりを告げ、そして彼から去っていった。

では、あなたの真の本性とは何か？　それは「私は在る」だ。「私はこれだ」や「私はあれだ」ではない。家を所有し、妻と関係性をもつ「私」ではない。何にも属さず何とも同一化しない、ただの「私は在る」だ。

私たちは「私」という想念について語っていた。この「私」という想念が、世界とその創造者の原因である最初の想念なのだ。この「私」という想念はあなたの真の本性ではない。なぜなら、いつも何かに結びついているからだ。それはいつも「私はこれだ」や「私はあれだ」と言う。それはあなたの真の本性ではない。なぜなら、永遠のものではないからだ。それは現れ、しばらくの間戯《たわむ》れ、そして消え去る。もしあなたが自己の本性を知りたければ、「私」が起こる場所に向かわなければならない。それが生まれる場所に行きなさい。この大いなる源泉、それ自体を心、世界、神として表現するエネルギーの源とは何なのか？　そこへ行き、自分の目で見るがいい。私にはそれを言い表すことはできない。そしてあなたをそこへ連れていくこともできないのだ。だが、もし「私」の消え去る場所に達すれば、本来の自己とは何かを見いだすだろう。あなたは常に「それ」なのだ。「私」なしにその場所にとどまるなら、そこに受け入れたり拒絶したりするような何があろう？

　その真理を知るとき、あなたは他の見解が偽りだったことを知るだろう。何が真理で何が偽りかを議論することはできる。だが、そこにたどり着いたとき、あなたは自分自身で真理を知るのだ。

質問者　私の心は……

パパジ　「私の心」！　あなたはまた関係性に戻ってしまった。

質問者　私は私の心と呼びます。他にどうしようがあるでしょう？　私はこの心と呼ばれるものを嫌悪感とともに見ています。それは誰かが「存在」という応接間に入ってきて、そこで排泄するようなものです。私は胸が悪くなるほど恥ずかしくなります。なぜなら、私にはそれをコントロールすることができないからです。何が起こっているかは知っています。私はそれを見守るのですが、それを止めることができないのです。

パパジ　それらは古い習慣の表れだ。古い習慣とは過去であり、死んだ想念や印象の墓場なのだ。誰もが古い習慣という墓場に生きている。

質問者　コブラの話に戻りますが、コブラが飛び上がった瞬間、何であれ即座の決定がなされます。その決定は心に足跡を残しますか？

パパジ　そのような行為はただの反作用でしかない。それは自動的な反応だ。それを殺そうと、それから逃げようと、その行動は思考過程から起こるものではない。このような状況で、あなたは自発的な指示を受け、身体はそれに従って反応する。このような反作用が心の中にとどまることはない。

私がまだ若くパンジャブにいた頃、揺りかごに赤ん坊を入れている一人の母親に出会った。そのとき、一匹の蛇が揺りかごに這い上がり、赤ん坊に近づいていった。冬だったので、眠るための暖かい場所を探していたのだろう。赤ん坊はよくやるように足をバタバタさせていたが、蛇を気にしてはいないようだった。母親はもしや蛇が赤ん坊に跳びかかるのではないかと心配して、近づくことができずにいた。夫が仕事に出ていたため、彼女は隣の家の人に助けを求めた。

私たちはしばらく状況を見守っていた。そして最終的に、蛇と赤ん坊をそのままそっとしておくことに決めた。蛇はおよそ一時間その場にとどまった。そして何の敵対心も見せなかった。私たちは静かにその場を去り、赤ん坊と蛇は二人きりにされた。赤ん坊は蛇が敵であって、自分は危険な状況にいるなどとはまったく感じていなかったのだ。赤ん坊は蛇を受け入れも退けもしなかった。そうするだけの心をもっていなかったからだ。彼はいつものように横になり、ときどき足をばたつかせていただけだ。

私は似たような出来事をもう一つ覚えている。ノルウェーから来た少女がガンジス河の岸辺で瞑想していた。それはずいぶん昔のことだ。彼女はサードゥのように生き、托鉢《たくはつ》をして食べていた。地元のあるインド人の家族は、彼女が来るとその乞食椀《こつじきわん》に食べ物を入れたものだった。たいていは、ある引退した夫婦が彼女に食事を与えていた。私はときおり彼女に果物を渡した。なぜなら、乞うた食べ物だけでは充分な栄養は摂れないからだ。ある日、訪ねていくと、彼女は川岸で目を閉じて瞑想しているところだった。おそらく一メートル八十センチはあろうかという大きな蛇が、彼女の上に這い上がろうとしていて、その一部は彼女の手の上に乗っていた。私は彼女の邪魔をしないことに決めた。もし彼女が飛び起きたなら、蛇がそれに反応することがわかっていたからだ。この少女は一度瞑想に入ると何時間もその状態にとどまるのが常だった。ときには、四時間も身動きせずに座ることもあった。私は彼女が周囲のことに気づかぬまま目を閉じて座っているのを一時間ほど見守っていた。最後には、蛇は自ら動きだし、ゆっくりと這いながら去っていった。彼女は瞑想を続けたままだった。蛇が来たこともそれが去ったことも気づかぬままに。

彼女がついに目を開けたとき、私は彼女に果物を手渡し、何が起こったかを伝えた。彼女は自分の身体の上に蛇が座っていたことなどまったく知らなかった。はじめのうち、彼女は私の言うことを信じなかった。そこで私は砂浜の上の蛇の這った跡を見せたのだった。

あなたの質問に戻ろう。あなたがこのようなことに遭遇したなら、反応は即座に、自動的に起こる。その反応がどこから起こるのか、私は知らない。それはただ起こるのだ。そしてそのように起こった場合、その反応はあなたの記憶にとどまらないのだ。

質問者　私はあなたがそのような決定がどこから起こるのか知らない、と言われたのを聞いて驚いています。解脱《げだつ》した人たちは彼らの反応がどこから起こるのか知らないのでしょうか？　仏陀のような人はそのような決定がどこから起こるのか知らないのですか？

パパジ　私は知らない。だが、もし妻の横に座り、心の中でその問題を考えていたとしたら、彼が去ることはなかっただろう。彼女は美しい人だった。そして彼は彼女を愛していたのだ。ある衝動が内側から湧き起こった。そしてそれに反応して、彼はただ立ち上がり、その場を去ったのだ。この王子の衝動はそれほど強烈なものだった。それが起こったとき、あなたはどこからそれがやってきたのか知らない。あなたはそれについて考えたりしない。ただそれに従うだけだ。

外界に巻きこまれてはならない
空という概念にもとらわれてはならない

これがサンサーラとニルヴァーナだ。形にもその根底にある空にも執着してはならない。外界に巻きこまれるということは、形ある物事に囚われることだ。それと同時に、空という概念にも執着しないよう注意しなさい。そのどちらも受け入れず、どちらも退けずにいなさい。

物事と一つになって、ただ静かにしていなさい
そうすれば誤った見解はひとりでに消え去る

もしこのように生きるなら、すべてはそれ自体で治まるだろう。ほとんどの人が受容性に達しようとして活動を止めようとする。だが、それはいまだに働いていることになるのだ。なぜなら、活動を止めようとする努力そのものが活動性に満ちているからだ。

新たな質問者　それ自体においては、受容性も活動性も何も間違ったものではありません。ただ努力を巻きこむときだけそれらを汚《けが》してしまうのです。

パパジ　今、あなたはある理論を支持するため、あるいは否定するために努力をしている。
質問者　それは本当です。しかし私がこのように話すのは、あるちょっとしたことが今朝起こったからです。私は今朝ずいぶん早くに目を覚ましました。とても素晴らしい日だったので、最初はベッドでただ横になって楽しんでいたのです。それから、私は座って三十分ほど瞑想する決意をしました。なぜなら、それが私のするべきことだと言われてきたからです。五分もしないうちに、それに本当の価値があるように思えなくなりました。そこで植物園に早朝の散歩に出かけたのです。私の決意は消え去りました。それでも、私はとても静かで平和だったのです。この努力をしようとする選択が問題の原因なのではないでしょうか?
パパジ　そうだ。

（長い沈黙）

どちらにしても、これはすべての言語を超えたものだ。

（長い沈黙が続く）

あなたがここから進んでいくと仮定してみよう。あなたは今いるところから目的地に向かい、そして今、この場所にたどり着いた。それがあなたが行けるだけ行ったところだ。あなたの目の前にはこの広大な「空」が広がっている。もし望むなら、それを「存在」と呼んでもいい。あなたの好きなように呼ぶがいい。あなたはこの場所にあなたの心を連れてきた。そしてこの広大な広がりについて心が熟考するにつれ、それを描写し、理解しようと古い習慣が主張しはじめる。心は描写し、理解するために、この広大な広がりを対象化したがる。これが心の働きなのだ。それは見るために、外的な対象物を必要とする。自分の理解の正当性を立証するために、外的な対象物を必要とするのだ。そこにはまだ努力がある。そしてこの努力とは、「理解」と呼ばれるもので心を満足させようとする試みなのだ。この体験はまだ完全なものではない。実際、真の体験はまったく起こっていない。あなたの手の内にはその二元的見解を維持し、それ自体を維持している心があるだけだ。これが心の本性だ。心は知覚者と知覚されるものという世界の視野だけが唯一正当なものだと結論づけるために、あらゆる情報を受け取り、それをまとめあげようとする。

あなたはこの空、この広大な広がりについて外側から熟考することをやめなければならない。なぜなら、あなたがその外側にいる間、それはただ心を忙しくさせる別の概念にすぎないからだ。まったく考えることなしにこの空の中に入りこみなさい。どうすればいいのか？　これは何かあなたが「すること」だという盲信を棄て去るのだ。そこに足を踏み入れることはできない。なぜなら、そこは物理的な次元ではないからだ。意図や決意とともにそれをすることはできない。なぜなら、そのような想念が活動的である間、あなたは空の中ではなく、心の中にいるからだ。あなたはいままでこの問題が「考えること」や「すること」によって解決されるものだという心の想像に騙されつづけてきた。

想像は止《や》まなければならない。想像は、目の前に広がる広大な空間について熟考する地点で止まらなければならないのだ。あなたが見、感じ、考え、味わうことは、すべて想像がそれ自身と戯れているだけなのだ。それはここで終わらなければならない。永遠に終わらなければならないのだ。すべてのサンサーラ、何十億年という過去と未来の想像、この心の果てしない想像は、ただ一瞬のうちに起こる。すべてのサンサーラは一瞬の想像が拡張されたものでしかない。それは私たちが何百万年もの間体験してきたことを実在だと信じさせる。あなたは自分に世界という夢を見させ、その中で生き、解脱に向かって努力させてきたこの想像に終止符を打たなければならない。これが究極の真理なのだ。

質問者　私はあなたが言われることが痛いほど真実であることに気づいています。私にはこれらすべてが私の心の習慣によって維持され、選択され、決定され、理解されてきたことがわかります。しかし、これを知ることが私の頭のスイッチを切るわけではありません。私は決定をし、私が決定をしていることを知っています。しかし誰がその決定をしているのかさえ知らないのです。それはいかに私が内面で起こっていることに無知であるかを示しているのです。

パパジ　あなたが決定をするということはない。ただそうすると思っているだけだ。何か他のものが、あなたに物事を為《な》すように駆りたてている。ただそれに気づいていないだけなのだ。思考過程に忙しくしている間は、それに気づくこともないだろう。想念も、想像も、努力もない場所を見いださなければならない。それを見いだしなさい。そうすれば、もう戻ってくることはないだろう。それは即座に起こる。だが、あなたが考えているかぎり、あるいは考えないようにしようと努力しているかぎり、それが起こることはない。考えることも理解することもなしに、その無想の場所を見いだしなさい。そしてそこにとどまるのだ。

36 あなたが目的地の途上にあるという概念を落としなさい

パパジ （彼の前に座っている人に向かって）あなたはここに、空《くう》を前にして立っている。あなたは最終の地、最後の一歩を踏むことのできる地に到達したのだ。足をもちあげて、それ以上近くに踏みこむことはできない。あなたの周りにはただ虚空しかない。いったい何の努力ができるというのか？　身体的な動きは助けにならないだろう。精神的な努力も想像も助けにならないだろう。想像は過去のものとして葬り去るがいい。それは終わったのだ。放っておきなさい。あなたの目の前にはただ空があるだけだ。何をしなければならないというのか？

質問者 判断も、エネルギーも、努力もありません。

パパジ そうだ。それがすべての終焉《しゅうえん》なのだ。

質問者 ただ空の中に落ちていくだけ……。そうしたいのですが、まだどこかに残された疑いが現れるのではないかと感じています。

パパジ それがあなたを引き止めるのだ。あなたはまだ疑いにしがみつこうと努力している。この疑いは過去に属しているのだ。

新たな質問者　それはちょうど手放して落ちていく代わりに、崖っぷちにしがみつく努力をしているようです。

パパジ　落ちていく決意をするのに、想念や努力や想像を巻きこんではならない。思考過程なしに、それがひとりでに起こるのを許しなさい。

質問者　簡単に聞こえますが。

パパジ　簡単なのだ。どうやってそれを達成するのかと考えるから複雑になるのだ。

質問者　この崖っぷちまで来たとき、もうこれ以上一歩も先に進めないところまで来たとき、その地点で真我探求をすべきなのでしょうか?

パパジ　いいや。あなたが目的地の途上にあるという概念を落としなさい。

質問者　目的地はないのですか?

パパジ　まったく何もない。まったく何とも関係性をもたずにいなさい。関係性に触れてはならない。

関係性に触れないとき、あなたは人々が成功しないまま描写を試みてきたその場所にいる自分を見いだすのだ。私がそれにもう一つの言葉を加えよう。「驚愕《きょうがく》」がその一つだ。あなたは「馬鹿げている」と感じる。それも今まで使われてこなかった言葉だ。あなたは突然今までの自分がいかに愚かだったか、いかに強情で盲目だったかを知る。そして過去の愚かさがなんと馬鹿げたものであったかを理解するのだ。「ものも言えぬほどの驚き」も私の好むもう一つの言葉だ。なぜなら、あなたはそれがあなたの思っていたようなものとはまったく違うことに突然気づくからだ。

質問者　国に帰ったら、ここでどのような時を過ごしたかというレポートを書いて提出しなければなりませ

たかを伝えなければならない。

パパジ　彼の大学は彼がここに五カ月間来ることを許した。だが、帰国したらここでどのように時を過ごしたかを伝えなければならない。

十五年ほど前、ある男性が私に会うことを望んでいた。彼は数学の教授で、インドで私に会うための一カ月の休暇を大学に求めた。だが、彼の申請は拒否されてしまった。

この人は何がなんでもインドに行くと決意していたためこう言った。「もし許可が下りないなら、私はたった今ここで辞職してインドに行きます。申請を拒否したからといって私が行くのを止めることはできません」

大学側は彼をとどめることはできないと判断し、一年間の休暇を与えたのだった。彼が非常に優秀な数学者だったため、大学側は彼を失いたくなかったのだ。大学は彼に少しばかりの仕事を課したが、それは二時間ほどで仕上げられるものだと彼は私に言った。一年間のインド滞在の交換条件としてはいい取引だ。

あなたの大学もここに来るように時間を与えてくれた。あなたはここで時間を無駄にしなかったことを証明できるようなレポートを書かなくてはならない。「馬鹿げた存在の歓喜」から書きはじめたらいいだろう。（皆が大笑いする）そこからはじめれば、とてもいい本を書くことができるだろう。

37 あなたが没入するその力があなたの面倒を見る

質問者　世間で反応するには二つの方法があるように思えます。一つは自発的な行為、もう一つは思考を通しての行為です。

パパジ　あなたは常に心に依存せずに行為している。だが、想念がそうではないとあなたに思わせるのだ。心があなたのすることを決定すると考えるのは一つの古い習慣なのだ。あなたが考えようと考えなかろうと行為は続いていく。仕事や行為をするために心は必要ない。あなたはただあなたがすると考えているだけだ。心が存在しなければ、仕事はとても効果的に為《な》される。これに関して私自身の例をあげることができる。これについて語る人は稀だから、私が語らなければならない。これは聞き伝えではなく私自身の話だ。

それは一九五四年のことだった。私はアムステルダム行きの船にマンガンの鉱石を荷積みしていた。それは港で行なわれる鉱石の移送ではなく、「沖合い荷積み」と呼ばれるものだった。私は船から出たボートに乗り、船長とともに一日を過ごした。船は荷積みを終え、ハッチが閉じられた。私は船長から証明書と購入者からの銀行為替手形を受け取った。私自身の手で為替手形を渡したかったため、バンガロールの本社に帰ろうとしたのだが、すでに夜の十一時だったうえ、マンガロールの港からバンガロールの町までは四百五十キロ以上あった。それは楽な運転ではなかった。はじめに危険なカーブがたくさんある緩《ゆる》やかな山道を越えなければならなかったからだ。

だが、会社が至急この金を必要としていたため、私は一晩かけて運転し、それから山を越えたところでひと眠りすることに決めた。その日は重労働だったので、もしマンガロール側の山で眠ってしまったら時間どおりに起きられず、バンガロールに到着するのが遅れてしまうことはわかっていた。この山道には十一のヘアピン・カーブがあり、海抜千五百メートルまで登って、それから反対側の平地まで降りていくのだ。山の反対側にはよく知られたカフェがあって、トラックの運転手が集まっていた。他に途中止まれる場所はなかった。地滑りがひんぱんに起こり、そのうえ象が迷いこんで交通を妨げることもしばしばだった。それは細い道路で、しかも片側は切り立った崖になっていた。もし象が目の前に現れたら、距離を置いて彼らが森に戻るまで待たなければならなかった。仮に象たちの一頭でもいら立たせて、それが向かってきたら逃げ場はなかった。

最も困難な道路は十五キロほどの距離で、安全に走りきるにはよほど注意深く運転する必要があった。特に真夜中には。では、何が起こったか？　私は運転中に眠ってしまったのだ。しかもこの危険な道路に入る前に。そして目が覚めたら、私は山を降りてバンガロールへの道を走っていたのだ。後になって計算してみたのだが、多くの険しいカーブをこなしながら、私は五十キロもの距離を眠ったまま運転したことになる。バンガロールへの道の途中で目を覚ましたとき、私は生まれ変わったように爽やかな気分だった。とてもよく眠ったに違いない。ひとたび目覚めると、もはや休息も睡眠も必要なかった。私は爽快な気持ちで、そのままバンガロールまで休むことなく走ったのだった。身体が眠っていた間、いったい誰が運転していたのだろうか？　今となっても、この謎は解けていない。無意識だった身体が正しいときに正しいことをするように何かが私の面倒を見たのだ。心も身体もそれに関わっていなかった。「このカーブは注意して曲がらなければいけない」と考える人はそこにはいなかったのだ。

これほど極端な話ではないが、やはり興味深いもう一つの話をしよう。一九四七年に、私はパンジャブからラクナウに来た。私は働いていた。なぜなら、私とともに現パキスタン領から来た親戚全員の生活を支えなければならなかったからだ。ときおり、私は外的世界で起こっていることに気づかないような没入状態に陥ることがあった。私は身体が何をしているのか、実際に気づくことのないまま歩きまわり、仕事をこなすことがよくあった。周りで起こっていることに気づいてさえいなかった。それはどうでもいいことだったのだ。何かが身体を安全に保ち、すべきことをするように私の面倒を見ていたのだ。

私がマドラス（現チェンナイ）で働いていた頃、同じようなことがよく起こったものだ。マイラポールからマウント・ロードまで歩いていこうとするとき、車の往来に注意を払おうとするのだが、外的な気づきが消え去ってしまうのだ。目的地に着いても、いくつかの道を渡ったという記憶さえないことに後で気づくのだった。

だが、一度事故に遭遇したことがあった。それは一九四八年、ラクナウで起こった。ラルバーグからハズラトガンジの郵便局に向かって歩いていたとき、スピード違反の車にはねられたのだ。当時はまだ踏み台をつけた戦前の車が走っていた。その車には外側に人が立って乗れるような鉄の平板がついていた。私は後ろから来たその古いフォード車にはねられた。衝撃で踏み台がはずれてしまったほど強烈に。何が起こったのか気がついたとき、その踏み台は私の隣に道をふさぐように落ちていた。事故が起こる前、私は今話していたような没入状態にあった。そのため、事故については私自身何も覚えていなかった。詳しいことは、後になって道路に倒れている私の周りに群がっていた人たちから聞いたのだ。ひき逃げだと彼らは言った。私が深刻な傷を負っているに違いないと誰もが思っていた。スピードを出して走っている車に追突されたからだ。だが、立ち上がってみると、まったく怪我はなかった。ズボンは破れていたが、めくってみると足にかすり傷があるだけだった。人々は私を警察まで連れていって報告したがったが、怪我をしていなかったので、私は彼らの提案を無視したのだった。

これが私の体験だ。心なしに生き、働くことができるだけではなく、外的世界に気づくことなしに生き、働くこともできるのだ。誰が面倒を見るのだろう？　あなたが没入するその力があなたの面倒を見る。それが指示を与え、身体はその指示に従うのだ。これはあなた自身で体験しなければならない生き方だ。訓練できるようなものではない。

以前に私たちは蛇が突然現れたときにどう反応するかという討論をしていた。あなたがこの状態にあるとき、何をすべきか、あるいは他の人の助言を受けるべきかといった考えは起こらない。正しい反応が自発的に、自動的に起こるのだ。そこには疑いも想念もまったくないだろう。

質問者　あなたが鉱山で働いていたとき、考えなければならないことがたくさんあったはずです。設備のこと、得意先のこと、書類のことなど。どうやって計画することも考えることもなしにこれらの仕事を処理したのですか？

パパジ　（笑いながら）それは夜、車を運転しているようなものだ。なぜあなたがそれをしているのか、何をしているのかに気づかずとも、何かがあなたに正しいことを正しいときにさせるのだ。私はこのような体験を数知れずしてきた。

新たな質問者　私たちはずいぶん前に、このような討論をしました。あなたは三つの反応があると言われました。車にぶつけられながら、車や身体のことに気づかずにいるというこの自動車事故の話は、あなたが言われた三つのタイプのうちの一つでした。私は以前に市場でリキシャにはねられたことがあります。私が立ち上がって振り返ったときの即座の反応は怒りでした。なぜなら、私は道の真ん中にいたわけではなかったからです。私はリキシャが走ってはならないところを歩いていたのです。ところが、それについて考えることもなく怒りが静まったのです。怒っても意味がないことを悟ったからです。怒りはただ静まり、消え去りました。これが二つ目のタイプの反応です。三つ目のタイプは、あなたを傷つけた人に対して本当に怒り、叫んだり殴ったりさえするという反応です。これらが三つのタイプでした。

パパジ　そうだ、私はそれについて語ったことを覚えている。一つ目は、反応する人が存在しない。二つ目では短い反応があり、それからふつうの状態に戻る。三つ目は感情のコントロールを失ってしまうものだ。車にはねられた事故は第一番目の範疇《はんちゅう》に入る。

質問者　これが同じことかどうかはわかりませんが、しかし何年も昔、私が大酒のみだった頃、しばしば私は意識を失い、何も覚えていないときがありました。後になるとその状態の記憶がないのですが、そのまま安全に車を運転し、そのことをまったく覚えていないのです。このような状態は一時間ほど続き、複雑な仕事さえうまくやってのけるのです。私がその仕事をしている間、それを見ている人たちは私が酔っ払っていることにまったく気づきません。しかも後になってみると、そのような行為をしたことなど記憶していないのです。

私は薬物やアルコールによってこのような状態に入り、真我に行為の責任をゆだねるため、ひそかに明け渡しをする人々の話をどこかで読んだことがあります。それは泥酔した無意識状態を意識的に望むというよりも、自分自身の面倒を見られなくなった状態のときに、ふたたび真我とつながりたいという無意識的な欲望なのです。私はあなたがこれに同意するとは思いませんが。

パパジ　そうだ、このような方法で真我に達することはできない。これは無意識の心はあなたの面倒を見られるということを示した状態だ。だが、それは依然として心の状態でしかない。

心は驚くべき能力をもっている。だが、それはいまだに精神的領域にある。一九三二年、私はボンベイ（現ムンバイ）で暮らし、働いていた。近隣の人が私を訪ねてきてこう語った。「サウラーシュトラから来た私のいとこはまだ十六歳なのですが、十八歳までしか生きられないと予言されました。彼には驚異的な能力があるため、この地方のあるマハラジャの援助を受けることになったのです。その人は彼をロンドンに連れていくところです」

「彼の何がそんなに特別なのですか？」と私は尋ねた。

「あなたは彼にどんな質問でもできます。そして彼はあなたに正しい答えを与えます。正しい答えが自動的に彼の口から現れるのです。もしあなたが何かを紙に書いてポケットに入れると、それを見ずともそこに何が書かれてあるのかを言い当てます。信じられないのなら、あなた自身が行って彼に会うこともできます」

私はいつもこのようなことに興味をもっていた。だが、それと同時に私には疑う傾向もあった。彼らが人を騙《だま》していないかどうかを確かめたいと思ったのだ。

私はひそかに思った。「この少年はサウラーシュトラ出身だ。私はペルシャ語の詩をポケットの中に忍ばせよう。そして彼に何ができるか見てみよう」

　私が彼と一緒に少年に会いに行くと、そこには大勢の人たちが未来の出来事について少年から答えを聞きだそうと集まっていた。

「私の妻は妊娠しています。その子は男の子でしょうか、女の子でしょうか？」

「先週、私は仕事の取引をしたのですが、利益を上げるでしょうか？」

　人々は彼の言葉に聞きほれ、一言一言を完全に信じきっていた。

　質問が途切れたとき、私は尋ねた。「私は一枚の紙をポケットの中に入れています。そこに書かれてあることが読めますか？」

　まったくためらうことなしに、少年は知らないはずの言語であるペルシャ語の詩を語りはじめた。しかもペルシャ語のアクセントで。

　私は彼に尋ねた。「これをどうやって学んだのですか？」

　彼は言った。「学んだのではありません。誰も私に教えてくれませんでした。ただ私にはこのようなことができるということを見いだしたのです。これらの言葉がどこから来るのかも私にはわかりません。人々が私に何かを尋ねると、言葉が口から出てくるのです。そしてそれはいつも正しいものなのです」

　これはシッディ（超自然能力）だ。それは自然に現れることもあれば、努力によって獲得することもできる。だが、私が語る無心の境地から現れたものではないのだ。

質問者　あなたがペルシャ語を読めるとは知りませんでした。どこで学んだのですか？

パパジ　学校の必須科目だったのだ。パンジャブ地方は、ペルシャとの強い文化的な結びつきがあった。政府の仕事を得るにはウルドゥー語とペルシャ語の試験に通らなければならなかったのだ。私はペルシャ語が好きだった。だから学校を卒業した後も学びつづけた。ボンベイでもペルシャ語の詩集を持っていた。ペルシャ語の詩が好きだからだ。スワミジ（スワミ・ラーマーナンダ）は今でもときどきティルヴァンナーマライからペルシャ語の詩を私に送ってくれる。

質問者　今でもそういったものを読まれるのですか？　いまだに詩を読むのがお好きですか？

パパジ　近頃はそのような時間もない。当時もそれほど時間があったわけではない。生活が忙しかったからだ。

質問者　読書のための時間がなかったのは、あなたにとって幸運だったかもしれません。心を概念で満たす時間がなかったのですから。

パパジ　私はまったくといっていいほど自由に関する本のない場所に生まれた。私は文化的な教養のある家系に生まれたが、この種の本は入手不可能だった。私たちはイスラム教徒が支配する地域に孤立した小さなブラーフマナ階級の集団だったのだ。宗教的な話はイスラム教とその寺院についてだけだった。ヒンドゥー教の儀式もほとんど行なわれなかった。これは私にとってかえって良かったのだ。さもなければ、本や儀式に目を奪われたかもしれないからだ。誰も私に、「この修練をしなさい、あの修練をしなさい」と言う者はいなかった。そのような後ろだてはは存在していなかったのだ。

質問者　（パパジとの体験レポートを書こうとしている男性）インドのどの地域だったのですか？

パパジ　パンジャブ地方の一部で、現在はパキスタンになっているところだ。

（沈黙）

もし言葉に囚われれば、それはあなたを真我から引き離す。だが、もし言葉が現れ出る源に戻るなら、それはあなたを真我に連れ戻すこともできるのだ。あなたは紙の上に何かが書かれているのを見る。それが書かれる前、それは誰かの心の中にあった。言葉が現れる以前に、それについての想いがあったはずだ。この言葉はどこから来たのか？　どこから忍び入ったのか？　沈黙からだ。それならば、なぜ沈黙に戻らないのか？　すべての言葉が現れる沈黙の海になぜ戻らないのか？　実際、心の中で言葉を形づくることは、この沈黙の体験の妨げとなってしまう。沈黙は常にそこにある。だが、言葉を形づくることで、あなたは内なる沈黙の流れを妨げてしまうのだ。私たちの間には沈黙の流れがある。だが、もし言葉を話せばその流れとの接触を失ってしまう。沈黙に聞き入りなさい。そして見守りなさい。あなたがするべきことはそれだけだ。

このことをあなたのレポートに書けるかね？　これが真の教え、真の理解なのだ。だが、あなたは何について書けるだろうか？　これにどんな言葉を加えて描写しようとしても偽りになってしまう。それは真理ではなく偽りだ。「沈黙」という言葉でさえ偽りなのだ。ただ沈黙を守りなさい。それについて語ってはならない。

すべての障害、すべての顕現は「私」から現れる。それはどこかから現れなければならない。なぜ自分自身でそこへ行き、自分の目で確かめないのか？　この「私」という言葉が現れる場所を見いだしなさい。そうすれば、すべては終わる。誰もがこれをすることができる。だが、誰もあなたを助けることはできない。いかなる努力もあなたをそこに連れていけない。誰もそれが何なのかを言うことはできない。その場所を探すには何も必要ないからだ。

質問者　もし助けが必要ないのなら、なぜ私たちはここに座っているのですか？

パパジ　私の話を聞くためだ。誰もこのことについて語ったことがない。なぜあなた方はここに座っているのか？　私が「そこ」に座ってはならない、「ここ」に座りなさい、と言うのを聞くためだ。これがあなたがここに来た理由だ。

新たな質問者　ここにいることが楽しいのです。ここに勝《まさ》るところはどこにもありません。

パパジ　あなたは「ここに在る」ためにここに来たのだ。他のどこでもなく、ここに来た。誰がこれをあなたに告げるというのだろう？　他の誰もが、「そこに行きなさい！　あそこに行きなさい！」と言う。あなたに「何かをしなさい、どこかへ行きなさい」と言う教師は、師に値しない。もし彼が「何かをしなければならない、未来に向けて結果を得るために努力をしなければならない」と言うなら、彼は真の師ではないのだ。彼は何と呼ばれるべきだろうか？　説教師だ。師は沈黙の真理の中に座っている。私たちはその沈黙の中に在ることを通して、真理について語るのだ。今、ここで、あなたの内に在る沈黙があなたの師だ。もし師を求めるなら、沈黙が師だ。もしサットサン（真我との交わり）を求めるなら、沈黙がサットサンだ。他のどこにサットサンがあるというのだろう？「ここ」に来なさい。「ここ」とは沈黙のことだ。この沈黙の中で一つの想念も起こさずにいなさい。これがサットサン、あなた自身の真我との交わりだ。真のサンガとは、あるがままのあなたとして在ることだ。もしあなたにこれができるなら、それがサットサンだ。

新たな質問者　それはここにあるのです。

パパジ　真我との交わりだけがサットサンだ。それ以外はその名に値しない。自分自身を見なさい。あなたが真我とともにあるとき、誰もあなたを騙さず、誰もあなたを欺《あざむ》かない。騙すことも、欺くことも、話すこともない。ただ真理だけだ。二元性のまったく存在しないところ、それがサットサンだ。「ここ」以外のところに行くことは助けにならない。試してみるがいい。神々のところへ行ってみなさい。彼らはあなたを欺こうとするだろう。

彼らは言う、「私を礼拝しなさい。そうすればあなたの欲しいものをあげよう」と。

これが神の約束だ。なぜ彼らの言いなりになるのか？　なぜその代わりにサットサンをもたないのか？

サットサンをもたないときがあるだろうか？　そのようなときがあるだろうか？

質問者　時間は存在しません。サットサンのない時間など存在しません。

パパジ　（笑いながら）そのとおりだ！　これがサットサンだ。サットサンはいつもここになければならない。そうでなければサットサンとは言えない。

質問者　（どうやらパパジの語るサットサンを体験したらしい）あなたの言われるとおりです。それは「馬鹿げて」います。

パパジ　（笑いながら）彼は美しい。

質問者　あなたもです。

パパジ　これがサットサンだ！　これがサットサンだ！　あなたにキスしよう！　彼は素晴らしい境地にいる。顔を見せてごらん。この顔ならキスできる。

質問者　（笑いながら）そうはいきません。

38

あなたが見るものはすべて心の創造物だ

パパジ　（手紙を読み上げる）

私は今三十二歳で、幸運にも愛する人と結婚しました。私にはまだ作家になりたいという満たされない夢があります。これはあなたに書く二度目の手紙です。最初の手紙はただ自分自身を見いだすために書いたものでした。でも、私はそれをあなたから教わりたいのです。私の人生の流れは、環境や生まれた一族の歴史、場所や時代などによってすでに決定づけられています。私は西洋的な物事の理解の範囲内で人生を生きてきました。ここでは絶え間なく社会の慣習に支配されているため、自由のための空間がまったくないということを、この西洋的な理解を通して私は理解したのです。私の中のある部分はこれらの慣習を理解することや、通常「現実」と呼ばれている環境に対処することに巧みなのですが、私はこのすべてが「私ではない」と実感しています。私の人生はそれらの上に構築されているのですが、どこか他の場所から、この人生はこれらの環境とは何の関係もないのだという声が聞こえてくるのです。それはあたかも霊性が外側から私を選び取り、ある目的のために私を使おうとしているかのようです。

その目的とは真理を見いだし、それを伝えることなのです。

この「何か」は人々にやってくる。彼女が言うように、それはそれが言うべきことにすでに耳を傾けた人々を選んでいるのだ。誰にも何らかのバックグラウンドがある。この手紙からはっきりとそれを見て取ることができる。

私の日常の言語でなら、私は作家になって――内容はまだ漠然としか定義できませんが――あるメッセージを伝達したい、と言うことができます。霊性が私を導くとき、それは形を取ります。しかし私の環境は、現実世界を生きる私の一部分がそのほとんどを占めてしまうのです。それはあたかも明け渡しをしながら、何か他のものを受け入れることを恐れているようなものです。私の願いは、私の源であり同時に宇宙の源でもあるこの霊性とつながることなのです。私はそれが私の人生を導く力となることを願っています。そして世界にその声を伝えるために、この能力を使ってほしいのです。何をすべきなのでしょうか？　私は自分自身に尋ねます。しかし声は私に言うのです、「私はここにいる。私はここにいる。あなたが何をすべきかは私が言おう。ただいつも私とつながっていなければならないだけだ。私はあなたを通して語りたい。そのために私はここにいるのだ」と。

この女性は自分が何を書いているのかわかっていない。だが、彼女は非常にうまく体験を言葉に置き換えている。

（声は言います）「私には名前も、形も、メッセージもない。私は在る。私は真理だ。私は真理そのものだ。私は在る。そして私はいない。私に声はない。私に言語はない。だが、私は話す。私は今、ここに現れる。しかも、私は空間と時間を超えて在る。私を理解することはできない。だが、プンジャジの目をまっすぐ見れば、あなたは私を理解するだろう。プンジャジの目をまっすぐ見れば、あなたは私があなた方二人の中に存在していることを知るだろう」

これが私があなたにはじめて手紙を書いたときに起こったことです。私が質問した瞬間、答えはそこにありました。突然、私の心は空っぽになり、輝く意識、完全な気づき、解き放たれた無執着心に満たされました。私はこの状態に長い時間とどまっていました。そしてそれは四、五日ほどして、ゆっくりと静かに消えていきました。

最初の手紙に描写された体験は、今でも私の日常意識の背後にあります。私は何度も何度もそれとつながりたいのです。私の次のステップは、あなたに出会うことです。十二月のはじめに一週間ほどあなたを訪ねたいと思います。親愛なるプンジャジ、あなたの返答をお待ちしています。

質問者　私には、私が考え知覚するすべてが心の要素を含んでいることが見てとれます。あなたは私に心を落とせと言われました。あなたが言われるようにしたいのですが、それは私に起こっていません。あなたは私の内側にこの教えを植えつけました。ときどきそれは私の中で爆発しそうに感じるのです。そして私は絶え間なく真我へ、我が家へ帰りたいと感じているのです。

パパジ　あなたは我が家にいる。

質問者　心は真理の言葉に感謝するのですが、「我が家にいる」という存在の知識は私の中に湧きあがってこないのです。

パパジ　そうだ。この感謝はあなたが本当に我が家にいるとき起こるだろう。心はそれ自体の死を祝うだろう。それはもはや心ではないのだ。あなたがあなた自身の家で再誕生するときこそ真の祝祭となるのだ。

質問者　私はそのステップが起こるのを待っています。同時に、私の内側に起こることは何であれ、それはまだ心の産物であると知りました。それは心が真我についての概念の真価を認め、真我を探し求め、それ自体にそれ自体を描写しているのです。

パパジ　そうだ。過去の物事にしがみついているのは心でしかない。心とは主体と過去から引きだす対象物との間に起こる取引なのだ。だが、あなたの中にはこの取引が行なわれない場所がある。それが祝祭の場所なのだ。

あなたは心とその想念の中に生きている。なぜなら、あなたの世界は心によって制限され、心を超えた彼方にあるものを知ることができないからだ。そして精神的活動が起こる以前に存在しているものを言葉に表すことはできないからだ。

感覚はいつも過去の出来事にしがみついている。心はその感覚を通してあなたを過去へと連れ戻す。あなたが見るものはすべて心の創造物であり、心は常に過去の中にある。時間の存在しない現在の瞬間には、心も存在しない。心がどこから現れるのか見いだしなさい。そしてそれがその場所に消え去るのを見守りなさい。そうすれば、あなたは時間もその場所に消え去ることを発見するだろう。心の消滅は、あなたが心配しなければならないようなものではない。あなたはそれなしでも充分生きていけるのだ。私が語るその場所には、「心」という言葉も他の言葉も存在しない。あなた自身として在るため、あなた自身に語るために言葉はいらない。言葉が現れると、それはあなたを真我から連れ去ってしまう。言葉は常にあなた自身の沈黙にとっての障害、障壁、弊害なのだ。あなたが真の我が家で楽しんでいるとき、それを描写するための言葉は入りこまない。沈黙は言葉や時間に妨げられない絶えざる流れだからだ。

　これが超越の場だ。それについて語る者は誰もいない。それを描写するために言葉は当てはまらない。仏教徒にはそれを指し示す良い言葉がある。「タタター tathatā」という言葉を聞いたことがあるだろうか？ ふつう、それは「真如《しんにょ》」（ありのまま）と翻訳される。それはただそうであるものなのだ。もし言葉を用いなければならないなら、このような言葉を用いるがいい。あなたの心に新しい概念を吹きこまないもの。根底にある真理をただ指し示す、あるいはほのめかすだけのものだ。

　ここに誰か仏教徒でこの言葉についてよく知っている人がいるかね？　これは良い言葉だ。

新たな質問者　「真如」という言葉に加えて、仏陀は彼自身を表すために「彼方へと超えた者」（タターガタ Tathāgata）という言葉も用いました。

パパジ　そうだ。その両方の意味を私は聞いたことがある。私はパーリ語を知らないため、これらの言葉に確かな注釈をつけることはできないが、「このように来る」が私の聞いたこの言葉のもう一つの訳語だ。それは「この瞬間」「この存在」を示している。

　仏教徒は「往けり往けり、彼岸に往けり」と言う。あなたは彼岸に行く。そして彼岸をも超えていくのだ。それから、あなたはその彼方の彼方へと超えていく。彼岸へと向かっている間は、あなたはまだ二元性の中に、まだ心の中にいる。方向や目的地について熟考することはできる。だが、心を終焉《しゅうえん》させるには、あなたは心の定めた目的地のさらなる「彼方の彼方へ」と超えていかなければならないのだ。

心が消え去った瞬間を示唆するもう一つの言葉がある。それは心が形のない彼方に消えた後に続く、「スヴァーハー！　Swāhā!」*という感嘆句だ。私はこの言葉について多くの人に尋ねたが、一度も満足のいく答えを得られなかった。これが心が消えゆく瞬間の最後の言葉、あるいは実際に心が消え去った後の言葉だ。それは何の特定の意味ももたない。心にはその状態を理解し描写することができない。それゆえ、その場所から現れる言葉に、心が理解できるような意味を与えることはできないのだ。

覚醒の後、言葉がある。その場所で私たちは何にしがみつけるというのだろう？　智慧《ちえ》、悟り、解放、自由に誰がしがみつけるというのか？　そこではこれらの言葉さえ役に立たない。ここではすべてが終わる。サンサーラもニルヴァーナも消え去った。それらは相互に関係しあって存在していたのだ。心は終わり、顕現は終わり、創造者は終わり、創造も終わった。「内に宿る者」は完全に消え去った。これが心から、終わりのない輪廻《りんね》転生から、顕現からの完全な解放だ。それは一瞬にして起こる。

＊訳注　スヴァーハー Swāhā　『般若心経』の最後を飾る真言の最後の言葉、「僧莎訶（そわか）」に相当する。「羯帝羯帝波羅羯帝　波羅僧羯帝　菩提　僧莎訶（ぎゃていぎゃていはらぎゃてい　はらそうぎゃてい　ぼじ　そわか）」Gate gate pāragate pārasamgate bodhi swāhā（往けり往けり、彼岸に往けり、完全に彼岸に到達した者よ、悟りよ、幸あれ）。西洋では「ハレルヤ！　Hallelujah!」と同義と解釈する訳者もある。

39
真のヴィジョンはあなたの人生を変える

質問者　私は昨夜自分の部屋で座っていました。そこにはとても美しいエネルギーが感じられました。突然、私はラマナが部屋の中にいるというとても強烈な感覚をもったのです。彼の姿を見たわけではありません。それはただとても強力な存在でした。それが起こっている間はとてもリアルに感じられましたが、その後で、私はそれが何かの幻覚ではなかったかと怪訝《けげん》に思いはじめたのです。

パパジ　あなたは自由となった人、解脱《げだつ》した人のヴィジョンを得たのだ。たとえ身体的な姿は見えなくとも、それは一種のヴィジョンなのだ。解脱した人が存在という姿であなたを訪れた。それは純粋で霊妙な想念として現れた。だが、あなたは以前の愚かな心に戻り、それを過去の文脈で解釈してヴィジョンと呼び、それからそれを「幻覚」と名づけることで疑いはじめるのだ。

質問者　この質問をする理由は、いつであれ私がある特定の霊的人物にまつわる場所で瞑想すると、その人の姿を見る傾向があるからです。ダラムサラにいたとき、私は仏陀を見ました。キリスト教の聖地にいたときはイエスを見ました。そのため、これらの出来事が幻覚なのか、あるいは他の何かなのかと不思議に思っていたのです。

パパジ　外的な姿は異なるかもしれない。だが、それらの背後にある力は同じものだ。あなたはそれを「幻覚」と呼んで忘れ去ってしまうかもしれない。だが、たった一度のヴィジョンがその人の一生を変えてしまうこともあるのだ。

あるところにダイヤモンドの商人がいた。彼の妻は乞食が家の門まで来ると決まって夫の財産を施《ほどこ》してしまうため、商人はそれを心配して、出かけるときはいつも台所を除いたすべての部屋に鍵をかけていた。ある日、彼が店に仕事に行っている間に、ブラーフマナの神官が門までやってきて施しを求めた。妻には身に着けていた宝飾品しか渡せるものがなかった。片方の耳飾りをはずすと、彼女は言った。

「これを受け取ってください。そして売ってください。しばらくの間はそのお金でご自分の面倒を見られるでしょう」

神官は感謝してそれを受け取った。ところが、彼がそれを売りに行ったのは、耳飾りを与えてくれた女性の夫のダイヤモンド店だったのだ。耳飾りにはダイヤモンドがついていたため、神官は一番近くのダイヤモンド店にそれを持っていったのだった。商人にはそれが妻の着けていた耳飾りと同じものだとわかったため、はじめのうちは彼女から盗んだものに違いないと疑っていた。だが、証拠もないのに言いがかりをつけたくはなかった。彼は神官を連れて家に戻ると、妻に、いつも着けている耳飾りはあるかと尋ねた。

妻はまったく見知らぬ人に貴重な宝石を与えてしまったことを夫に知られたくはなかった。そこで、耳飾りは両方とも祭壇の部屋にあると伝えたのだった。夫は今まで一度もそこに入ったことがなかったので、そう言えば大丈夫だと思ったのだ。

しかしこのときだけは、夫はどうしても調べると言ってきかなかった。祭壇の部屋に入ると、彼らは神への捧げ物を入れる壺の中に対《つい》の耳飾りを見いだした。その家で祭っていたのは「ヴィッタル」という名で知られるクリシュナ神だった。商人は神官が泥棒ではなかったことを知ると、満足して店に戻った。

神官との出会いは、どういうわけか商人を変容させた。その日の出来事は、妻の慈悲深く寛大な行為を嫌っていた彼を変えてしまったのだ。けちな商人だった彼は、もはやお金や所有物に興味を失ってしまった。彼は店の中にしばらく座っていた。そして重大な結論に達したのだった。

「ダイヤモンドは私に何の幸福ももたらさなかった。ただ私を惨めで心配性にしただけだ。所有や利益の世界を棄て去って、サンニャーシンになろう」

彼は店を閉めると家へ行き、世間を棄てて放浪僧として生きることを決意したと妻に告げたのだった。

私が話しているのは、子供のための作り話ではない。これはカルナータカ州で今も広く崇《あが》められているプーランダラ・ダーサという聖者の本当にあった話なのだ。この物語は本にも書かれ、映画も作られている。プーランダラ・ダーサは家を去り、カルナータカ州で最も高名な聖者となった。彼はカルナータカでは有名な音楽家でもあり、彼が作った歌は今でも広く歌われている。

あるはずもなかった耳飾りを商人が祭壇の部屋で見つけたことを、あなたは「幻覚」だと言うこともできる。だが、私ならこれを「人生を変容させたヴィジョン」と見なす。このようなことが起こるとき、真我の力があなたの人生を新たな方向へと押しやっているのだ。真のヴィジョンとはあなたの人生を変えてしまうものだ。物語の別版では、けちな商人に変容をもたらしたのは、神官の姿を借りたクリシュナ神自身だったとも言われている。

薬物を摂って、あなたに襲いかかる虎の幻覚を見ることもできよう。もとの意識に戻ったとき、あなたは変化も変容もしていない。ただ幻覚症状を起こした薬物の影響から逃れたことを幸せに思うだけだ。真のヴィジョンは、あなたを古い人生から新しい人生へと駆りたてずにはおかない。それは心を浄化し、その影響は永続するものなのだ。

あなたは悪魔や怪物を見て恐怖でいっぱいになることもあるだろう。だが、何人の人が神聖なヴィジョンを見たと言えるだろうか？　そしてそのヴィジョンが彼らの人生を変えたと言えるだろうか？　実にわずかだ。本当に神聖なヴィジョンを見るには、非常にサートヴィック（純粋）な心が必要だ。神聖な、変容をもたらすヴィジョンは完全に純粋な心だけに現れる。そのような心には神のイメージが現れることができる。そのイメージがあまりにも強烈なため、心そのものが消え去ってしまうほどのヴィジョンだ。心が消え去るとき、心の消滅を促したヴィジョンもそれとともに消え去るだろう。

質問者　私がそのヴィジョンを見たとき、あるメッセージが私のもとに来たように感じられました。それを信頼すべきでしょうか？　それが言うことをすべきでしょうか？

パパジ　それが起こったとき、何かに書いておいたかね？

質問者　いいえ。

パパジ　そうするべきだった。このようなヴィジョンは目覚めでも、夢見でも、眠りでもない状態の中で起こる。この種の伝達は書き記すだけの価値がある。なぜならこの状態では、通常のように心は働いていないからだ。後になってからでは、何が起こったのかを正確に覚えていないかもしれない。

40 智慧《ちえ》の炎は理解と知識をもたらす

質問者　私はこの人生で信じがたいほどの恩寵《おんちょう》を受けてきたと感じています。望むものはすべて手に入れたからです。しかし、それでも古い習慣はしつこく繰り返し、どうすればそれを手放せるのかわかりません。それらは非常に微妙な、古い心の枠組み、あるいはある感情のパターンなのです。

パパジ　あなたが消し去らなければならないのは習慣そのものではなく、それにともなう行為者という感覚だ。習慣そのものに害はない。害となるのは、「私はこのような習慣をもっている」あるいは「私はこれらの行為をしている」という観念なのだ。解脱《げだつ》を得た後でさえ習慣は続いていく。習慣が解脱の妨げとなることはない。なぜなら、それらは行動パターンとして身体にプログラムされたものだからだ。あなたはしなければならない活動でいっぱいの倉庫をもっている。それが身体が生きつづける間に果たしていくことになる運命なのだ。行為者という概念が消え去ったとき、身体がすることやしないことについての関心はもはやなくなる。解脱を得た瞬間、大いなる炎が現れ、行為者という感覚は焼き尽くされるのだ。そして、それとともに未来の生に関わるカルマの倉庫も焼かれ、あなたの輪廻《りんね》転生を終結させる。この智慧の炎は理解と知識をもたらす。それはそれほどまで完全に焼き尽くすため、未来のカルマ、未来の生の原因となる精神的傾向を記憶に残さない。心は消滅し、性癖や欲望や習慣を蓄積する場所もなくなるのだ。
　もしこの状態に達したなら、たとえさまざまな習慣は残っても、未来の生、未来のカルマの種子が植えつけられることはない。あなたの生とその運命の筋書きは、銃から発射された弾丸のようなものだ。弾丸の最初の速度はそれをある程度まで飛ばし、それから地面に落ちる。その後でふたたび飛び上がって進みだすことはない。心が消滅した人生の筋書きは、この弾丸の動きのようなものだ。それはその人の身体的生命の尽きるまで続いていく。だが、身体が死を迎えれば、もはや再生は起こらないのだ。

質問者　習慣はすでに以前よりも力を失ったように感じます。

パパジ　自由を得たなら、すべては夢のように、何かあなたに触れることのない遠いところにあるもののように見える。反応はあるだろう。問題は起こり、それに対処することになるだろう。だが、それはあなたに苦しみをもたらすことも、未来の反応をもたらすこともないのだ。

質問者　ときおり、それが起こっているように感じられます。

パパジ　行為者の感覚が不在であれば、苦しみもまた不在なのだ。自由が現れた瞬間、行為者の感覚は死に絶えるのだ。

質問者　以前あなたは、私がこれらの習慣的な行為をするように「駆りたてられているのだ」と言われました。確かに、ときどきそのように感じるのです。

パパジ　「義務感」は過去に属するものだ。あなたの現在の誕生の原因はこの印象にある。それがあなたに苦しみや絶えざる行為者の感覚をもたらしたのだ。だが、すべてが否定的なものではない。そこには貸借がある。あなたは過去において自由に向かって働きかけてきたに違いない。そうでなければ、今日ここにいるはずがない。あなたはそれほど成功してきたとは思っていないかもしれない。だが、過去生で何百万もの徳を重ねてこないかぎり、「自由になりたい」という想いは起こらないのだ。そして今日、ここでこの質問をすることもなかっただろう。この欲望が起こる前に、スメール山ほどの功徳を積まなければならないと言われている。いったいどこからこの「自由になりたい」という欲望が湧きあがるのだろうか？　この欲望は美しい欲望だ。それが表現されることは実に稀なのだ。

あなたの人生でいったい何人の人がこの欲望についてあなたに語っただろうか？　あなたが友人や親戚の人とレストランに行ったとき、何について話をしただろうか？　他の人の問題――たいていが離婚や、家族や、関係性や、仕事などの個人的なドラマについてだ。家族と一緒にいて、「私は自由を探し求めている。それを得るためには命も惜しまない」という話を聞いたことが一度でもあるだろうか？　このような会話に出くわしたことが一度でもあるだろうか？

質問者　そう滅多にはありません。

パパジ　（笑いながら）あなたは誇張しているに違いない。このような言葉が語られるのは実に稀なことなのだ。あなたの人生でただの一度でもそのような話を聞いたことがあるとは思えない。自由とはどのようなものか、どのように達成されるのかという意見を交わす知的討論か何かについて語っているのではない。私は自由になるための道を見つけられずに苦しんでいる人のことを語っているのだ。これについて話す人は多いかもしれない。だが、実際何人の人が目的地に達せず苦しんでいることを語りあうだろうか？　それはきわめて稀なことだ。実に貴重なことなのだ。この欲望は心ではコントロールできない場所から湧き起こる。心はこのような欲望を消化することができない。それと同時に、それが湧き起こり、あなたの注意を呼び覚ますのを止めることもできないのだ。この自由への欲望がそれほどまであなたを苦しめるとき、それは何としてでも自由を得ようとする力をもつのだ。それほどまでも強烈に求めなさい。

41 あなたは真剣でなければならない。そしてただ自由だけを求めなければならない

質問者　ヴィデーハ・ムクティとジーヴァン・ムクティの違いを説明していただけますか？

パパジ　ジーヴァン・ムクティとは身体の死以前に自由を得ることだ。まだ生きているうちにあなたが自由であることを知り、それを体験することだ。あなたの仕事は終わった。そして残りの人生を自由の中で生きるのだ。ヴィデーハ・ムクティとは身体の死の瞬間に自由に達することだ。私はたった今、カヴィータと性癖《ヴァーサナー》やそれに駆りたてられることについて語っていた。あなたはあなたが自由であることを知っているかもしれない。しかも、ときおりそれを直接体験さえするかもしれない。だが、もし性癖があなたを悩ませるなら、まだ本当に自由とは言えないのだ。あなたは死の瞬間まで、執着から執着へとヒッチハイクすることだろう。だが、もし残余の執着心がそれほど強くなければ、そしてもし人生のうちで意識的な真我の直接体験を得たことがあるなら、死の瞬間に完全な自由の境地に達することは可能だ。これがヴィデーハ・ムクティと呼ばれるものだ。

ジーヴァン・ムクタ（ジーヴァン・ムクティに達した人）は実に稀だ。実に稀なのだ。

質問者　ラマナ・マハルシはジーヴァン・ムクタなのでしょうか？

パパジ　そうだ。それは実に稀なのだ。もし人類の霊的な歴史を調べてみれば、ほんのわずかな数しか見当たらないだろう。私たちはシュカデーヴ[*1]やジャナカ王[*2]のような歴史上の偉大なジーヴァン・ムクタをいまだに崇《あが》めている。なぜなら、この境地は本当に稀なものだからだ。ジーヴァン・ムクタはプラーラブダ・カルマが終焉《しゅうえん》し、自由を確実に達成した人なのだ。

質問者　ジーヴァン・ムクタとなった人たちには、過去生においてわずかなカルマしか残っていなかったのでしょう。ラマナ・マハルシのようなジーヴァン・ムクタは早くにカルマを使い果たし、それから解脱《げだつ》したのでしょう。

パパジ　いいや、それはそのように働くのではない。それはその反対だ。カルマは自由とともに終わるのではない。自由がカルマを終焉させるのだ。カルマは少しずつ少しずつ使いつづけて、最後に何も残らなくなるといったものではない。カルマには終わりがない。解脱が起こるとき、大いなる炎が過去のカルマとその未来の業果を焼き尽くすのだ。ジーヴァン・ムクティに達したとき、印象はもはや記憶に残されない。そのため、カルマはつくりだされず、再誕生はもはやありえない。ジーヴァン・ムクタは自分が自由であることを知っている。人生で何をするかに関わりなく、いつも自由であることを彼は知っているのだ。その状態を失うことは不可能だ。

　他の者も真我の体験を得ることはあるかもしれない。だが、それは永久的なものではない。そこには忘却があり、それがふたたび心へと連れ戻す。そして自己の真の本性は記憶として残される。それはふたたび真我へとあなたを呼び戻す。これはジーヴァン・ムクティではない。心とその性癖が完全に根絶されてはいないからだ。生きている間に心と真我の間を行き来する人が、死においてヴィデーハ・ムクタ（ヴィデーハ・

ムクティに達した人）となることはあるだろう。だが、彼はジーヴァン・ムクタではないのだ。

質問者　それでは、ヴィデーハ・ムクタは真我の覚醒を努力によって維持しなければならず、一方、ジーヴァン・ムクタはそうする必要はないということでしょうか？

パパジ　ジーヴァン・ムクタの境地が努力を通して達成されようと、努力なしで達成されようと、その人はカルマの束縛から解放されていることを知っている。彼にはもはや束縛も無知もない。カルマは身体にその活動を続けさせていくだろう。だがそれが束縛をもたらすことはない。カルマの影響を受ける人が存在を消したからだ。

真我の中に完全に確立されていない人の未完結のカルマは来生に繰り越される。だが、ジーヴァン・ムクタにその可能性はない。そのため、ジーヴァン・ムクタの最後の人生の運命はしばしば困難なものとなる。なぜなら、それらは次の生に延期することができないからだ。

質問者　しかし真我の体験をした人がそれを失った場合、彼がジーヴァン・ムクタとなるためにできることはないのでしょうか？　あるいは彼はただ人生の最後の瞬間まで待って、ヴィデーハ・ムクタとなることを期待するだけなのでしょうか？

パパジ　ときには仕事や責任を背負い、それに従事することがあなたのカルマとなるかもしれない。それが起こったなら、どうすることもできない。

最終解脱が起こった後で、いかにカルマが過去の活動や出来事と関連していたかを理解することもあるだろう。だがそれ以前は、カルマはただあなたをつかみ取り、あなたはそれに耐えていくしかないのだ。

仏陀についての物語がある。森を歩いていたとき、彼は頭痛になった。そのことをアーナンダに告げると、アーナンダは「近くの村で薬をもらいましょう」と言った。

仏陀は答えた。「いいや、待ちなさい。薬の必要はない。私はなぜこの頭痛を得たか知っている。二百三十五回前の生で、私はこの村に暮らしていた。ある年、モンスーンが来なかったため、村の池は乾ききって小さな水溜りだけが残った。そこには生き残った魚が泥水の中で飛び跳ねていた。村の少年たちはただの楽しみから魚に石を投げはじめた。私もその少年の中の一人だったのだ。私が投げた石は一匹の魚に大怪我をさせた。だから今、私はこの頭痛を得たのだ。私を苦しませておくれ。これは私に起こらなければならないことだったのだ」

自由に達したとき、あなたはなぜある特定の問題があなたに訪れるのかを知ることになる。だが、それが起こるのを止めることはできないのだ。すべてのカルマは使い果たされなければならない。自由が起こったとき、本当の意味での苦しみはそこにはない。なぜなら、そこに苦しんでいる身体と自己同一化する「私」がもはや存在しないからだ。だが、それでも身体はそれらの出来事を体験しなければならないのだ。

新たな質問者　仏陀の物語は神話なのでしょうか、それとも実話なのでしょうか?

パパジ　あなたはあなたの現在の状態を「現実」と呼び、このような古い物語を「神話」と呼ぶ。夢が存在するかぎり、神話も存在する。夢の中に現れた蛇は、あなたにとって脅威となるだろう。もしそれが噛《か》みつけば、あなたは苦しむのだ。あなたは夢の医者まで駆けつけ注射をしてもらう。なぜなら、それが苦しみを終わらせるとあなたは考えるからだ。だが、目を覚ませば、あなたは夢の物語が神話以上に正当性のあるものではなかったことを知る。ひとたびあなたが現在の状態、あなたが現実と呼ぶこの世界はただの神話、作り話でしかないことを知れば、それはあたかもけっして存在しなかったように消え去るのだ。これが究極の真理だ。けっして何も存在したことはなかった。私がこのように語っても、あなたには理解できない。なぜなら、私が語ることは何一つあなたの体験ではないからだ。そのため、私はその代わりにあなたが現実だと信じるこの神話的領域の中で話しかけている。もし今あなたがいるところからはじめたなら、あなたは最終的にどこに達するべきかを見ることができるかもしれないからだ。

苦しみは、はじめるには良い地点だ。なぜなら、誰もが自分は苦しんでいるということを信じているからだ。仏陀はすべてが苦しみだと教えた。なぜなら、それが誰もが信じていることだからだ。彼自身の探求は、彼の町の中の苦しみを見ることからはじまった。彼は病人、老人、死人を見た。そして彼の一族が必死になって彼から隠そうとしていた苦しみに気づくようになるのだ。彼はすべては苦しみの中にあるという教えを形成した。そしてそれから苦しみを終焉させる道を教え示したのだ。神話を信じているとき、あなたはその神話からはじめなければならない。そしてそれから立ち去るのだ。あなたが信じるこの夢の世界は神話、幻想だ。あなたがそれを真実だと信じているため、私はあなたがその中で苦しんでいるという不平を受け入れ、いかに苦しみを終わらせて自由になるかというアドバイスを与えるのだ。だが、あなたにこのすべてを語っている間も、私はあなたが実際に苦しんでいるということを受け入れることは一瞬でさえなく、あなたがその中で生きていると主張する世界が現実だと受け入れることもけっしてないのだ。あなたにとってはこの神話が真実だ。サンサーラ、世界創造、神々。それらはみなあなたにとって現実だ。なぜなら、あなたは自分自身に押しつけた神話を通してしかそれらを見たことがないからだ。

新たな質問者　ラマナ・マハルシはティルヴァンナーマライ[*3]に到着した後、その町の目立たない隠れたところで数年間ただ座って過ごしました。たいていはサマーディの状態にいたようです。この時期、彼は教えることもありませんでした。なぜなら、誰とも話ができるような状態ではなかったからです。これらの強烈な瞑想あるいはタパス（苦行）の間、彼の内側では何の変化もなかったのでしょうか？　この期間、彼の真我の体験は深まっていったのでしょうか、あるいは確立されていったのでしょうか、あるいは同じ状態にとどまっていたのでしょうか？

パパジ　ティルヴァンナーマライに来る以前でさえ、彼の解脱は完全で後戻りできないものだった。それは彼が十六歳のとき、マドゥライの家で起こったのだ。

質問者　では、彼はティルヴァンナーマライに来る前もジーヴァン・ムクタだったのですか？

パパジ　そうだ。自由になるために時間は必要なかった。そこに確立されるために何年もかかったわけではない。それは彼の親戚の家で起こった。そこでヴェンカタラーマン少年は「消え去り」、真我だけが残ったのだ。過去の精神的傾向から、彼はアルナーチャラに途方もなく魅せられていた。そのためその数週間後、彼はそこへ向かい、二度と家族のもとに戻らなかった。彼はそこで完全に真我を実現したジーヴァン・ムクタとして座ると、目を閉じて瞑想の境地に没入したのだ。

真我を実現した後、真の瞑想がはじまる。その状態で理解することは何もない。それゆえ、理解することのできない真我があなたをそれ自体の中に引きこみ、あなたの注意が揺るぎなくそれに集中するようにさせるのだ。あなたのすべての注意が真我の中に引きこまれ、そこに集中するとき、これを真の瞑想という。他の人々は何かを達成するために瞑想する。そこには瞑想する人、瞑想の対象、そして瞑想という行為がある。これら三つの間で絶え間ないやりとりが行なわれている。それは何かを達成しようとする実体によって管理され、維持されているやりとりなのだ。

自由が達せられた後にのみ、絶えざる真の瞑想は起こる。これがラマナ・マハルシがティルヴァンナーマライに来た後に没入した境地だったのだ。彼は孤立した状態で静かに座り、ただ真我を楽しみ、祝福していた。食べることも稀だった。彼が誰なのかを知る人もほとんどいなかったからだ。何年かの間、彼はこのような状態で座った。何かに到達しようとしていたわけではない。あるいは彼の体験または理解を深めようとしていたわけではない。ただその中に完全に没入することで、彼の自由を祝福していただけなのだ。

質問者　それでは、もし地下の祠《ほこら》＊4から彼を誰かが引き上げなかったら、そのまま彼は残りの人生をそこで送ったかもしれないのですか？

パパジ　彼は発見され、外に連れだされた。彼には教えるという運命があったからだ。それゆえ、ある人が彼を発見し、外の世界に彼を連れだすことになったのだ。彼は教師という役割を演じることをまったく望んでいなかった。何度か逃げだそうとしたこともあったほどだ。だが、ついにはそれが彼の運命であることを認め、そこに落ち着き、そうして彼のアーシュラムが築かれたのだ。

新たな質問者　瞑想から得られる恩恵や進展を失うことはあるのでしょうか？　あるいは、たとえ瞑想が成功しているように見えなくとも、恩恵は少しずつ積み重ねられていくのでしょうか？

パパジ　もしあなたがある形式の瞑想に従っているなら、あなたには目的地がある。もし目的が達成されなくても、何も失われることはない。あなたはただ目的が達成できなかっただけだ。もし目的が達成されないまま死ねば、次の生で達成されるまでそれは続けられるだろう。もしあなたが真我への強い欲望を抱き、そしてもしそれに達するために懸命に瞑想してきたのなら、あなたは次の生で非常に好ましい環境に誕生するだろう。あなたはあなたの向上にふさわしい環境と子宮を選ぶだろう。自由は一つの生だけで成し遂げられる仕事ではない。だからこそ私は、自由への欲望は非常に稀な環境でなければ起こらないと言うのだ。その欲望は何百万もの転生の結果なのだ。それは無作為にでもなければ、原因もなく気まぐれに心の中に現れるようなものでもない。何百万もの生が、あなたをただの感覚的快楽ではなく、自由への欲望を抱く地点にまで導いたのだ。

すべての生き物が感覚的快楽に耽溺《たんでき》している。ある者は自分自身を「宗教的な」人と呼ぶ。なぜなら、彼らは自分を神に捧げているからだ。だが、彼らの信仰や修練を調べてみれば、彼らはただ天国で快楽を楽しむために儀式や瞑想をしていることがわかる。彼らはそれほどまで感覚的快楽に耽溺しているため、永遠にその供給が保証されるように努力しているのだ。

他の「宗教的な」人々は、聖典を研究し、その内容に精通することで一生を終えてしまう。彼らの喜びは知識を楽しむことなのだ。私はこのような人々にたくさん出会ってきた。彼らは聖典の中のどの言葉についてもよく説明をすることができる。だが、自由への欲望は彼らの心には存在していない。私にはこのような類《たぐい》の何人かの友人が南インドにいる。そこに帰依心《きえ》は見られるが、自由への欲望は不在だ。それは本当に、本当にわずかな人にだけ起こるものなのだ。

質問者　では、これらの人々はヴィデーハ・ムクタの候補者にさえなれないのでしょうか?

パパジ　そうだ。なぜなら自由への欲望がそこにないからだ。欲望なしには、それは起こらない。わずかな人たちだけがこの欲望を抱く。だが、ほとんどの場合、それは弱いものだ。彼らは真剣とは言えない。ただその欲望だけに集中するほど純粋でも誠実でもないのだ。少しは進歩を見せるかもしれないが、それから何か他の欲望に屈服し、心惑わされ、以前の状態に戻ってしまう。これが何度も繰り返し起こるのだ。数歩前進したかと思えば、数歩後ずさりする。その数歩が心の罠に足を踏み入れさせてしまう。真の進歩を見せないまま、多くの生がこのように過ぎていく。

断固とした決意をし、目的地に向かって障害なく進んできた人でさえ、旅の終わり近くになってつまずいてしまうことがある。心はいまだにそこにある。心を使いつづけようという強い欲望が存在しているのだ。これらの人たちは真我に直面する。だが、心はまだそこにあり、評価し、計画を立てている。彼らは無意識のうちに考える、「私は自分の努力でこれほど遠くまで来た。私をここまで連れてきた同じ心を使って、何が起こっているのかを理解し、次に何をすべきかを決めなければならない」と。これが彼らを挫折させ、目的達成を失敗に終わらす。その同じ心が、なぜ求めていたものが得られないのか理解しようとして落ち着きを失うのだ。この価値評価する心を棄て去り、何も考えることなしに、無の中に溶け入ることのできる人は非常に稀だ。

あなたは真剣でなければならない。そして他のすべてを除いてただ自由だけを求めなければならないのだ。もしあなたが「自由になりたい」と考え、それから以前の古い習慣に戻り、一日に三十分ほど瞑想すればそれに達することができると考えているなら、それは単なる冗談でしかない。多くの人がここに来て、「自由になりたい」と言う。だが彼らにはこの目的に注意を払いつづけることさえできない。あなたはあるところへ行こうと決めて道を歩く。だが、途中で道のわきで行なわれているダンス・ショーに目を奪われる。数分もしないうちに、あなたは旅の目的を忘れてしまうのだ。これが「自由になりたい」と宣言する人たちのほとんどの状態だ。彼らは目的に集中し、それからけっして注意を逸《そ》らさないという決意に欠けている。心は非常に狡猾《こうかつ》だ。それは旅のどの段階でもあなたを欺《あざむ》くことができる。それはあなたが自由に向けて努力しようと決意したとたん、注意を逸らそうとする。あなたが自分自身の真我に出会おうとするとき、幻覚を見ているか、何か価値のないことを体験していると信じさせるのだ。あなたが自分自身の真我に出会おうとするとき、心はあなたが何か間違ったことをしていると確信させるだけではなく、あなたを間違った方向に進ませ、精神的な迷宮に迷いこませてしまう。それはあなたの好みの神の姿のヴィジョンを映しだし、あなたの注意を無形の真我から逸らしてしまう。心はあなたが何に魅了されるか知っている。そしてあなたが自由に近づくにつれ、それはあなたを欺き、真我から引き離すような何かを創造し顕現させる途方もない力を用いるのだ。

これが心だ。あなたが見ているものはすべて心だ。すべての顕現、過去、現在、未来、すべての神々、天国や地獄――すべては心なのだ。なんという力を心はもっていることか！　それはヴィジョンや快い内的状態を与えて、あなたを助けているようなふりをする。そしてあなたが無心のうちに真我に遭遇することを妨げるために、あらゆる力を用いるのだ。想念がなければ、心にあなたの注意を逸らす力はない。想念がそこにあれば、必ずやあなたは心に欺かれる。あなたは自分の心を管理し制御していると考えている。だが、実際は心があなたを管理しているのだ。心は死を招く危険な虎だ。あなたは殺される前に、この虎を、この途方もない力を乗りこなさなければならないのだ。

成功するためには強烈な決意が必要だ。その決意があれば、あなたに正しい道を歩かせ、目的地に向かってまっすぐ進ませる祝福が注がれる。もしあなたが真剣なら、助けは必ず訪れるだろう。

数年前、私はルドラプラヤーグで一人の男性に出会った。彼の目的に対する真剣さが、彼が必要としていた助けをもたらしたのだ。私にとっては、この物語はラクナウの駅からはじまった。私は南インド行きの列車に乗るため駅まで来ていた。当時、マドラス（現チェンナイ）へ直行するのは別の列車に連結された一つの特別客車だけだった。私は切符を買っていた。だが、マドラス行きの客車は列車に連結されておらず、誰もそれがどこにあるのか知らなかった。そこで私は南行きの旅をあきらめ、代わりにリシケーシ行きの切符を買った。リシケーシに到着すると、私は十二時間かかるルドラプラヤーグ行きのバスの切符を買った。巡礼者たちはこの道を通ってヒマラヤの巡礼の地に向かう。だが、それは真冬の最中《さなか》だった。崖崩れや雪が標高の高い目的地に向かう道を塞《ふさ》いでしまい、バスが進むことのできたのはルドラプラヤーグまでだった。なぜそこへ行ったのか、私にはわからない。そこに何の用事もなかったし、寒い冬の気候にはまったくふさわしくない身支度だったのだ。ルドラプラヤーグは海抜千八百メートルの高さにあり、防寒着を用意していなければ心地よいとはいえない場所だった。私は南インドの気候にふさわしい服を鞄に入れていた。それが長く寒い旅になることは知っていながら、それでも何かが私をバスに乗せたのだった。

ルドラプラヤーグに到着してバスを降りると、すぐに私は近くのレストランに入って何かを食べることにした。身なりの整った男性が一人私の後をついてくると、話がしたいと申し出た。近づいてくるその速さからして、彼はどこかのホテルの客引きだろうと私は思っていた。冬場に高原保養地に来る人は稀なため、誰が現れても競争になるものだ。

私は言った。「食事をさせてください。私はとても空腹なのです。たった今、食事なしで十二時間のバスの旅を終えたばかりです。どうか待ってください」

彼は外に出ると、私が食事を終えるまでそこで待っていた。

私が店から出てくると、彼は言った。「あなたが食事をなさることも考えず申し訳ありませんでした。でも、あなたと話をしなければならないという強烈な衝動を感じたのです。川岸まで行ってそこで話しましょう。座って話すのにとてもいい場所があるのです」

ルドラプラヤーグはマンダキニとアラカーナンダという二つの川が出合うところで、冬であっても川岸は座るにふさわしい場所だった。私は彼が何を望んでいるのだろうかと不思議に思いながら彼の後をついていった。

「私はプーナから来たエンジニアです」。彼は話しはじめた。「陸軍の技術部で働いています。私のグルは昨年亡くなりました。彼は死ぬ前に、私が今生で悟りを得ると言ったのです。私は悟っていません。それでも私はグルが私のことを愛していて、私に嘘をつくことはないと知っています。この約束はしばらくの間私を悩ませてきました。けれども、私に何ができるというのでしょう？

二十日前、彼は私にヴィジョンで現れてこう言いました。『バドリナートに行きなさい』。このような指示を受けても、私に何ができるというのでしょう？　バドリナートまでの道は閉ざされ、少なくとも一カ月は開通しないでしょう。寺院でさえまだ開いていません。たとえ歩いてそこまでたどり着いても、そこで何をすればいいというのでしょう？　一年のうちのこの時季、そこでは何も起こりようがありません。はじめのうち、私はこれがグルの姿をもう一度見たいという自分の欲望が招いたヴィジョンだったのではないかと思いました。しかも、グルが私に与えた指示はずいぶんおかしなものでした。なぜなら、ご自身は生涯一度も巡礼に行かず、他の誰にも行くことを勧めなかったからです。最初、私は『これはグルの指示にしてはずいぶんとおかしな話だ。きっと心のまやかしに違いない』と思っていたのです。

しかし後で思い返しました、『彼は私のグルだ。おそらく私を助けようとしているに違いない』と。そこで私は二十日間の休暇をとり、今朝ここに着いたのです。エンジニアという立場から、私はここの山道を維持管理している政府のエンジニアに話をつけ、政府の保養施設での滞在許可を得ました。彼らは、ブルドーザーがバドリナートまでの道を整備しているところだから、少なくとも二日間はどこへも行かれないだろうと私に告げました。あなたの姿を見たとき、何かが私の中で告げたのです、『おまえがここに来た理由はこれだ。おまえが会わなければならないのはこの人だ』と」

これらの物事がどのようにして起こるかわかるだろうか？　客車がなかったために私は南インド行きの旅の代わりにヒマラヤまで来て、グルに送られた人と話をすることになったのだ。

私はなぜ彼が町にいた人々の中から私を選びだすことができたのかに興味をもった。

「ここにはあなたの真我実現のために助けを差し出すことのできそうな大勢のサードゥがいます。なぜあなたはふつうの格好をした旅行者である私のもとにまっすぐ駆けつけたのですか？　その理由《わけ》を聞かせてください」

「確かにここには大勢の修行者がいます。ここは有名な場所ですから。アディ・シャンカラーチャーリヤ*5はこの近くで『ヴィヴェーカーチューダーマニ』を書き、その近隣には多くの学者や修行者が集まっています。私は二時間この周辺を歩きまわり、これらの人々を大勢見てきました。しかし、誰もあなたのように私を惹きつける人はいませんでした」

私はしつこく尋ねた。「それでも、何があなたにその決断をさせたのですか？」

「わかりません」。彼は答えた。「しかし、私のグルの恩寵《おんちょう》と過去と現在のすべてのマハートマーの恩寵が私をこの場所に導き、あなたとの出会いをもたらしたのだと私は思っています。それ以外のことはわかりません。私には納得のいく筋の通った理由をお話しすることができません。私のグルがまだ生きているとき私に約束したことはあなたにお話ししたはずです。彼がこの見知らぬ巡礼の地に私を送ったのです。私は彼が約束を果たすために私をここに送ったのだと信じています。たとえ身体を離れようと、グルは変わらず私を導いています。そして私は彼が今日私をここに送り、あなたに出会うように導いたと信じているのです」

この人はまだだいぶ若かった。おそらく三十五歳くらいだっただろう。だが、彼は自由への強烈な衝動を抱いていた。その衝動がこの奇妙な旅に彼を駆りたてたのだ。私たちは川岸で一時間ほど沈黙の内に座った。そしてその出会いにおいて、彼はグルが約束した真我をはじめて見たのだ。

彼は私を彼の部屋に招いた。彼の部屋のほうが設備も整っていて暖かかったからだ。だが、私はその誘いを断った。

「ありがとう。だが、私はリシケーシに戻ります。今、私にはなぜ私がここに来たのかがはっきりしました。私の仕事は終わったのです。これで家に戻れます」

いったいどのようにしてこれが起こったのだろうか？　それは偶然にまかせた出会いではなかった。ある力がこの出会いを設定し、見知らぬ場所で私たちを結びつけたのだ。なぜなら、その人はグルが約束した目的を達成しようとする強い衝動を抱いていたからだ。もしあなたが探求において誠実なら、どうして真我があなたの必要とする正しい指導を与えないことがあろう？　だが、もしあなたが誠実でなければ、道を踏みはずすことになるだろう。あなたは欺かれ、騙《だま》されるだろう。だが、欺かれ、騙されたとしても怒ってはならない。なぜなら、それもまたあなたが必要としていたことだからだ。

新たな質問者　この物語は、「身体的なグルといつも一緒にいることは必要でしょうか？」という質問を引き起こします。

パパジ　もしあなたがハートの中であなたに話しかけているグルの沈黙の言語を理解しないなら、そのときは、あなたの言語で語ってくれるグルのところへ行くがいい。彼はあなたに言うだろう、「私はあなた自身の真我としてあなたの内側にいる」と。もしこのメッセージを理解することができず、ハートで体験することができないなら、そのときあなたはこの重要なメッセージを与え、彼の語る真理をあなたに示してくれる外側のグルを見いださなければならない。グルは常にあなたの内側にいる。だが、ほとんどの人たちは真理を示すことのできる外側のグルを必要とする。実際は、そこには「内側」も「外側」もない。それはあなたの想像でしかない。真のグルはあなたの内側で沈黙のままとどまりながら、無言の言葉であなたに語りかけている。彼の言語を理解しようとしてみなさい。だが、もしそれができないなら、その沈黙を言葉に置き換えられる人、あなたに沈黙を指し示す言葉を語れる人を見いだしなさい。それがグルと弟子の関係性のすべてだ。もし内なるグルを見いだせなければ、それはあなたに見える姿で、あなたの理解できる言語で語りかける人として現れるだろう。そして言うのだ、「私はあなた自身の真我としてあなたの内にいる」と。

真のグルがあなたを去ることはけっしてない。あなたがどこにいようと、彼はあなたの真我としてあなたの内にいるのだ。一九四七年にラマナ・マハルシのもとを去ったとき、私は「私の師のもとを去った」わけではない。なぜなら、私がどこにいようと彼は私とともにいることを知っていたからだ。

当時、パンジャブ地方は多大な災難に見舞われていた。そして私の家族のほとんどがまだそこにいたのだ。私は新聞というものをまったく読んでいなかったため、そこで何が起こっているのかさえ知らなかった。

ある帰依者が、「プンジャジの家族はパキスタンとインドの新しい国境の向こう側で身動きがとれずにいます」とマハルシに言った。このことを聞いたマハルシは、私に家に帰って彼らの面倒を見なさいと言ったのだった。

私は帰りたくなかった。なぜなら、マハルシに完全に恋してしまったからだ。彼の姿を見ずに生きていくことはできないと感じていたのだ。

この会話が交わされたとき、私たちは丘の上を一緒に歩いていた。

私は言った。「あなたに会いに来る前、私には妻や、子供や、兄や、妹や、両親がいました。しかし今、あなたに会って、これらの人たちはすべて夢となったのです。私はもはやあなた以外の誰にも執着していません」

マハルシは答えた。「もしそれが夢だと言うなら、なぜ恐れているのか？　夢の中に行き、あなたの妻や両親や親戚の面倒を見たほうがいい。なぜ夢を恐れるのかね？　夢の息子を夢の国に行かせて、夢の中で夢の両親を救いださせるがいい」

私には彼の言うことが理解できた。だが、それでも私は去りたくなかった。なぜなら、それほど私は彼の姿と存在を愛していたからだ。

「私はあまりにもあなたの姿を愛しています。そのため、これが唯一私に残された関係性なのです。私はそれほどまであなたに身体的な愛着を感じているのです。私には離れられません。たとえほんの数時間でさえ。ホールの扉が開いているとき、私は内側にいてあなたを見つめています。扉が閉じているときは、窓の外にとどまり、あなたの姿を一目見ようと待ちかまえています。夜の間、私はあなたのベランダの前で眠ります。なぜなら、あなたからそれ以上離れることに耐えられないからです。食べるときと浴室にいるときを除いては、私は一日中あなたとともにここにいるのです。どうして私に去ることができるでしょう?」

彼は私を見ると言った、「あなたがどこにいようとも、私はあなたとともに在る」。これが私の覚えている彼の言葉だ。私は彼の言うことを即座に理解した。マハルシが言う「私は在る」は彼自身を示し、それは私自身の真我でもあったのだ。だとすれば、どうしてそれから去ることができよう?

もはや彼と議論することはできなかった。私は彼の前にひれ伏し、彼の周りを三度《みたび》回った。そしてふたたびひれ伏すと、彼の御足元の埃を集め、それをポケットに入れた。私は生まれ育った町に戻って家族を救いだすと、パキスタンを去る最終列車に乗ってインド内の安全な地区に彼らを連れだした。その後、私にはラマナアシュラマムに行く機会がなかった。なぜなら、私の家族は極貧状態の難民だったからだ。私はこのラクナウで働き、彼ら全員を養わなければならなかったのだ。私には帰る必要がなかった。なぜなら、私は「あなたがどこにいようとも、私はあなたとともに在る」という意味が、師はいつも私自身の真我として私の中に存在しているということだと理解していたからだ。

質問者　一つ単純な質問をさせてください。なぜあなたはマハルシの足元から埃を拾いあげたのでしょうか?

パパジ　感謝だ。それは私の絶対的な無条件の感謝の表現だったのだ。

＊訳注1　シュカデーヴ Sukadev　『マハーバーラタ』『ブラフマ・スートラ』などの作者である聖ヴィヤーサの息子。シュカは『シュリーマッド・バーガヴァッタム』の語り部でもあった。

＊訳注2　ジャナカ Janaka　ヴィデハ王国の王。シータ妃の父親。師アシュターヴァクラの教えを通して真我を実現した後も、王国を統治しつづけた。

＊訳注3　ティルヴァンナーマライ Tiruvannamalai　ラマナ・マハルシが暮らした南インドのタミル・ナードゥ州にある町。

＊訳注4　地下の祠　ティルヴァンナーマライの町はアルナーチャラと呼ばれる聖山を中心に発展した。この山の麓にはシヴァ神を祀るアジア最大の寺院がある。ラマナ・マハルシは人目を避けるため、この寺院の一角にある千本柱廊のホールの中のパーターラ・リンガムと呼ばれる地下の祠にしばらく姿を隠しながら真我の中に没入していた。ここは古（いにしえ）の聖者の小さな埋葬室で、暗く湿った、日の光がけっして届かない場所だった。人が入ることはまれで、蟻や害虫や小動物がたむろしていた。それらは彼を餌食にし、彼の大腿部は血と膿が滴った傷で覆われた。そのときの傷跡は生涯消えることはなかった。『ラマナ・マハルシの伝記』（ナチュラルスピリット）を参照されたい。

＊訳注5　アディ・シャンカラーチャーリャ Adi Shankaracharya（七八八〜八二〇）アドヴァイタ・ヴェーダーンタ教義の唱道者。

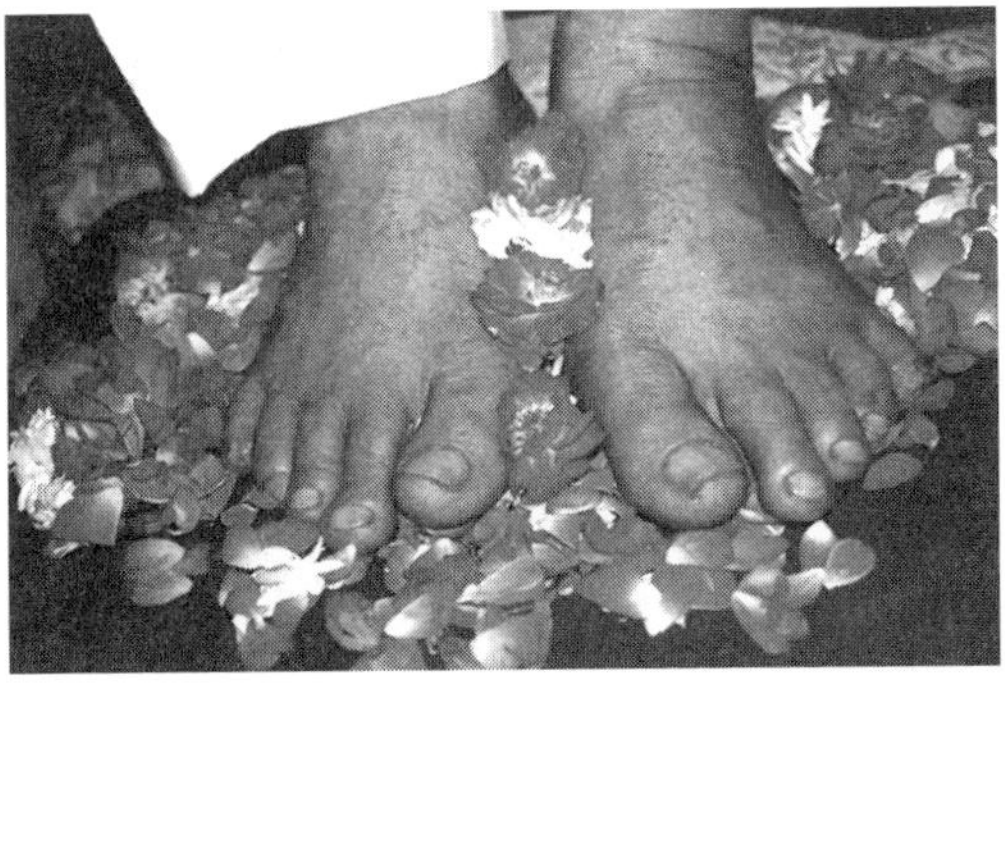

補遺

信心銘

大いなる道は難しくない
選り好みをせず
愛することも憎むこともなければ
すべてははっきりと明らかになる

だがわずかでも分別をすれば
天と地は遙かに隔たる
真理を実現したければ
賛成や反対の見解を抱いてはならない

一つを嫌い一つを好むことは
心の病だ
物事の本質を理解しないとき
心の平和は徒に乱される

至道無難
唯嫌揀択
但莫憎愛
洞然明白

毫釐有差
天地懸隔
欲得現前
莫存順逆

違順相争
是為心病
不識玄旨
徒労念静

道は大いなる虚空のように完全で
欠けたところも、余分なところもない
ただ取捨選択するために
物事の本質を見極められないだけだ

外界に巻きこまれてはならない
空という概念にもとらわれてはならない
一なる境地に帰して、ただ静かにしていなさい
そうすれば誤った見解はひとりでに消え去る

心の活動を止めようと努力しても
その努力がさらなる活動をもたらす
対極の一方を選んでとどまるかぎり
一なるものを知ることはできない

一なるものを知らなければ
静動、正否ともにその自由な働きを失う

円同大虚
無欠無余
良由取捨
所以不如

莫逐有縁
勿住空忍
一種平懐
泯然自尽

止動帰止
止更弥動
唯滞両辺
寧知一種

一種不通
両処失功

物事の現実性を否定すればその現実性を見失い
空の概念にしがみつけば空の原理を見失う

遣有没有
従空背空

話せば話すほど、考えれば考えるほど
ますます真理から遠ざかるばかり
話すことも考えることもやめなさい
そうすれば知り得ないものは何もない

多言多慮
転不相応
絶言絶慮
無処不通

根源に帰れば本質を会得する
だが現れを追いかければ源を見失ってしまう
一瞬にして悟れば
現れも空も、ともに超越される

帰根得旨
随照失宗
須臾返照
勝却前空

空の世界に起こる変転変化を
無知ゆえに人は実在と呼ぶ
真理を追い求めてはならない
ただ相対的な見方をやめなさい

前空転変
皆由妄見
不用求真
唯須息見

二元的な分別にとらわれて
現れを追ってはならない
わずかでも是非を区別すれば
心の本質は失われてしまう

すべての二元対立は一元から生じるが
その一元にさえ執着してはならない
心が生じなければ
世界が背くことはない
何も背くことがなければ
すべてはあるがままだ

分別心が起こらなければ、心は存在をやめる
主体である心が消えれば、対象も消え去るように
想いの対象が消えれば、想う主体も消え去る

物事（対象）は主体（心）が存在するために対象となる
心（主体）は物事（対象）が在るためにそのように在る

二見不住
慎忽追尋
才有是非
紛然失心

二由一有
一亦莫守
一心不生
万法無咎

無咎無法
不生不心
能随境滅
境逐能沈

境由能境
能由境能

その二つの相関関係を理解しなさい
その根底にある実在は一つの空なのだ

この空は相対を排斥せず
すべての存在を差別のまま包みこむ
粗雑と精妙を区別せずにいなさい
そうすれば偏見に陥ることはない

大いなる道に生きることは
易しくも難しくもない
だが視野の狭い人は恐れ疑い
急げば急ぐほど遅れてしまう

真理に執着すれば度を失い
悟りという概念にさえ囚われて道に迷う
すべてを放てば自然となり
来ることも去ることもなくなる

欲知両段
元是一空

一空同両
斉含万象
不見精麁
寧有偏党

大道体寛
無易無難
小見狐疑
転急転遅

執之失度
必入邪路
放之自然
体無去住

あるがままにまかせなさい
そうすれば悠々自適に生きていける
想いを働かせば、真理は隠され
想いを止めれば、暗く澱んでしまう

有念も無念も徒に精神を疲れさせるばかり
そのどちらを好んでも避けてもならない
一なるものを求めるなら
感覚や思考さえ嫌ってはならない

感覚や思考を完全に受け入れることは
真の悟りと同じなのだ
賢者は目的を求めて努力しない
愚者は目的を求めるために己を縛る

法（存在、現象）は一つであって多数ではない
区別は無知の愛着から生じる
心をもって真理を求めることは

任性合道
逍遥絶悩
繋念乖真
昏沈不好

不好労神
何用疎親
欲趣一乗
勿悪六塵

六塵不悪
還同正覚
智者無為
愚人自縛

法無異法
妄自愛著
将心用心

最大の過ちだ

迷えば安心や不安が生じ
悟れば好きも嫌いもなくなる
すべての二元対立は
自己中心の分別から生じる

それらは夢まぼろし、空中の花
つかもうとするだけ愚かなこと
得も失も、是も非も
すべて一度に放り出してしまえ

もし心眼が眠らなければ
すべての夢は自然に止む
心が分別をしなければ
存在は一なるものとしてあるがままに在る

この深遠な神秘を理解すれば

豈非大錯

迷生寂乱
悟無好悪
一切二辺
妄自斟酌

夢幻虚華
何労把捉
得失是非
一時放却

眼若不睡
諸夢自除
心若不異
万法一如

一如体玄

すべてのもつれは解きほどかれる
千差万別の存在が平等に見られれば
あるがままの自然の姿に帰りつく

この原因も関係性もない状態では
比較も類比もできない
動を静と見なし、静の中に動を見なさい
すると動も静も消え去る

二元性が存在しなければ
一なるものも在りえない
この究極の境地には
どんな法も描写もあてはまらない

道と一つになった平等な心に
自己中心的な計らいはない
疑いも恐れも消え
真理を信頼して生きるのだ

兀爾忘縁
万法斉観
帰復自然

泯其所以
不可方比
止動無動
動止無止

両既不成
一何有爾
究竟窮極
不存軌則

契心平等
所作倶息
狐疑尽浄
正信調直

束縛を一撃で断ち切り自由になれば
印象はとどまらず、記憶すべきこともない
すべては空、明らかにして自ずと輝き
心を用いることもない

想念、感情、知識で推し量れない
このあるがままの世界には
自己もなければ他己もない

この実在と調和の内に在るには
ただ「不二」と言うがいい
この「不二」の中ですべては等しく
すべては包みこまれる

世界中の賢者たちは
この根源的真理を体得している
真理は時を超え

一切不留
無可記憶
虚明自照
不労心力

非思量処、識情難測
真如法界
無他無自

要急相応
唯言不二
不二皆同
無不包容

十方智者
皆入此宗
宗非促延

絶対の今の一念は、そのままで永遠なのだ

ここも空、そこも空
だが無限の宇宙は常にあなたの目の前に在る

極大と極小は異ならない
境界を忘れ去り、区別を消し去れば
存在も非存在も同じこと

そうでなければ真理とはいえず
守るべき価値もない

すべては一つ
一つはすべてだ
このように悟るなら
不完全を思い煩うこともない

この真理を信頼し生きることが不二の道である

一念万年

無在不在
十方目前

極小同大、極大同小
忘絶境界、不見辺表
有即是無、無即是有

若不如此
必不須守

一即一切
一切即一
但能如是
何慮不畢

信心不二

不二と信頼は一体なのだから
道は言語に絶している
そこには昨日も明日も今日もないのだ

不二信心
言語道断
非去来今

訳者あとがき

一九四四年、プンジャジは三十一歳にしてラマナ・マハルシの臨在のもとで覚醒を得た。マハルシによって灯されたその覚醒の炎は、プンジャジの臨在を通して世界中の新たな世代の探求者たちに真理の一瞥《いちべつ》を与え、幾人かの真摯《しんし》な探求者には、ふたたび戻ることのない最終的な真我実現をもたらしたのである。

唯一自由だけを求める探求者にとって、覚醒は師の臨在の内にただ在るだけで起こる。では、師が言葉や恩寵《おんちょう》の眼差《まなざ》しを通して覚醒を与えるとき、いったい誰が、あるいは何が働きかけているのだろうか？

この問いに対して、プンジャジは次のように答えている。

一九四〇年代にラマナアシュラマムにいた頃、私はシュリー・ラマナの目だけを見つめつづけて何時間も過ごしたものだった。彼の目は開いたまま見つめていたが、まったく何にも焦点を合わせていなかった。人の心の姿は目の中にはっきりと表れる。だが、その目の中にはまったく何もなかった。そこには一瞬の欲望の揺らぎも、かすかな想念がよぎることもなかった。このように完全に無欲な目を私は見たことがない。生涯で数多くの偉大な聖賢に出会ってきたが、シュリー・ラマナほど私に感銘を与えた聖者はいない。

もしあなたが解脱《げだつ》を求めるなら、シュリー・ラマナのように完全に無欲で、山のように不動の内に坐

っている人を見いだしなさい。彼の臨在の内に坐り、そして何が起こるか見てみるがいい。師の臨在の中で人が真我を実現するとき、誰が、あるいは何が働きかけているのだろう？　誰も何もしない。ただ絶対的に無欲な人の臨在の内に在るだけで、覚醒は起こるのだ。

本書の翻訳、出版においては多くの方々からご支援を受けた。
はじめに、本書の翻訳を訳者に勧め、常に温かく支援してくださったティルヴァンナーマライ在住の崎山綾子氏。翻訳に関する適切な助言を与えてくださったアートマ・シェリー女史。引用文使用の許可や写真を提供してくれた米国アヴァドゥータ出版社のジャック・ルエイン社長とインド、ラクナウのサットサン・バヴァン代表バーラトミトラ氏。そして、いつも作業をともに分かちあってくださる編集の三反久美子氏、表紙デザインおよび本文レイアウトの中村吉則氏、最後にナチュラルスピリットの今井社長。これらの方々の深いご理解とご尽力に支えられて本書は出版へと導かれた。ここに深く感謝の意を捧げたい。

二〇〇七年七月　満月

福間　巖

参考文献 他

プンジャジの本

The Truth Is, by Prashanti
Nothing Ever Happened, by David Godman　全 3 巻
Papaji : Interviews, by David Godman
This, by Prashanti
Wake Up and Roar, by Eli Jaxon-Bear　全 2 巻

プンジャジのビデオ

Call Off The Search, by Jim Lempkin and David Godman
Papaji's Satsang, by Satsang Bhavan

※以上の書籍、ビデオは下記で入手可能です。
Avadhuta Foundation
P.O. Box 296
Boulder, Colorado 80306-0296, USA
mail@avadhuta.com
www.avadhuta.com

サットサン・バヴァン　Satsang Bhavan

北インド、ウッタル・プラデーシュ州のラクナウにあるサットサン・バヴァンは、プンジャジがサットサンを行なったところで、現在も世界中の訪問者に開かれている。

www.satsangbhavan.net

ジーヴァン・ムクタ jivanmukta　解脱した存在。生きながらにして真我を実現した人。
ジーヴァン・ムクティ jivanmukti　ジーヴァン・ムクタの境地。
シッディ siddhis　ヨーガの修練を通して得た超自然能力。
ジャパ japa　神の名あるいは神聖な言葉や音節を繰り返し唱える修練。
ジュニャーナ jnana　真理の知識。真我あるいは実在の直接の知識。
ジュニャーニ jnani　真我を実現した人。
タパス tapas　霊的苦行。精神を浄化するための身体的禁欲生活。
ダルシャン darshan　グルあるいは神を見ること、または会見すること。
ダルマ dharma　正しい行為、道徳的義務、神聖な法、宗教的伝統など複数の意味をもつ。
トゥリーヤ turiya　第4段階。移り変わる目覚め、夢見、眠りという3つの状態の根底にある基盤。
トゥリーヤーティータ turiyatita　第4段階を超えたもの。「トゥリーヤ」を参照のこと。
バクタ bhakta　帰依者。
バクティ bhakti　神への帰依。
ババ baba　特に北インドのサードゥ（修行者）。
プージャー puja　ヒンドゥー教の神に捧げられる礼拝儀式。
プラーナーヤーマ pranayama　呼吸の制御。ヨーガにおける呼吸の修練。
プラーラブダ prarabdha　3種類あるカルマの一つ。過去生で果たされなかった行為の結果のうち今生で果たされるように定められた宿命。
ブラフマー Brahma　ヒンドゥー教の創造神。
ブラフマン Brahman　ヒンドゥー教における非個人的な究極の実在。
プンニャ punyas　過去の行為から得られた功徳。プンニャ（功徳）を積むことによって人生の環境はより良いものとなり、パパム（罪）を重ねることでより悪いものとなる。
マーヤー maya　幻想。非実在である世界を実在のように見せる力。
マット math　ヒンドゥー教徒の団体あるいは協会。通常高名な聖者を記念して創立される。
マハートマー mahatmas　偉大な魂。偉大な人物。
モクシャ moksha　解脱。特に生と死の輪廻からの解放。
ヤグニャ yagnas　『ヴェーダ』の教えにのっとった宗教儀式。
ヤマ Yama　ヒンドゥー教の死の神。
リシ rishi　見者。賢者。

用語解説

アーナンダ ananda　至福。真我の体験による至福。

ヴァーサナー vasanas　精神的傾向あるいは性癖。人を特定の行動に駆りたてる欲望や潜在的衝動。

『ヴェーダ』 Vedas　ヒンドゥー教の最古かつ最も重要な聖典。

ヴィデーハ・ムクタ videhamukta　死の瞬間に解脱した人。

ヴィデーハ・ムクティ videhamukti　死の瞬間に起こる解脱の境地。

ガート ghats　川あるいは貯水池に面した沐浴場で、通常水に向かって石段が敷かれている。

グナ gunas　「サートヴィック」を参照のこと。

グル・プールニマー Guru Purnima　一年に一度、通常7月に行なわれるグルを讃える(あるいは追悼する)祝祭。

クンダリニー kundalini　脊柱の底辺にある経路から立ち上がり、頭頂点にあるサハスラーラといわれるセンターに達する霊的エネルギー。

コーシャ kosas　通常「鞘(さや)」と訳される。自我がそれを通して機能するといわれる5つの身体。

コヒヌール kohinoor　何世紀にもわたって世界最大として讃えられてきたインドのダイヤモンド。現在は英国所有の王冠となっている。

サーダナ sadhana　霊的修練。霊的目的に達するための方法。

サードゥ sadhu　解脱に達するため世俗を放棄した人。

サートヴィック sattvic　純粋性や調和を意味する「サットヴァ」の形容詞。インド哲学によれば、サットヴァ(純粋性)、ラジャス(活動性)、タマス(不活発性)の3つからなるグナは、常に変転変化する心と顕現の本質的特質である。

サットサン satsang　「サット」との交際。「サット」は通常「真理」あるいは「実在」と定義される。それはすべての生きとし生けるもの、すべての顕現の基盤にある普遍の存在を意味する。「サットサン」とは、「サット」と一つになった人と交際をもつこと、あるいは自己の内なる「サット」とともに在ることを意味する。

サハジャ sahaja　自然。サハジャの状態とは、解脱の境地にありながらも世間でふつうに、自然に活動できる状態。

サハスラーラ sahasrara　「クンダリニー」を参照のこと。

サマーディ samadhi　身体や世界には気づいていないが真我には気づいていて、その中に没入した超越状態。聖者の墓。

サンガ sanga　集い。交際。「サットサン」とは真我との交際を意味する。

サンサーラ samsara　解脱に達するまでジーヴァが体験しつづける輪廻転生の状態。一般には世俗的生活を意味する。

サンスカーラ samskaras　特に過去生から受け継がれた心の傾向あるいは性癖。ヴァーサナー。

サンニャーシン sannyasin　ヒンドゥー教における四住期(アーシュラマ)の第4段階。解脱を成就するために世俗を放棄した僧。

ジーヴァ jiva　魂。個我。

【編　者】

デーヴィッド・ゴッドマン　David Godman

1953年、英国生まれ。'76年以来、ラマナアシュラマム周辺に暮らし、アーシュラム発行の季刊誌 "*The Mountain Path*" の編集、執筆、そしてアーシュラム図書館の設立、運営に従事。その後ラマナ・マハルシの教えをまとめた『あるがままに』を筆頭に、マハルシと彼の直弟子たちに関する16冊の本を編集。'92年、プンジャジに出会い、その教えを著した "*Papaji:Interviews*"、伝記 "*Nothing Ever Happened*" 全3巻、インタビュー・ビデオ "*Call Off The Search*" を執筆、編集する。

【訳　者】

福間 巖　Iwao Hukuma

1960年、萩市生まれ。'74年より北鎌倉臨済宗円覚寺にて参禅。'79年、インドのブッダガヤにてラマナ・マハルシの教えにであう。'81年、玉川学園大学英米文学部卒業。インド、スリランカの仏教僧院に暮らし瞑想を修する。山梨県山中の瑞岳院僧堂にて1年間曹洞禅を修す。'92年まで米豪欧にてデザインの仕事、ドイツ他にて瞑想指導に従事。1992年から'97年までの5年間、北インドのラクナウにてプンジャジとともに過ごす。インドに長年滞在し、多くの聖賢と出会う。訳書に『ラマナ・マハルシとの対話 全3巻』(ナチュラルスピリット刊) 他がある。

覚醒の炎
プンジャジの教え

●

2007年10月13日　初版発行
2021年6月7日　第5刷発行

編者／デーヴィッド・ゴッドマン
訳者／福間 巖

表紙写真／Jim Lemkin
装幀・DTP／中村吉則
編集／三反久美子

発行者／今井博揮
発行所／株式会社 ナチュラルスピリット
〒101-0051 東京都千代田区神田神保町3-2 高橋ビル2階
TEL 03-6450-5938 FAX 03-6450-5978
info@naturalspirit.co.jp
https://www.naturalspirit.co.jp/

印刷所／モリモト印刷株式会社

ISBN978-4-903821-12-2　C0010